곽선희 목사 설교집
38

예수께 잡힌바 된 사람

곽선희 지음

계몽문화사

머 리 말

'복음은 들음에서'—이는 진리이며 우리의 경험입니다. 하나님께서 우리에게 주신 복 가운데 가장 큰 복은 말씀을 주신 것입니다. '말씀이 육신을 입어서 오신 것'입니다. 말씀을 주셨고 들을 수 있게 하셨고 마음문을 열고 받아 믿게 하신 것, 참 놀라운 은혜입니다.

말씀은 단순한 지식이 아닙니다. 추상적인 이론이 아닙니다. 말씀은 선포되는 하나님의 계시적 능력인 것입니다. 말씀의 권능, 그 능력을 알고 체험하면서 비로소 '말씀 안에서 태어나는 생명적 기적'이 나타나게 됩니다. 오늘도 그 말씀이 증거되고 새롭게 선포되고 있습니다. 설교가 곧 말씀입니다. 성령의 역사와 함께 끊임없이 이루어지는 생명의 역사입니다. 이 선포되는 말씀, 증거되는 진리를 통하여 구원의 능력은 항상 새로워집니다. 말씀 안에서 새 생명이 탄생하고 말씀 안에서 영혼이 소생하며, 그 큰 능력 안에서 우리는 강건해집니다. 우상을 이기는 능력의 사람으로 성장해가는 신비롭고 놀라운 사건을 강단에서 늘 경험하고 있습니다.

여기에 또다시 설교말씀을 모아 책자로 내어놓습니다. 소망교회 강단을 통하여 하나님께서 우리에게 주신 말씀입니다. 이제 그 말씀을 책자로 엮어 내어놓음으로써 우리가 시간과 공간을 초월하여 개별적으로 하나님을 만나게 되는 '말씀의 역사'에 귀중한 방편이 되고자 합니다. 책자라는 그릇에 담긴 이 말씀들은 읽는 자의 마음 안에서 또다른 '말씀의 신비한 기적'을 낳게 되리라 확신합니다.

한 시간 한 시간의 설교를 위하여 간절히 기도해주신 소망교회 성도들과 이 책자를 출간하기까지 수고해주신 여러분께 진심으로 감사를 드립니다. 그리고 또다시 영광을 오직 하나님께 돌리면서……

곽선희

차 례

머리말 ──── 3

예수께 잡힌바 된 사람(빌 3: 7-14) ──── 8

이 선지자의 고민(욘 4: 3-11) ──── 19

그 누룩을 주의하라(마 16: 5-12) ──── 31

나의 나됨의 정체(시 8: 1-9) ──── 42

부르심에 합당하게 행하라(엡 4: 1-8) ──── 53

위엣것을 찾으라(골 3: 1-4) ──── 64

개혁신앙의 관심(롬 8: 31-39) ──── 74

사죄받은 자의 믿음(막 2: 1-12) ──── 84

기록된 것으로 기뻐하라(눅 10: 17-20) ──── 93

감사의 은혜적 차원(고전 1: 4-9) ──── 104

너희 묵은 땅을 갈라(렘 4: 1-4) ──── 114

네 신을 벗으라(출 3: 1-8) ──── 124

이 말씀의 능력(행 10: 44-48) ──── 135

그 믿음으로 살리라(합 2: 1-4) ──── 145
영접하는 자에게 주신 권세(요 1: 9-14) ──── 155
악하고 게으른 종(마 25: 24-30) ──── 165
복 있는 자의 윤리(시 1: 1-6) ──── 176
부족함이 없으리로다(시 23: 1-6) ──── 188
자유케 하는 율법(약 1: 23-27) ──── 200
항상 잔치하는 집(잠 15: 11-22) ──── 211
먼저 할 일 먼저 하라①(마 6: 25-34) ──── 221
먼저 할 일 먼저 하라②(마 5: 21-26) ──── 231
먼저 할 일 먼저 하라③(마 7: 1-5) ──── 241
그치지 않는 고통(롬 9: 1-5) ──── 252
하나님의 하시는 일(요 9: 1-7) ──── 263
하나님이 찾으시는 사람(창 18: 22-33) ──── 273
누가 내 이웃입니까(눅 10: 29-37) ──── 283

곽선희 목사
장로회 신학대학 졸업
프린스턴 신학석사
풀러신학 선교신학박사
인천제일교회 목사
장로회 신학대학 교수 역임
숭의여자전문대학 학장 역임
서울장로회신학교 교장 역임
소망교회 원로목사

곽선희 목사 설교집 제38권
예수께 잡힌바 된 사람

인쇄 · 2004년 4월 16일
발행 · 2004년 4월 20일
지은이 · 곽선희
펴낸이 · 김종호
펴낸곳 · 계몽문화사
등록일 · 1993년 10월 11일
등록번호 · 제16—765호
전화 · (02)917-0656
정가 · 14,000원
총판 · 비전북 / (031)907-3927
ISBN 89-89628-12-1 03230

* 잘못 만들어진 책은 바꾸어 드립니다.

예수께 잡힌바 된 사람

예수께 잡힌바 된 사람

그러나 무엇이든지 내게 유익하던 것을 내가 그리스도를 위하여 다 해로 여길 뿐더러 또한 모든 것을 해로 여김은 내 주 그리스도 예수를 아는 지식이 가장 고상함을 인함이라 내가 그를 위하여 모든 것을 잃어버리고 배설물로 여김은 그리스도를 얻고 그 안에서 발견되려 함이니 내가 가진 의는 율법에서 난 것이 아니요 오직 그리스도를 믿음으로 말미암은 것이니 곧 믿음으로 하나님께로서 난 의라 내가 그리스도와 그 부활의 권능과 그 고난에 참예함을 알려 하여 그의 죽으심을 본받아 어찌하든지 죽은 자 가운데서 부활에 이르려 하노니 내가 이미 얻었다 함도 아니요 온전히 이루었다 함도 아니라 오직 내가 그리스도 예수께 잡히 바 된 그것을 잡으려고 좇아가노라 형제들아 나는 아직 내가 잡은 줄로 여기지 아니하고 오직 한 일 즉 뒤에 있는 것은 잊어버리고 앞에 있는 것을 잡으려고 푯대를 향하여 그리스도 예수 안에서 하나님이 위에서 부르신 상을 위하여 좇아가노라

(빌립보서 3 : 7 - 14)

예수께 잡힌바 된 사람

2002년 9월호 「리더스 다이제스트」의 특집기사는 '희망의 마라톤'이었습니다. 이 기사의 주인공은 테리 폭스라고 하는 캐나다의 청년입니다. 그가 이렇게 유명해진 이유는 18세에 암으로 오른쪽다리를 절단하였음에도 불구하고 오른쪽다리를 의족으로 한 채 캐나다 그 넓은 땅, 대륙을 마라톤으로 횡단하였기 때문입니다. 무려 143일에 걸쳐 5084km를 뛰어서 갔습니다. 그가 마라톤을 한 목적은 의족을 한 장애자도 무슨 일이든지 할 수 있다는 것을, 그 무한한 가능성을 사람들에게 보여주고 싶어서였습니다. 뿐만아니라 또하나의 목적이 있었습니다. '나와 같이 암으로 고통받는 사람들을 어떤 길로든지 도와주고 싶었습니다.' 이것이었습니다. 그 결과로 이렇게 마라톤을 하는 동안에 온세계에서 많은 사람들이 성원을 했습니다. 2340만불이나 모금하게 됨으로써 「기네스 북」에 최고 기금모금가로 기록되었습니다. 그렇게 훌륭한 일을 해내었고 이 돈을 암 연구센터에 기증했습니다. 그는 사실로 불행했습니다. 어쩌면 쇄설할 수밖에 없는 사람이었으나 그 불행을 딛고 일어서서 그것을 새로운 기회로 삼았습니다. 좌절 없이 새로운 역사에 도전하는 그런 생을 살아서 많은 사람에게 깊은 감동을 주고 있습니다. 인생이란 그가 누리는 자유의 한계 만큼 성공한 것입니다. 돈을 벌었다고 성공한 것이 아닙니다. 돈의 노예가 되면 그 사람은 비참한 사람입니다. 권력을 얻었다고 성공한 사람이 아닙니다. 있는 권력으로 내가 얼마나 더 자유하느냐, 하는 것이 문제입니다. 권력으로 인해서 벌벌떨고 산다면 그 권력이 무슨 의미가 있겠습니까. 한때 천하를 호령하던 권력자들을 보니 요새 검찰청에 드나드느라 바쁩디다. 불행입니다. 어쩌면 '어쩌다 나는 인생이 이렇게 망가졌나'할지도 모릅니다. 성공 실패는 그가 누리는 자유에 달려 있는 것입니다.

톨스토이는 「독서의 바퀴」라고 하는 고전에서 뜻깊은 말을 합니다. '인간은 노예이지 않으면 안된다. 무엇인가에 완전히 붙들려 사는 것이 좋다. 그런데 문제는 선택된 바의 노예여야 하고 또 누구의 노예냐 하는 것이다. 자기정욕의 노예가 되면 인간의 노예요, 정신적 본원 그것의 노예가 되면 신의 노예다.' 근자에 재미있는 기사가 신문에 났습니다. 여러분도 다들 보았을 것입니다. 별다른 이야기 아닌 것같으나 무엇인가 많은 것들을 말해주고 있습니다. 미국 예일대학의 로니 타워 박사가 이끄는 연구팀이 6년 동안을 면밀히 연구해가지고 내놓은 결론이 있는데 무엇인가하면 공처가나 애처가는 보통사람보다 일찍 죽는다는 것입니다. 여러분, 동의하십니까? 왜 일찍 죽느냐 하면 아내가 남편에게 의존하지 않고 남편이 아내에게 의존해서 공처가가 된다고 할 때 이 남편은 '아내가 죽으면 어떻게 하나'하는 걱정, 그 스트레스 때문에 일찍 죽는다고 합니다. 결론은 이렇습니다. 아내가 남편에게 전적으로 의존하는 그런 전통적 부부관계 아래서 살 때 남편도 아내도 오래 사는 것입니다. 그러니 여러분, 집에 가거든 다시 생각하십시오. '우리집은 오래 살겠다'할 수 있습니까? 어떻게 생각하면 부인이 자유롭고 무언가 한다고 '나는 자유다'하고 뛰는 순간 그는 벌써 또다른 것의 노예가 되고 있는 것입니다. 남편으로부터 풀리면서 무언인가에 벌써 붙들리기 시작했는데 결국은 저도 죽고 남편도 죽습니다. 뭐, 그렇다고 하니까 그런 줄 압시다. 어쨌든 무언가 말해주는 연구결과입니다. 사람은 전적으로 매이는 것, 매일만한 사람에게 선택된, 그런 분에게 완전히 매여서 사는 것이 자유요 그 자유가 오히려 인간의 수명까지도 더 연장해준다, 하는 결론입니다. 돈을 사랑하는 사람은 돈의 노예입니다. 명예에 매인 사람, 비참합니다. 자기지식과 편견에 매인 사람, 아무리 생각을 바꾸려고 해도 못바꾸고 끌려가는 이 불쌍한 사람, 절망의 노예요 죄의 종이 된 사람, 나쁜 습관에 빠진 사람, 얼마나 비참합니까. 얼마전에 코미디언 이주일 씨가 아직 예순밖에 안된 사람이 폐암으로 세상을 가면서 담배 피우지 마세요, 담배 피우지 마세요, 하니까 한때 전국적으로 담배 매상고가 뚝 떨어졌었습니다. 얼마나 가나 했더니 넉 달 후에 또 올라갔습니다. 담배라고 하는 것 하나에서도 헤어나지 못하는 것입니다. 얼마나 불쌍한 심령들입니까. 저는 가끔 이런 생각을 합니다. 시편 127편에 보면 "그 사랑하시는 자에게는 잠을 주시는도다"라고 말씀합니다. 잠이 무엇입니까. 자유인에게 주시는 축복입니다. 근심걱정, 두려움, 다 없이 마음이 평안할 때 잠이 오는 것 아닙니까. 거저 오는 잠이 아닙니다. 소중한 것입니다. 자유인에게 주시는 특전입니다. 제가 여러분과 같이 이렇게 주일에 5부 예배설교를 하고 저녁 7시 30분 비행기를 타고 미국에 갈 때가 많습니다. 비행장에 나가서 부지런히 비행기를 타고 한 시간 후면 식사가 나옵니다. 저녁식사를 하고나서 눈을 감습니다. 흔들어 깨워서 일어나보면 그때가 언제냐, 가만히 계산해보니 여덟 시간을 잤습니다. 제가 어떤 때에 스튜어디스 보고 "이 비행기에서 영화 상영하지 않습니까?"하고 물어보면 "둘 다 했습니다"라고 대답합니다. 그래 저는 생각을 해봅니다. "사랑하시는 자에게는 잠을 주시는도다." 그래서 제가 늘 감사합니다. 잠이라는 것이 그냥 주어지는 것이 아닙니다. 잠은 그 심령이 자유할 때, 온전히 자유할 때 그에게 주시는 귀한 축복입니다. 여러분은 얼마만큼 자유합니까?

오늘본문에 사도 바울은 자신을 포로된 존재라고 고백합니다. '카텔렘프센'이라고 하는 헤라말원문은 '붙잡혔다' '포로되었다'라는 뜻입니다. 사실로 사도 바울은 다메섹도상에서 예수님께 포로되었습니다. 예수믿는 사람을 체포하기 위하여 다메섹으로 가는 길에 예수님께서 길을 막으십니다. '어찌하여 나를 핍박하느냐.' '나는 네가 핍박하는 예수다.' 바울의 반응도 전혀 개의치 않고 주께서는 '다메섹으로 가라. 네가 할 일을 일러주는 사람이 있을 것이다'하시고 사도 바울의 선택여지 없이 그를 붙드십니다. 그래서 바울은 자신이 핍박하던 예수를 한평생 전하며 살지 않습니까. 완전히 예수의 포로가 되었습니다. 그러나 그는 더 뒤늦게 생각했습니다. 갈라디아서 1장에 보면 '내가 다메섹에서 포로가 된 것이 아니고 어머니의 태로부터 택정함을 입었노라'하는 깨달음을 보입니다. '내가 길리기아 다소에서 태어나고 가말리엘 문하에서 공부한 것, 도대체 이 모든 사실이 결코 우연한 일이 아니다. 애시당초 어머니의 태로부터 이방인의 사도로 택정함을 입었다'라는 깊은 고백을 하고 있습니다. 그뿐 아니라 고린도전서 7장 23절에 보면 '값으로 사신 것이 되었다'합니다. 그리스도께서 나를 위하여 십자가를 지심으로 나는 팔린 몸이다, 나는 노예다, 나는 자유가 없다, 합니다. 독일의 신학자이자 순교자인 본훼퍼의「옥중서신」은 작은 책이지만 너무나 유명합니다. 제가 젊었을 때 이 책에서 본 말을 늘 마음에 기억합니다. '나는 어떤 자일까? 이 고독한 물음이 나를 비웃는다.' 얼마나 멋있는 이야기입니까. 내가 어떤 자일까 하나님이여, 당신은 나를 아십니다, 나는 당신의 것입니다—내가 어떤 자냐, 물을 것도 없다는 것입니다. '나는 당신의 것입니다.' 그러므로 내가 어떤 자일까, 라고 묻는 것 자체가 웃음거리라는 것입니다. 너무나 확실하니까. 여러분, 그만큼 주님께 붙들렸다고 하는 확신이 있습니까? 빌리 그레이엄 목사님이 어떤 곳에서 큰 부흥회를 인도하였습니다. 마치고나서 숙소로 돌아왔을 때 점잖은 손님이 하나 찾아와서 중요한 질문을 했습니다. "오늘 목사님께서는 장차 올 미래에 대해서 말씀하셨습니다. 주님의 재림과 심판에 대해서 말씀하셨습니다. 역사의 끝에 대해서 말씀하셨습니다. 잘 들었습니다. 한 가지만 물읍시다. 목사님 자신에 대해서, 자신의 미래에 대해서 알고 계십니까?" 빌리 그레이엄 목사님은 빙그레 웃고 대답합니다. "제 자신의 미래는 전혀 모릅니다. 그러나 한 가지 아는 것은 나의 미래를 누군가가 꼭 붙들고 계시다는 것입니다. 그것만은 확실합니다. 과거를 붙들고 계셨듯이, 현재를 붙들고 계시듯이 앞으로 남은 미래도 그분이 붙들고 계십니다. 그것만은 확실합니다." 사도 바울은 그가 철저하게 그리스도의 노예가 되고 붙들렸다는 사실을 본문에서 아주 논리적으로 말씀합니다. 먼저는 목적이 붙들렸다는 것입니다. 도대체 내가 누구를 위하여 사는가? 이 자체가 주님의 것이라는 말입니다. 빌립보서 1장 21절에 유명한 말씀이 있지 않습니까. "내게 사는 것이 그리스도니 죽는 것도 유익함이니라 (For to me, to live is Christ, and to die is gain)." 내게 사는 것 자체가 그리스도입니다. 내가 살아 있다는 것만 아니라 앞으로의 생까지도 오직 그리스도를 위하여—그렇게 목적이 주님께로 붙들렸다는 것입니다. 고린도후서 5장 15절에서 그는 말씀합니다. "저가 모든 사람을 대신하여 죽으심은 산 자들로 하여금 다시는 저희 자신을 위하여 살지 않고 오직 저희를 대신하여 죽었다가 다시 사신 자를 위하여 살게 하려 함이니라." 위하여 — 예수 믿는 사람은 목적에 혁명이 옵니다. 나를 위하여 살던 사람이 그리스도를 위하여 삽니다. 나 중심이 그리스도 중심으로 바뀔 때 그를 기독교인이라고 합니다. 기독교인이라고 하는 말 자체가, '크리스티아노스'가, 그리스도께 속한 사람이라는 뜻입니다. 이제 나는 목적이 아닙니다. 그가 목적입니다. 목적 자체가 그리스도께 붙들린 바 됩니다. 그것이 곧 그리스도인입니다.

또한 그는 지식과 가치관이 그리스도께 붙들린 바 되었습니다. 그것은 그리스도 예수를 아는 지식이 가장 고상하기 때문이라고 8절에 말씀합니다. 여러분, 성경을 읽고 그리스도를 알고 하나님을 알고 진리를 아는 것이 너무나도 고상해서, 그래서 그리스도께 모든 것을 바치고 삽니까? 사도 바울은 그랬습니다. 가장 고상하기 때문에 지극히 만족해서 전일에 좋아하던 것, 믿기 전에 소중히 여기고 좋아하던 것 다 버렸다, 분토와 같이, 배설물과도 같이 여기고, 더럽게 여기고, 해로 여겼다고 말씀합니다. 이제 그리스도와 함께하는 것이 너무도 좋고, 그리스도를 아는 지식이 너무도 행복하기 때문입니다. 우스운 이야기가 있습니다. 어떤 술도 좋아하고 좀 세상적으로 살던 사람이 죽었습니다. 죽으면서도 걱정이 되었습니다. '나는 틀림없이 지옥갈 텐데…' 그러다가 죽어 천당에 갔더니 베드로 사도가 문 앞에 떡 버티고 서서 이 사람 보고 "너 천당 갈래 지옥 갈래?"하고 묻습니다. '아, 이렇게 고마울 데가 있나? 어떻게 이걸 나한테 물어보신다는 말인가?' 그래서 "그러면 한 번 더 자비를 베풀어주세요"하였습니다. "무슨 자비?" "나 구경 좀 하게 해주세요." "그러지." 먼저 천당을 가보았습니다. 흰옷을 입은 성도들이며 천사들이 다 모여서 하나님을 찬양하고 하나님께 영광을 돌리는데, 뒤에서 좀 앉아 있자니 따분해서 못견디겠는지라 이게 좀 마음에 안들었습니다. 그런데 지옥에 가보니 거기에는 카지노도 있고 술집도 있고 여자들도 많고 왁자지껄한지라 그게 맘에 듭니다. 그래 베드로 앞에 가서 말했습니다. "저는 아무래도 지옥체질입니다. 그러니까 지옥으로 보내주세요." 베드로는 "그래라"하고 그를 지옥에 보냈습니다. 갔더니 탄광굴 깊숙이 뜨거운 불 속에서 일을 하라고 하는 것입니다. 안내자에게 "이거 좀 틀리지 않습니까? 지난번에 왔던 데가 여기가 아닌데요"하니 안내자가 하는 말이 "그 때에는 관광비자로 왔고 이번에는 영주권으로 왔기 때문에 틀리다"라고 하는 것입니다. 저는 생각했습니다. '천당은 아무나 가나. 천당가서 행복할 사람이 천당가지 체질이 지옥체질인데 어떻게 천당을 가나.' 안그렇습니까? 여러분이 예배하고 찬송하고 기도하고 성경공부 하는 것이 그대로 행복해야 되는데 어쩌다가 교회는 나와놓고 항상 마음은 딴데 가 있는 것입니다. 시간만 있으면 딴데로 빠지려 하고… 이 사람이 어떻게 천당을 간다는 것입니까. 갔다가도 지옥으로 가야지. 안그렇습니까? 사도 바울은 그리스도를 아는 지식이 너무도 고상하고 만족스러워서 전에 좋아하던 것을 싹 다 버렸습니다. 그리고 '그리스도를 얻고 그 안에서 발견되려' 하였습니다(8-9절). 유명한 말씀입니다.

그런가하면 운명을 바꾸었습니다. 운명에 포로가 되었습니다. 보십시오. 그리스도를 본받고자 했습니다. 저는 이 요절을 사랑합니다. 그는 어찌하든지 십자가의 고난을 통해서 부활에 이르려 했습니다. '예수믿어 잘살고 복받고 오래 살고…'한다면 이는 아직 그리스도인이 아닙니다. 그리스도인은 그리스도와 함께하고 그리스도를 본받되 그리스도와 함께 고난받는 것을 기뻐합니다. "그의 죽으심을 본받아"—이것을 잊지 마십시오. 보아하면 나이든 사람들 혹은 많은 사람에게 존경받는 사람들, 자서전을 쓴다고 하지 않습니까. 그게 누구들입니까. 하나같이 남보다 고생을 많이 한 사람들입니다. 잘산 것은 자랑거리가 못됩니다. 요한계시록을 보면 하늘나라의 영광된 장면이 많이 나오는데, 하늘나라에서는 가만히 보면 그리스도를 위해서 많은 고생을 한 순교자만 높임을 받는 것같습니다. 세상에서 잘산 것은 아무 소용이 없습니다. 그리스도를 위해서 욕먹고 오해받고 핍박당하고 매를 맞고 고생하고, 얼마나 그리스도를 위해서, 그 죽으심을 본받아 고생했느냐, 그것만 하나님나라에서는 인정이 되는 것입니다. 바울은 이것을 깨달았기에 그의 죽으심을 본받아 십자가를 통해서 부활에 이르려고 했습니다. 한평생 주를 위하여 수많이 매를 맞고 고생하고 오해받고 비난받고, 그리고 로마에서 목베임을 당해서 죽습니다. 왜 그러했겠습니까. 그는 그리스도의 운명에 포로가 되었기 때문입니다. 심리학자 에리히 프롬이 유고로 남긴 글을 모아서「인간에 대한 믿음」이라는 책으로 냈습니다. 거기에 보면 현대인은 전부가 상품화되어 있다고 말합니다. 사람이 상품적 가치로만 인정된다는 것입니다. 이념이고 개성이고 감정이고, 심지어 미소까지도 얼마짜리냐입니다. 돈으로 계산합니다. 책이 나오면 그 책이 얼마나 많은 사람에게 감명을 주느냐 묻지 않습니다. 몇권이나 팔렸는가, 그 책을 통해서 얼마를 벌었는가를 묻습니다. 심지어는 출판사에서도 원고를 척 보고는 "이것을 팔면 좀 팔릴 것같습니까? 장사가 될 것같습니까?" 이것부터 묻는 것입니다. 글을 쓰는 사람들로서는 제일 굴욕적인 것이 그것입니다. 모든것이 상품화해버렸습니다. 그러므로 무가치합니다. 또, 확신이 없다는 것입니다. "너희 믿음의 제물과 봉사 위에 내가 나를 관제로 드릴지라도 나는 기뻐하고 너희 무리와 함께 기뻐하리니(빌 2 : 17)"—여러분, 사도 바울이 말씀한 대로 '너희를 위해서라면 내가 이대로 죽어도 좋다'하는 확신이 있습니까? '내가 무슨 일을 하든지 여기에 운명을 다 바쳐도 좋다'하는 확신이 없는 데 문제가 있는 것입니다. 또한 권태감과 기쁨이 없는, 감동이 없는 생을 산다고 E. 프롬은 말합니다. 확실히 그렇습니다. 현대인들, 집은 좋은데 잠이 오지를 않습니다. 일은 하고 있는데 아무 의미가 없습니다. 가져도 소용없고 되어도 소용이 없고… 무언가 권태감에 시달립니다. 왜? 가치관과 목적이 잘못되었기 때문입니다.

　오늘본문에서 우리는 다시 생각하여야 합니다. 사도 바울은 그리스도께 잡혔다 하였는데 그 다음 말씀이 중요합니다. "그것을 잡으려고 좇아가노라." '잡혔다'—노예입니다. '좇아가노라'—자유인입니다. 잡히는 것은 피동적이요 좇아가노라, 라는 것은 능동적입니다. 잡힌 바를 잡으려고 좇아가는 바로 서기에 성공적 삶의 비결이 있습니다. 여러분, 잡혔습니까? 죄송하지만 아내한테 잡혔습니까? 이젠 잡으려고 좇아가십시오, 끌려가지 말고요. 여러분이 무슨 일에 잡혔든지 그 잡힌 바 속에 있는 뜻을 알고 이제는 자발적으로, 자원적으로 잡으려고 좇아가는 바로 그런 생을 살아가야 한다는 말씀입니다. 벤자민 프랭클린이 늙마에 이렇게 말하고 있습니다. '나는 인생을 많이 살았다. 그런데 내가 살아보니 살수록 분명해지는 것은 하나님께서 인생을 주관하고 계시다는 것이다.' 어쩌면 이렇게도 내 마음대로 한 일이 하나도 없더냐, 이것입니다. 여러분, 발버둥쳐봐야 아무 소용 없습니다. 문제는 이미 붙잡혔다는 것입니다. 내가 누구입니까? 여러분이 누구입니까? 그리스도께 붙잡혀 이 자리에 있습니다. 그렇다면 이제는 그 깊은 뜻을 알고 자발적으로, 자원해서 그 속에서 새로운 의미를 창조하여야 될 것입니다. 여러분은 지금까지 무엇인가에 끌려오는 것처럼 살았습니까? 이제는 잡으려고 좇아가십시오. 운동선수가 푯대를 향하여 달려가는 것처럼 잡으려고 좇아가는 그런 자원적인 생을 사십시오. 바울은 그리스도께 붙잡혔습니다. 끌려가지 않았습니다. 붙잡힌 바를 잡으려고 좇아갔습니다. 그러한 성공적인 생을 살아갈 수 있기를 바랍니다. △

이 선지자의 고민

여호와여 원컨대 이제 내 생명을 취하소서 사는 것 보다 죽는 것이 내게 나음이니이다 여호와께서 이르시되 너의 성냄이 어찌 합당하냐 하시니라 요나가 성에서 나가서 그 성 동편에 앉되 거기서 자기를 위하여 초막을 짓고 그 그늘 아래 앉아서 성읍이 어떻게 되는 것을 보려 하니라 하나님 여호와께서 박 넝쿨을 준비하사 요나 위에 가리우게 하셨으니 이는 그 머리를 위하여 그늘이 지게 하며 그 괴로움을 면케하려 하심이었더라 요나가 박 넝쿨을 인하여 심히 기뻐하였더니 하나님이 벌레를 준비하사 이튿날 새벽에 그 박 넝쿨을 씹게 하시매 곧 시드니라 해가 뜰 때에 하나님이 뜨거운 동풍을 준비하셨고 해는 요나의 머리에 쬐매 요나가 혼곤하여 스스로 죽기를 구하여 가로되 사는 것 보다 죽는 것이 내게 나으니이다 하나님이 요나에게 이르시되 네가 이 박 넝쿨루 인하여 성냄이 어찌 합당하냐 그가 대답하되 내가 성내어 죽기까지 할지라도 합당하니이다 여호와께서 가라사대 네가 수고도 아니하였고 배양도 아니하였고 하룻밤에 났다가 하룻밤에 망한 이 박 넝쿨을 네가 아꼈거든 하물며 이 큰 성읍, 니느웨에는 좌우를 분변치 못하는 자가 십 이만 여명이요 육축도 많이 있나니 내가 아끼는 것이 어찌 합당치 아니하냐

(요나 4 : 3 - 11)

이 선지자의 고민

유대 랍비들 사이에 전해지는 다음과 같은 이야기가 있습니다. 사람의 모양으로 나타난 한 천사가 광야를 지나가고 있는 두 나그네와 동행을 하게 되었습니다. 세 사람이 서로 이런 이야기 저런 이야기를 나누면서 길을 가다가 헤어질 때가 왔습니다. 그때 천사가 말하기를 "나는 천사인데, 두 분과 오늘 이렇게 동행을 했습니다. 이제 헤어지는 마당에 한 가지씩 소원을 들어주겠습니다. 그러니 한 가지씩만 말씀하십시오." 그런데 이 두 사람은 어떤 사람들이냐면 한 사람은 욕심꾸러기고 한 사람은 심술쟁이였습니다. 그리고 질투가 많은 사람들이었습니다. 그런데 천사는 이렇게 말합니다. "소원을 들어주되 먼저 말한 사람의 소원을 들어주는 동시에 나중 말한 사람에게는 먼저 말한 사람의 그것을 배로 주겠소." 두 사람은 고민에 빠졌습니다. 내가 먼저 받으면 저 사람이 그 배를 받는다? '내가 저 사람 것의 반을 받아서는 안되지.' 욕심꾸러기는 제가 두 몫을 받아야겠다는 욕심에서 입을 닫고 심술쟁이는 '내가 못받으면 못받았지 저 사람 많이 받는 것은 못봐주지'해서 말문을 닫고 버팁니다. 서로 신경전을 하는 긴장관계에서 누구도 먼저 말하려고 하지 않았습니다. 정말 헤어질 때가 되었습니다. "떠나야겠는데…" 천사가 재촉합니다. 욕심꾸러기는 마음이 급해져서 심술쟁이의 멱살을 꽉 잡고 "이놈아, 빨리 말해! 말 안하면 죽여버리겠다" 하고는 숨도 못쉬게 목을 죄었습니다. 그러니까 심술쟁이가 뭐라 하는고하니 "그래요? 그렇다면 말하지요. 나는 눈이 두 개까지 필요없거든요. 눈 하나 없는 애꾸눈이가 되었으면 좋겠어요. 그게 소원이에요"하는 것입니다. 어떻게 되었겠습니까. 욕심꾸러기는 그 순간 두 눈 다 없는 시각장애자가 되어버렸습니다. 기막힌 얘기 아닙니까. 이것은 절대로 지나가는 얘기가 아닙니다. 사람이 무엇인가를 많이 말해주는 얘기입니다. 사람마다 문제가 많은데 그 문제를 분석해보면 딱 두 가지로 요약됩니다. 하나는 욕심이고 하나는 심술입니다. 하나는 끝없는 욕심이고 하나는 질투입니다. 이 시기 질투 때문에 나도 못살고 남도 못살게 합니다. 나도 못받고 남도 못받는 것입니다. 이러하니 세상이 어떻게 되겠습니까. 많은 것 받기를 원하다가 받으면 더 받은 사람을 시기합니다. 욕심과 질투, 이로부터 헤어나지 못하기 때문입니다. 여러분 스스로 자기마음을 잘 진단해보십시오. 내 마음속에 정말 욕심이 없는가? 내 마음에서 시기 질투가 깨끗이 사라졌는가? 이것이 완전히 사라졌다면 당신의 마음속에는 참평안이 있을 것입니다. 그리고 하나님께서 주시는 행복이 있을 것입니다.

　오늘본문에 보면 하나님의 마음을 모르는 선지자가 있습니다. 하나님의 사랑과 그 뜻에 불만을 품은 선지자가 있습니다. 심지어는 하나님을 심판하는, 하나님 잘못되있다고 심판하며 골을 내는, 어지간히 못된 선지자가 여기에 있습니다. 그 이름은 요나입니다. 그는 믿음이 있습니다. 그러나 사랑이 없습니다. 율법은 있으나 은혜를 모르는 사람입니다. 그래서 스스로도 고민에 빠졌습니다. 기뻐해야 할 일에 슬퍼하고 있습니다. 축제를 지내야 될 이 시간에 죽기를 소원합니다. '차라리 죽는 것이 낫습니다.' 정말 못난 사람입니다. 아무리 생각해도 못난 사람입니다. 그런데 문제는 이런 사람이 많다는 것입니다. 그리고 하나님을 괴롭히고 있습니다. 너무나도 어이없는 얘기가 아니겠습니까. 이스라엘나라는 북쪽은 이스라엘이고 남쪽은 유다입니다. 북쪽이스라엘은 그 뒤에 있는 앗수르가 쳐들어와서 나라를 온통 망하게 하고 포로해가고, 또 잡혼을 하고해서 속속들이 이스라엘을 망가뜨렸습니다. 나라가 망해 없어질 지경이 되었습니다. 앗수르는 한마디로 이스라엘나라에 대해서는 원수나라입니다. 그런가하면 북쪽에 있는 바벨론이 남쪽 유대나라에 쳐들어오고 포로해가고 해서 유대나라도 멸망되는 것을 볼 수 있습니다. 그런데 오늘본문에 나타난 니느웨 성은 앗수르의 수도입니다. 이스라엘나라를 깡그리 공략한 그 앗수르나라의 수도입니다. 그 수도가 죄를 많이 지음으로 하나님께서 더는 보실 수가 없어서 소돔과 고모라처럼 멸망시키겠다 하신 것입니다. 멸망될 수밖에 없는 심판을 선언하시게 되었습니다. 그러나 여기서 선교학적인 중요한 메시지를 봅니다. 하나님께서는 사람의 마음속에 양심도 주시고 이성도 주시고 감성도 주시고 많은 사건을 통하여 깨달음을 주십니다. 그러나 중요한 것은 선지자를 통해서 반드시 말씀을 하신다는 것입니다. 선지자를 통해서 말씀하시지 않고 멸망시키시는 법이 없습니다. 아주 중요한 일입니다. 비록 이방나라라도, 바벨론이건 에굽이건 앗수르건 어디든지 간에 선지자를 보내시어 회개하라고 말씀하십니다. 그러고도 회개하지 않을 때 심판하시는 것입니다. 이 점을 잊지 말아야 합니다. 그러니까 죄 때문에 망하는 것은 사실이지만 죄 그것 때문에 망하는 것이 아니고 마지막 통첩을 받고 회개하지 않음으로 망하는 것입니다. 죄로 인하여 망하는 것이 아닙니다. 개인도, 민족도, 사회도 마찬가지입니다. 하나님의 말씀이 들려질 때 회개하지 않음으로써 멸망하게 되는 것입니다. 그런데 하나님께서 사십 일로 한정하시고 니느웨 성을 향해서 요나 선지자를 보내십니다. 가서 사십 일 후에 망한다고 최후통첩을 하라, 하십니다. 하나님의 뜻이 어디에 있겠습니까. 이렇게 마지막 경고를 하고 회개를 하면 용서하시겠다는 깊은 뜻이 마음에 있었습니다. 그런데 요나는 하나님을 잘 압니다. 가서 외쳤다가 만일에 저들이 회개를 하면 망할 것이 안망하겠거든요. 그는 저들이 혹시라도 회개할까봐 걱정이 되어서 안가겠다 했고 다시스로 도망을 가다가 여러분이 잘 아시는대로 큰 물고기 뱃속에 들어가서 사흘 동안 있다가 그것이 토해버림으로 인해서 니느웨 성에 아예 직행을 하게 되었습니다. 이제 꼼짝못하고 니느웨 성에 온 것입니다. 2장에 보면 그가 물고기 뱃속에서 회개하는 장면도 나옵니다. 이렇게 니느웨 성에 와서 그는 이제 메시지를 전하지 않을 수 없게 되었습니다. 돌아가면서 전합니다. 뭐라고 했겠습니까. 하나님께서 명령하시니 40일이 지나면 망한다고 말합니다. '빨리 회개하세요. 그래야 구원을 받을 것입니다'라고 말해야 되겠지만 그럴 마음이 없어 한다는 소리가 '40일 지나면 망한다' '40일 지나면 망한다'하는, 마지못해 전하는 메시지였습니다. 몹시 고약한 사람입니다. 그런데도 놀라운 일이 일어났습니다. 왕으로부터 백싱까지 재를 무릅쓰고 다 회개를 한 것입니다. 그래, 우리가 죄를 너무 많이 지었지, 이래서는 살아남을 수가 없지, 하고 다 회개했습니다. 마침내 하나님께서 저들을 용서하십니다. 요나는 영 못마땅했습니다. 마음에 안들었습니다. 그래서 4장 1절에 보면 기막힌 얘기가 나옵니다. "요나가 심히 싫어하고 노하여 여호와께 기도하여 가로되 여호와여 내가 고국에 있을 때에 이러하겠다고 말씀하지 아니하였나이까 그러므로 내가 빨리 다시스로 도망하였사오니…" 내 이럴 줄 알았어요, 합니다. 영 못마땅한 것입니다. 하나님을 원망합니다. 원망할 뿐만 아니라 괴로워하고 싫어하고 그 다음에 죽기를 소원합니다. '나 이런 꼴 보고 사느니 죽고 싶습니다.' 참 못난 사람입니다. 죽을 사람들이 살았다면 잘된 것이지, 니느웨 성이 회개하고 구원받는 것을 보면서 이런 꼴을 보느니 차라리 죽고 싶습니다, 하다니요. 정말 못된 사람입니다. 이 사람, 명색이 선지자입니다. 여러분, 왜 이렇게 되었겠습니까. 그는 하나님의 뜻을 몰랐습니다. 하나님의 마음을 헤아리지 못했습니다. 여러분, 하나님을 믿는 사람은 내 생각, 내 뜻에 집착할 것이 아니라 하나님의 뜻을 알아야 합니다. 하나님의 마음을 먼저 이해하고 그 다음에 하나님의 뜻과 일치하고 그 다음에는 하나님의 뜻에 순종하고 헌신하는 것이 하나님의 자녀들이 가는 길이 아니겠습니까. 그런데 요나는 하나님의 뜻을 이해하려고들지 않았습니다. 거기에 문제가 있는 것입니다. 탕자비유를 봅시다. 탕자가 집을 나갔다가 돌아옵니다. 거지가 되어 돌아왔습니다. 아버지는 그를 환영해서 잔치를 합니다. 기분이 썩 좋았습니다. 그럴 때 형은 못마땅해합니다. 뭐라고 합니까. 거기 보면 그 아들도 참 못났더라고요. '당신의 아들이…' 이렇게 나옵니다. 아니, 내 동생이지 '당신의 아들'이라니요. 당신의 아들이 아버지의 재산을 다 창기와 함께 먹어버리고 돌아왔는데 어째서 환영하는 것입니까, 어째서 아들로 영접하는 것입니까ㅡ아주 못마땅해합니다. 그러니까 아버지 하는 말이 '내 아들이자 네 동생이 죽었다 살아왔는데 왜 기뻐하지 않느냐' 합니다. 이 탕자는 밖으로 나갔다 돌아왔지만 형이라는 이 사람은 집에 있으면서 아버지마음을 괴롭힌 것입니다. 아버지마음을 이해하려고들지 않았습니다. 그는 또하나의 무서운 탕자인 것입니다. 여러분, 그 나라와 그의를 먼저 구하며, 하나님의 뜻, 하나님의 마음을 먼저 이해해야 한다는 것을 잊지 마십시오.

　또한 요나는 지금 자기생각에 집착하고 있습니다. 그리고 자기 과거를 잊지 못합니다. 민족이 당한 굴욕을 지금 기억하고 있는 것입니다. '저 앗수르나라가 우리나라를 쳐들어왔습니다. 그래서 다 짓밟아버리고 착취해가고 못살게 망가뜨렸습니다. 저들을 어떻게 용서하라는 것입니까.' 자기과거, 자기가 본 손해, 자기민족이 당한 굴욕, 여기에 꽉 붙들렸습니다. 과거로부터 벗어나지 못했습니다. 그리고 자기생각에 집착하고 있습니다. 앗수르는 망해야 된다, 앗수르는 원수다, 전쟁을 일으켜서라도 꼭 앗수르나라를 망하게 하고 싶다, 하는 차에 죄 때문에 망한다고 하시니, 손 안대도 절로 망한다 하시니 얼마나 잘된 일인가―통쾌하던 참이었습니다. 그러나 이것은 하나님의 뜻이 아니었습니다. 자기생각이었습니다. 거기 집착하고 있었습니다. 바로 여기에 문제가 있는 것입니다. 심리학자이자 의사인 폴 투르니에는 「The Strong and the Weak」라고 하는 저서에서 현대인은 일상생활 중에 너무 피로하다, 너무 피곤하게 살아간다, 하고 피곤한 이유를 네 가지로 설명하고 있습니다. 첫째는, 너무 일을 많이 한다는 것입니다. 순수한 과로입니다. 육신의 건강에도 한계가 있고 정신에도 한계가 있습니다. 여유없이 여러 가지 일을 너무 많이 해서 순수과로 현상이 온다는 것입니다. 두 번째는, 정신적인 압력입니다. 그래서 윗사람에게 관계되고 아랫사람에게 문제되고 또 사회의 여론과 평판, 동기와 특별히 하나 더, 질투가 있습니다. 이 정신적 스트레스가 사람을 몹시 피로하게 만든다는 일반적인 얘기입니다. 하나 더 중요한 이유가 있습니다. 그것은 반항입니다. 하나님께서 하시는 큰 일이 있지 않습니까. 하나님께서 운행하시는 하나님의 경륜이 있습니다. 그것을 알았으면 순종해야지요. 마음에 들든 안들든, 그것이 어떤 일이라도, 마지막에 죽음이 오더라도 아, 이제 죽는 시간이구나, 그러면 조용히 가야지 '왜 죽어?'하니 문제가 되는 것입니다. 왜 하필이면 내가 죽느냐, 왜 이렇게 젊은 나이에 죽느냐, 하나님께서 하시는 일에 대해서 반항이 많습니다. 하나님의 역사라고 할 때는 우리는 그것을 조용히 받아들여야 합니다. 반항하면 피곤합니다. 그것은 누구도 위로할 수가 없는 일입니다. 현실 속에 있는 하나님의 뜻 앞에 순종하지 못하고 반항할 때 피곤한 것입니다. 또하나 중요한 이유는 게으름이라 했습니다. 이것은 아주 재미있는 얘기입니다. 사람은 해야 할 일을 하지 않으면 안해야 할 일을 하게 되어 있습니다. 마땅히 해야 할 일을 하지 않으면 하지 말아야 할 일을 하게 되어 있습니다. 그래서 해야 될 일을 즐거운 마음으로 정열을 기울여서 일하면 피곤이 없는데 하지 말아야 될 일을 하고 있는 것입니다. 해야 될 일에 대해서는 게을러빠졌습니다. 하지 말아야겠다고 하면서도 그 일에 끌려갈 때 피곤한 것입니다. 그 피곤은 누구도 위로할 길이 없습니다. 그것을 잊지 말아야 합니다. 깊이 생각해야 합니다. 오늘 요나는 어떻게 해야 할 사람입니까. 하나님의 큰 뜻을 알고 하나님의 구원하심을 찬양하고 감사해야 할 시간입니다. 찬양해야 할 시간에 원망하고 감사해야 할 시간에 죽기를 바라고 있습니다. 왜 이렇게 사람이 못났습니까. 이것이 바로 요나의 고민입니다.

또한 깊이 생각해봅시다. 그는 하나님을 심판했습니다. 어이없게도 하나님을 심판했습니다. '하나님 잘못하고 계십니다. 이스라엘은 구원하고 앗수르는 망해야 됩니다. 그뿐아니라 40일 지나면 망한다 했으면 망해야지요. 망한다고 나는 심부름을 했는데, 이제 내 체면은 뭐가 됩니까. 망해야 됩니다.' 하나님을 향해서 심판합니다. 여러분, 심판이라는 말을 쓰기는 죄송하지만, 하나님을 원망하며 하나님을 심판하는 일이 참 많습니다. '하나님 하시는 일이 참 못마땅합니다. 하나님, 왜 일을 그렇게 하십니까?' 그런 이야기가 아닙니까. 어떤 일에도 그런 말, 그런 심판을 해서는 안됩니다. 하나님을 심판할 수는 없습니다. 하나님의 긍휼과 하나님의 용서와 하나님의 사랑, 율법을 넘어서는 높은 긍휼하심에 대하여 못마땅하게 여겨서는 안됩니다. 하나님 말씀하십니다. '구원은 나의 뜻이요 만백성이 구원받는 것이 내 마음이다.' 하나님의 역사에 우리가 이의를 제기해서는 안되는 것입니다. 뿐만아니라 요나가 크게 잘못한 것이 있습니다. 내가 할 일이 있고 하나님께서 할 일이 있습니다. 전하라 하시면 전하면 됩니다. 그 다음일은 하나님께서 알아서 하실 것입니다. my part가 있고 His part가 있습니다. 하나님께서 하실 일은 하나님께서 하셔야 합니다. 하나님뜻대로 하시옵소서—나는 내가 할 일만 하면 되는 것입니다. 요나 이 사람이 주제넘었습니다. 그래서 하나님 앞에 욕을 돌리고 있습니다. 오늘도 조용하게 내가 할 일 내가 하면 됩니다. 그 이상은 생각하지 마십시오. 하나님께서 알아서 하실 것이기 때문입니다. 누구를 심판하든 벌하든 하나님께서 알아서 하실 일입니다. 그것은 나의 문제가 아닙니다. 나는 하나님 앞에 내가 할 일을 하고 충성을 다할 뿐입니다. 윌리엄 제임스라고 하는 분이 「The Varieties of Religious Experience」라고 하는 유명한 저서에서 우리 그리스도인들의 신앙적 성숙단계를 네 단계로 설명하고 있습니다. 우리가 신앙이 점점 자라서 높은 경지에 이르러야 하는데, 그 첫째단계가 뭐냐하면, 현세적 이기주의를 극복하는 것입니다. 예수님께서도 말씀하십니다. '자기를 부인하고 자기십자가를 지고 나를 좇을 것이니라.' 자기를 부인하는 것, 이기심을 버리는 것입니다. 그리고 하나님의 넓은 세계를 지향합니다. 내가 내 좁은 생각에 집착하는 것, 이것은 아직도 신앙생활 입문도 못한 것입니다. 자기를 버립니다. 이것이 첫째단계입니다. 두 번째단계는 초능력적인 하나님의 역사가 내 생활 속에 연계되어 있음을 아는 것입니다. 무슨 말인가 하면 하나님의 큰 역사 속에 내가 있고 하나님의 큰 은혜 안에 내가 있고 하나님께서 구원하시는 사역 속에 내가 있다는 것을 압니다. 자꾸 그렇게만 느껴집니다. 우연은 없습니다. 모든것이 하나님의 뜻 가운데 되어진다, 하는 것을 강하게 느낍니다. 세 번째단계는 나 자신의 한계를 느끼는 것입니다. 내가 할 일은 이것뿐입니다, 나머지는 하나님 아버지께서 하실 일입니다―이 자기한계를 확실하게 인정하는 순간 신앙생활은 온전히 자유하게 됩니다. 그리고 네 번째단계는 정서 중심에 사랑이 있습니다. 이것이 영성의 극치입니다. core quality of spirituality, 영성의 핵입니다. 그 중심에 사랑이 있습니다. 그리하여 세상의 모든것을 사랑으로 봅니다. 사랑으로 듣습니다. 합동하여 선을 이루시는 사랑의 세계를 전합니다. 그것이 영성의 높은 경지입니다. 요나는 이 점에서 잘못하고 있습니다. 허드슨 테일러라고 하는 유명한 선교사가 있습니다. 중국에의 첫선교사입니다. 중국에 처음 선교의 문을 연 분입니다. 그분이 선교사역 하던 중에 동역자, 후배선교사를 좀 많이 모집해오려고 고국에 돌아갔습니다. 선교사지망생이 많이 모였습니다. 이들을 하나하나 면접을 해서 시험합니다. 그렇게 선교사를 선발하게 되는데, 그는 이렇게 물어보았습니다. "당신은 왜 중국에 선교사로 가려 합니까?" 그랬더니 "중국의 많은 영혼들을 제가 구원하기 위해서요" 합니다. "알았습니다." 또 다른 사람에게 그렇게 물었더니 "중국을 변화시키고 문명의 세계로 인도해야 하겠는데, 그러기 위해서는 선교가 꼭 있어야 하는 일이라고 생각합니다" 합니다. "그것도 좋은 생각입니다." 세 번째 사람에게 물었습니다. "당신은 왜 중국 선교사로 가려 합니까?" "저는 하나님의 영광을 위하여 가려고 합니다." "그거 참 좋은 생각입니다." 테일러는 말했습니다. "그런 생각들만 가지고는 부족합니다. 좋은 생각들이지만, 그것만으로는 동기가 부족합니다." 그랬더니 지망생 하나가 반문했습니다. "선교사님, 당신은 왜 선교사가 되셨습니까?" 이에 허드슨 테일러는 유명한 대답을 했습니다. "나는 중국사람들을 사랑합니다. 오로지 그 사랑 때문입니다." 여러분, 사랑이 없는 선교, 이것이 문제입니다. 사랑이 없는 봉사, 원망으로 끝납니다. 사랑이 없는 희생, 이것이 문제입니다. 사랑이 없는 헌신에 문제가 있는 것입니다. 사도 바울은 고린도전서 13장에서 유명한 말씀을 합니다. '내가 몸을 불사르게 내어줄지라도 거기에 사랑이 없으면 아무것도 아니다.' 여러분, 자식을 위해서 한평생을 산다느니 남편을 위해서 한평생을 고생했다느니 가정을 위해서 온생을 바쳤다느니 하는 소리가 다 왜 나오는 것인지 아십니까? 사랑이 없기 때문입니다. 사랑 없는 수고, 소용없습니다. 요나는 수고를 많이 했습니다. 그러나 사랑이 없었습니다. 더 놀라운 것은 그가 정말 제정신 가진 선교사라면 어떠해야 합니까. 니느웨가 40일 후에 망하게 되었다가 구원을 받았습니다. 얼마나 놀라운 일입니까. 축제입니다. 하나님께 감사의 제사를 드려야 할 시간에, 축제를 벌이고 감사해야 할 시간에 왜 원망을 합니까. 왜 죽겠다는 것입니까. 감사와 찬송으로 축제를 벌여야 될 사람이 어째서 이렇게 고민에 빠집니까. 이렇게 절망합니까. '사는 것보다 죽는 것이 낫습니다.' 참으로 못난 인간입니다. 이것을 생각해야 합니다. 자기중심적인 생각에서 벗어나지 못한 사람은 찬송을 불러야 할 시간에 절망을 합니다. 아직 자기문제를 해결하지 못한 이 미련한 인간은 소위 하나님의 일을 한다고 해도 또 원망과 불평으로 끝납니다. 여러분, 구원받는 니느웨 성을 보면서 하나님께 마땅히 영광돌려야 하지 않겠습니까. 이 축제의 마음이 있어야 하지 않겠습니까. 바로 그것이 구원받은 하나님이 사람의 마음입니다. △

그 누룩을 주의하라

제자들이 건너편으로 갈새 떡 가져가기를 잊었더니 예수께서 이르시되 삼가 바리새인과 사두개인들의 누룩을 주의하라 하신대 제자들이 서로 의논하여 가로되 우리가 떡을 가져 오지 아니하였도다 하거늘 예수께서 아시고 가라사대 믿음이 적은 자들아 어찌 떡이 없음으로 서로 의논하느냐 너희가 아직도 깨닫지 못하느냐 떡 다섯 개로 오천 명을 먹이고 주운 것이 몇 바구니며 떡 일곱 개로 사천 명을 먹이고 주운 것이 몇 광주리이던 것을 기억 못하느냐 어찌 내 말한 것이 떡에 관함이 아닌 줄을 깨닫지 못하느냐 오직 바리새인과 사두개인들의 누룩을 주의하라 하시니 그제야 제자들이 떡의 누룩이 아니요 바리새인과 사두개인들의 교훈을 삼가라고 말씀하신 줄을 깨달으니라

(마태복음 16 : 5 - 12)

그 누룩을 주의하라

어렸을 때 할아버지로부터 들은 이야기입니다. 어떤 사람이 들에 나갔다가 들에 매어놓은 남의 황소 한 필을 훔쳐가지고 돌아왔는데, 이것이 발각되어 경찰서에서 취조를 받게 되었습니다. "이 사람아, 벌건 대낮에 남의 황소를 훔치고도 무사할 수 있다고 생각했는가"하고 경관이 물었더니 이 도둑이 "나는 들에 나갔다가 고삐 하나가 땅에 놓여 있는 것을 끌고왔는데 와보니 소 한 필이 따라와 있대요. 난 소까지 훔칠 생각은 없었습니다"하고 능청맞게 대답을 하는 것입니다. 경관의 대꾸가 더 재미있습니다. "그래? 우리도 자네손만 묶어가지고 왔는데 자네는 왜 따라왔나?" 이것은 무책임한 사람 이야기입니다. 여러분, 어떤 행동이든지 반드시 거기에 의지가 있고 생각이 있고 사상이 있는 것입니다. 행동은 행동대로, 생각은 생각대로, 별개로 생각할 수는 없습니다. 간혹 우리는 '부지중에' '몰라서' 혹은 '무의식중에'라는 말을 하지만, 알고보면 무의식도 의식적인 행동이 반복되면서 이제는 행동만 남고 의식이 뒤에 감추어진 것입니다. 그러므로 변명할 여지가 없습니다. 우리의 모든 행동은 우리 자신의 것이요 자신이 책임을 져야 하는 것이 아니겠습니까. 시편 49편 20절에 보면 이렇게 말씀합니다. "존귀에 처하나 깨닫지 못하는 사람은 멸망하는 짐승같도다." 역시 사람의 사람됨은 그의 깨달음에 있습니다. 그 깨달음이 어디까지냐가 문제입니다. 무엇을 생각하며 무엇을 깨닫느냐―거기에 사람된 위상이 있다고 생각합니다. 경영학 이론에 '전파론'이라는 이론이 있다고 합니다. 여기서 사람의 유형을 이렇게 분석하고 있습니다. 사람 가운데는 변화를 즐기며 모험을 좋아하고, 호기심이 많고, 항상 창의적인 것으로 치닫는, 그러한 유형이 있다고 합니다. 변화를 즐기는 사람, 다시 말하면 pioneership이 있는 것입니다. 이런 사람이 사람 중에 5%밖에는 없다고 합니다. 또하나는 타인인식 형입니다. 아주 소극적이라서 변화를 원하면서도 다른 사람과 조화를 이루려고 합니다. 그저 부딪히지 않으려 하고 다른 사람이 어떻게 볼까, 이런 것 다 생각하다보니 진정한 변화를 꾀할 수가 없습니다. 이런 사람이 한 20%가 된다고 합니다. 그리고 추종자 유형이 있습니다. 이런 사람은 무조건 남이 하는대로 따라갑니다. 남이 가면 가고 오면 오고 남이 입은 옷을 내가 못입으면 속상합니다. 남이 입은대로만 입으면 내 마음은 행복합니다. 남이 하는 일을 못따라하면 그것은 악이라고 느끼고 남이 하는 일을 그대로 따라하면 그것은 선이라고 느끼고 사는, 완전히 타인추종형, 이런 형은 무려 70%나 된다고 합니다. 대부분이 그렇다는 것입니다. 나머지 가운데는 자기의 고집대로 사는 사람이 있습니다. 자기의 생활철학, 생활태도, 방식이 무너지면 인생이 망가지는 줄로 압니다. 절대로 양보하지 못합니다. 이런 고집불통의 사람이 있나고 합니다. 여러분은 어느 쪽입니까? 지식이라고 하는 것은 들으면서 기억하고 기억이 축적되어서 논리적으로 정돈하여 이해됨으로 지식이 됩니다. 그러나 지혜라고 하는 것은 사건에 부딪치면서 경험하게 됩니다. 몸으로 부딪침으로써 깨달음이라고 하는 것을 얻게 됩니다. 깨달음이 지혜를 주고 지혜가 믿음을 주고 믿음이 능력으로 나타나는 것입니다. 그리고 그 능력이 실생활에서 생명력으로 작용하게 되는 것입니다. 그런데 사람 가운데는 말귀를 못알아듣는 사람이 있습니다. 그리고 듣지 않는 사람이 있습니다. 아니, 듣지 않기로 결심한 사람이 있습니다. 그래서 이제는 들을 수 없게 된 사람이 있습니다. 이런 사람이 가장 불쌍한 사람일 것입니다. 이제는 깨달음과는 거리가 멉니다. 성경에 보면 말귀를 못알아듣는 사람이 많이 있습니다마는 제가 쉽게 기억하기로는 대표적인 두 사람이 있습니다. 하나는 요한복음 4장에 나옵니다. 예수님께서 수가 동네의 우물가에 앉으셨다가 그곳 여자 하나가 물을 길러 왔을 때 그에게 아주 신비롭고 차원높은 귀중한 말씀을 하나 하십니다. "내가 주는 물을 먹는 자는 영원히 목마르지 아니하리니…" 얼마나 귀한 말씀입니까. 이 말씀을 듣고 이 여자가 하는 말을 보십시오. '그런 물을 나 좀 주어서 물 길러 나오지 않게 해주세요.' 참 답답한 여자 아닙니까. 참 상대하기 힘든 사람입니다. 그런가하면 유식한 사람 중에도 그런 사람이 있습니다. 요한복음 3장에 나오는 니고데모라는 사람, 바리새인이자 명색이 당대 종교지도자입니다. 예수님께서 그를 맞아 말씀하시기를 "네가 거듭나야 하겠다, 중생해야 되겠다, 라고 하셨더니 이 사람 보십시오. "사람이 늙으면 어떻게 날 수 있삽나이까 두 번째 모태에 들어갔다가 날 수 있삽나이까"하고 여쭙니다. 아니, 젊으면 다시 들어갑니까. 어찌 이렇게 답답한 소리를 합니까. 그래 예수님께서 이스라엘 랍비가 되어서 그것도 모르느냐 하고 정면으로 충고하시는 것을 볼 수가 있습니다. 왜 그랬을 것같습니까. 이 모두가 다 자기생각, 자기경험에 집착하여 예수님의 말씀을 알아들을 수가 없었던 탓입니다. 바로 여기에 문제가 있습니다.

오늘본문에서도 예수님께서 말씀하십니다. 아직도 깨닫지 못하느냐, 기억지도 못하느냐—얼마나 무서운 말씀입니까. 왜 그리 깨달음이 없느냐, 왜 기억지도 못하느냐, 말씀하십니다. 예수님께서 5

천 명 먹이시는 역사를 나타내셨습니다. 떡 다섯 개로 5천 명, 또 떡 일곱 개로 4천 명… 상상을 해보십시오. 얼마나 굉장한 사건인가. 이런 엄청난 사건을 보면서 깨달음도 많고 느낌도 많고 감격도 컸을 것입니다. 그런데 이런 감격을 가진 지 불과 며칠 뒤(어떤 복음에는 다음날이라고도 하지만)입니다. 예수님께서 배를 타고 가십니다. 배 안에서 예수님께서 제자들에게 말씀하시기를 바리새인의 누룩을 삼가라, 하십니다. '누룩' 하고 말씀하실 때 제자들은 아하 빵이라, 빵이 없구만, 우리가 빵을 준비하지 못했구만, 하고 서로 시비를 벌였습니다. 의논했다는 말은 서로 변론했다는 말입니다. '왜 빵을 준비하지 않았느냐?' 아마도 그랬겠지요. 베드로가 그랬을는지도 모릅니다. 가룟 유다가 회계인 터라 베드로에게 항변했겠지요. 당신이 수제자이니 나더러 준비하라 했으면 내가 준비했을 것 아닙니까. 아무 말도 없다가 이제와서 왜 나 보고 시비요?—서로 의논을 하게 되고, 변론을 벌입니다. 예수님, 기가막히셨습니다. 상상해보십시오. 아니, 떡 다섯 개로 5천 명 먹이시는 큰 기적을 본 사람들이 그 귀한 역사를 나타내신 하나님의 그 아들이 눈앞에 계시는데 빵이 없다고 시비하고 있습니다. '왜 이렇게 깨달음이 없느냐' 하십니다. 정말 답답한 사람들입니다. "기억지 못하느냐" 예수님께서 이렇게 책망하십니다. 여러분, 기적이라는 것이 무엇입니까. 예수님께서 행하신 일이 다 이적입니다. 그런데 이 이적에 대한 이해는 3단계로 이루어집니다. 성경에 아주 고맙게도 세 단어로 구별되게 나타납니다. 첫째가 '테라스'입니다. '이적'이라는 말입니다. 영어로는 wonder입니다. miracle, 기적입니다. 이것이 무엇입니까. 인간상식으로 이해가 되지 않는 것입니다. 우리의 경험으로도 이해가 되지 않습니다. 그래서 우리의 경험과 지식의 한계를 넘는, 초월한 일이 있을 때 '이적이다' 라고 말하게 됩니다. 그것을 깨달았습니다. 이적은 많습니다. 오늘도 죽을 사람이 사는 일이 얼마나 많습니까. 꼭 죽은 줄 알았는데 살아납니다. 또 어떤 사람은 전혀 그런 때에 살아남을 수가 없는데 살아남았습니다. 저는 이적이라 할 때 제가 아는 한 사람을 생각합니다. 바로 옆에 있는 '중앙의료원'에서 오래 병중에 있다가 죽었습니다. 그 시신을 냉장고에 넣어두었다가 장례식 하려고 냉장고로 갔더니 냉장고가 꽉 찼습니다. 넣을 데가 없어서 내일아침 하나 꺼내어 장례를 하여 자리가 비면 그때 넣기로 하고 시신을 냉장고 앞에 놔두었습니다. 하룻밤을 지냈습니다. 날이 밝아 냉장고에 넣으려고 가 보니 그가 살아나 있는 것입니다. 자, 어떻게 하겠습니까. 기적 아닙니까. 그래서 그 사람은 '내가 이렇게 살아났는데 앞으로 무엇을 할까?' 생각한 끝에 목사가 되었고 병원전도를 위해서 한평생을 바쳤습니다. 이것 보십시오. 기적이란 있습니다. 깜짝놀랄 기적이 이렇게 있지 않습니까. 이것을 깨달아야 합니다. 기적을 기적으로 알아야 되는 것입니다. 두 번째는 '뒤나미스'라는 것입니다. 영어의 다이내믹이라는 말이 거기서 나왔습니다. 헬라어에서 '뒤나미스'란 능력이라는 말입니다. power라는 말입니다. 하나님의 능력이 나타났다, 이 사건 속에 보이지 않는 하나님의 능력이 나타났다—그렇게 보는 것입니다. 그렇게 깨닫는 것입니다. 하나님의 능력을 인지하는 것입니다. 그것이 바로 능력이요 권능입니다. 세 번째 단어는 '세메이온' 입니다. '표적'이라 번역하는 말입니다. 영어로 sign이라는 뜻입니다. 표적—보이는 것 속에 보이지 않는 것이 있다, 다시말하면 그 속에 말씀이 있다, 라는 말입니다. 그 말씀을 읽을 줄 알아야 합니다.

지나가는 사건이 아닙니다. 여기에 깊은 말씀이 있습니다. 저 사람에게 나타난 일이지만 내게 말씀하고 계십니다. 어제 된 사건이지만 오늘 말씀하고 계십니다. 2천 년 전에 된 사건이지만 오늘 나에게 새로이 말씀하고 계십니다. 지금 저는 그것을 설교하고 있는 것입니다. 2천 년 전에 된 사건인데 그 의미를 오늘에 말씀하고 있는 것입니다. 이것이 바로 세메이온, 표적 이해의 능력입니다. 표적을 표적으로 이해해야 합니다. 보십시오. 남의 죽음을 보면서 나의 죽음을 생각해야 합니다. 몇년 전에 된 사건을 기억하면서 오늘 내게 주시는 말씀을 들어야 합니다. 다시 깨달아야 합니다. 이것이 표적을 이해하는 능력입니다. 그런데 오늘본문에 보는대로 저 제자들은 그 능력이 없었습니다. 그 큰 능력을 보고도, 감격하고도 기억하지 못했습니다. 까맣게 잊어버렸습니다. 그리고 오늘 떡 하나 없는 것 두고 시비를 벌이고 문제삼고 있습니다. 생각해보면 어이없고 답답한 일이 아닐 수 없습니다. 그래 예수님께서 그렇게 책망조로 말씀하십니다. 예수님께서는 항상 생명에 대하여 말씀하고 계십니다. 떡을 보시고도 생명에 대하여 말씀하십니다. 40일 금식하시고도 이렇게 말씀하십니다. "사람이 떡으로만 살 것이 아니요 하나님의 입으로 나오는 모든 말씀으로 살 것이라(마 4 : 4)." 우리는 떡을 대할 때마다 생명을 생각하고 생명의 주인을 생각하여야 합니다.

그리고 어리석은 말이 또 문제가 됩니다. 신앙 없는 말, 이것이 문제가 되는 것입니다. 데이라고 하는 사람이 쓴 「세 황금문」이라고 하는 작은 책이 있습니다. 여기서 말에 대하여 충고를 합니다. 적어도 말을 할 때는 이 세 가지를 생각하고 말하라, 세 가지 문을 통과해야 한다, 하였는데 첫째가 내가 지금 하는 말이 진실된 참말인가,

하고 물어봐야 한다는 것입니다. 가끔 우리는 남의 말이라고 할 때가 있습니다. 아, 그런다더라, 그렇대, 누가 그러는데… 이 정도로 말을 하는데, 이것을 잊지 마십시오. 내 입으로 말하는 한 나의 말입니다. 남의 말이라고 그러지 마십시오. Quotation nothing. 남의 말 아닙니다. 남의 말이지만 내가 말하면 이제부터 내 말입니다. 내게 듣는 사람은 내 말로 듣고 있다는 것을 잊지 마십시오. 그러므로 말은 참 조심하고 책임을 져야 합니다. 어제저녁에 혹 TV에서 연예가 중계라는 프로그램을 보았습니까? 제가 그 프로그램을 재미있게 보는데 어제저녁에는 깜짝놀랐습니다. 그간 몇년 몇달 동안에 소문났던, 인터넷에 뜨고 신문에 나고 했던 그런 이야기들을 전부 확인하는 시간이었습니다. 어떤 사람이 연애한다더라, 해서 물어봤더니 아니었습니다. 어떤 사람이 이혼한다더라, 해서 물어보니 "우리가 왜 이혼합니까?" 합니다. 어떤 사람은 죽으려고 약을 먹었다고 소문났는데 안먹었습니다. 멀쩡합니다. 그뿐입니까. 다들 놀랍니다. 어느 가수 에이즈걸렸다고 하더라, 아이들까지 걸렸다고 소문났다, 합니다. 야단났습니다. 저도 들었습니다, 오래전에. 그래서 정말 그런가 했는데 어제 보니 멀쩡합디다. 절대 그런 일 없다고 확인합니다. 그러니, 연예인들도 고생을 많이 하데요, 정말. 연예인된 죄로 말입니다, 이게. 다른 건 몰라도 에이즈걸렸다는 것은 어떻게 하면 좋습니까? 이런 엉뚱한 말을 듣고 있더라고요. 그래서 전부 확인을 하고 그런 일 없다고 하는 것을 보았습니다. 결론은 무엇인가요. 여러분, 뭐든 쉽게 이야기하지 마십시오. '아니땐 굴뚝에 연기날까,' 이런 생각이 망조입니다. 아니땐 굴뚝에도 연기납니다, 요즘에는. 나고말고요. 왜 그 생각을 못합니까. 여러분이 하는 말은 하나님 앞에서 스스로 책임을 져야 합니다. 한치의 거짓이라도 있다면 당신의 책임입니다. 이것을 알아야 합니다. 그러므로 말을 할 때는 참으로 확실한 말만 해야 합니다. 그 외의 말은 들은 말이라도 옮겨서는 안된다는 것을 알아야 합니다. 두 번째는 내 말이 내가 해야 할 말인가, 하는 것입니다. 이 상황에 꼭 필요한 말인가, 내가 해야 할 말인가, 또 이 상황에 이 말이 꼭 필요한가, 그것을 물어봐야 한다는 것입니다. 말이란 시간과 장소에 따라서 다릅니다. 제가 이런 말을 할 때마다 늘 생각나는 제 경험이 있습니다. 중학교에 다닐 때 기계체조를 했습니다. 특히 철봉을 썩 잘했습니다. 이렇게저렇게 하고 다 잘했는데 딱 하나 못하는 게 있었습니다. 대회전을 못했습니다. 그것을 하려고 애를 써보았지만 잘 안됩디다. 그런데 제 친구는 그것을 잘했습니다. 공부하고 잠시 쉬는 시간에 운동장에 나와서 탁 붙잡자마자 돌아가는데 참 부러웠습니다. 지켜보고 있는데, 구경하던 친구 중의 하나가 입싼 소리를 했습니다. "원숭이가 나무에서 떨어지지. 표주박이 우물에서 깨지지." 철봉돌던 친구가 돌면서 그 소리를 들었습니다. 내려오자마자 "나 이거 하다가 죽으란말이냐"하디니 입썬 친구를 냅다 칩디다. 저도 안말렸습니다. 내키는대로 때리라고. 참 그 입방아 못됐습디다. 어떻게 그 자리에서 그런 소리를 합니까, 위험한 운동을 하고 있는데. 그런 것이 문제입니다. 그런 때는 입이라고도 하지 않습니다. 주둥이라고 합디다. 모름지기 말조심해야 됩니다. 입이라는 것이 아무 때에나 벌리는 것이 아닙니다. 말이라고 다 말입니까. 진리야 진리지요. 원숭이도 나무에서 떨어지거든요. 그러나 그 시간에 할 말은 아닌 것입니다. '이 상황에 이 말이 필요한가?' 말하기 전에 물으십시오. 세 번째는 내 마음에 사랑이 있는가,

그것을 물어야 한다는 것입니다. 사랑으로부터 나오는 말이라야 합니다. 혹이라도 시기, 질투, 원망, 불평이 그 속에 있어서는 안됩니다. 그러면 빗나가기 때문입니다. 동기를 물어야 합니다. 정말로 사랑하는가? 이 세 가지 문을 통과하면 훌륭한 덕을 나타낼 수 있다고 말하고 있습니다.

특별히, 여러분도 잘 아시는 독일의 신학자요 순교자인 디트리히 본훼퍼가 '사단은 우리를 어떻게 유혹하는가?'라고 하는 작은 논문에서 그것을 세 가지로 지적합니다. 하나는 감정을 사로잡는다는 것입니다. 질투심을 유발해서 불평하게 만든다—그것을 잊지 마십시오. 질투는 죄가 아닌 줄 알지만 마귀가 작용하는 것입니다. 원망을 하게 만듭니다. 작은 일 큰 일에서 원망을 하게 만듭니다. 이 원망에 문제가 있는 것입니다. 두 번째는, 우리를 우울하게 만든다는 것입니다. 우울증을 우리는 병이 아닌 줄로 착각을 하지만 그것은 불치병입니다. 무서운 병입니다. 내가 죽든지 남을 죽이든지—이것이 우울증입니다. 그래서 내 생의 의미를 부정하게 만듭니다. 셋째는, 구원신앙을 흔들어서 '너는 용서받을 수 없다. 이미 죄가 많다. 너는 끝장이 났다'라고 유혹을 한다는 것입니다. 절망하게 만듭니다. 다시말해서 사단은 원망과 부정과 절망으로 유혹한다는 것입니다. 한번 들어둘만한 이야기입니다. 오늘본문에 나타난 이 제자들, 어느결에 유혹을 받아서 방금 5천 명을 먹이시는 큰 기적을 보았건만 다 잊어버렸습니다. 그 감격도 없습니다. 그 능력도 잊고 오늘은 또 원망입니다. 이렇게 되고 말았다는 것입니다. 그래서 예수님 말씀하십니다. 깨닫지도 못하느냐, 기억지도 못하느냐, 어찌하여 서로 의논하느냐, 바리새인의 누룩, 외식주의, 형식주의, 위선과 이기주의, 세

속성, 이것을 주의하라고 말씀하실 때 비유해서 누룩과 같다, 하십니다. 한 번 받으면 자꾸 퍼져나간다, 무서운 힘으로 퍼져나간다, 그러므로 조심하라, 이 악한 교훈을 조심하라, 사단의 역사를 조심하라,라고 말씀하시는데 이 중요한 말씀을 깨닫지 못하고 어째서 떡만 생각하고 있는 것입니까. 바로 거기에 불신앙이 있는 것입니다. 여러분 아시는대로 이스라엘백성이 애굽에서 나올 때 열 가지 재앙을 보았습니다. 놀라운 이야기 아닙니까. 그리고 홍해를 건너는 감격을 누렸습니다. 그런데, 성경을 자세히 보면 두 주일도 못가서 원망을 합니다. 모처럼 애굽에서 나온 사람들이 가나안에 못들어간 죄목은 바로 원망죄라는 것을 잊지 마십시오. 작은 일에나 큰일에나 원망을 하면 마귀가 기뻐합니다. 어느 사이에 마귀에게 노예가 됩니다. 일단 붙들리면 그 순간부터 완전한 절망으로 치닫게 됩니다. 이것을 잊지 말아야 합니다. 예수님께서는 오늘도 말씀하십니다. 깨닫지 못하느냐—깨달아야 합니다. 기억지 못하느냐—은혜에 대한 건망증 환자가 되어서는 안됩니다. 은혜는 오래오래 기억해야 됩니다. 그 큰 은혜에 감격했으면, 그 은혜를 기억히고 살면 오늘의 문제를 해결하기가 쉽습니다. 아무것도 아닙니다. 주께서 당신 아들을 아끼지 아니하시고 우리에게 내어주셨습니다. 그 큰 은혜에 감격하는 순간 오늘의 모든 문제가 시원하게 풀려지는 것입니다. 은혜는 깨달아야 은혜입니다. 그리고 기억해야 능력으로 바꾸어집니다. 생명력으로 바꾸어집니다. 은혜를 깨닫고 은혜를 기억하고 그 기억한 바 은혜로 오늘의 모든 문제를 해석하고 해결해보십시오. 밝은 미래가 환하게 보일 것입니다. △

나의 나됨의 정체

여호와 우리 주여 주의 이름이 온 땅에 어찌 그리 아름다운지요 주의 영광을 하늘 위에 두셨나이다 주의 대적을 인하여 어린아이와 젖먹이의 입으로 말미암아 권능을 세우심이여 이는 원수와 보수자로 잠잠케 하려 하심이니이다 주의 손가락으로 만드신 주의 하늘과 주의 베풀어 두신 달과 별들을 내가 보오니 사람이 무엇이관대 주께서 저를 생각하시며 인자가 무엇이관대 주께서 저를 권고하시나이까 저를 천사보다 조금 못하게 하시고 영화와 존귀로 관을 씌우셨나이다 주의 손으로 만드신 것을 다스리게 하시고 만물을 그 발 아래 두셨으니 곧 모든 우양과 들짐승이며 공중의 새와 바다의 어족과 해로에 다니는 것이니이다 여호와 우리 주여 주의 이름이 온 땅에 어찌 그리 아름다운지요

(시편 8 : 1 - 9)

나의 나됨의 정체

　독일의 염세주의철학자 쇼펜하우어가 어느날 복잡한 길에 나와 걸어가면서도 뭔가를 골똘히 생각하고 있었습니다. 누가 지나가는지 오는지, 그런 것은 생각할 경황이 없었습니다. 그렇게 골똘히 생각하던 중에 앞에서 오는 사람과 정면으로 딱 부딪혔습니다. 그 사람이 화를 버럭 냅니다. "당신 누구요?" 소리치는 것입니다. 쇼펜하우어는 미안하다는 듯 뒤로 물러서면서 "바로 그것이 문제입니다. 나는 누구인가, 그것을 생각하는 중입니다."
　여러분, 나는 누구입니까? 자식이 나를 아버지라 부르니 내가 아버지입니까? 그것은 아버지일 뿐이지 내가 아닙니다. 자식이 나를 어머니라 부르니 내가 어머니입니까? 그것은 아무개의 어머니일 뿐이지 나 자신은 아닙니다. 나는 누구입니까? 여러분은 자신을 누구라고, 무엇이라고 생각하십니까? 깊이 생각해볼 문제입니다. 프리츠 펄스라고 하는 정신분석학자가 건강한 사람의 특징을 네 가지로 들었습니다. 한 번쯤 생각해볼만한 얘기입니다. 정신적으로 건강한 사람은 첫째, 자기가 누구인지를 아는 사람이다, 하였습니다. 남들이 나를 두고 무어라고 하든 자신의 정체를 알고 있는 그 사람이 건강한 사람이라는 것입니다. 남들이 나를 두고 유식하다고 해도 내가 무식한 것은 내가 잘 압니다. 남들이 나를 가리켜 성공한 사람이라 하여도 내가 성공하지 못한 것을 내가 잘 압니다. 건강하다고들 해도 내가 병든 것은 내가 압니다. 저는 가끔 이런 말을 듣습니다. "목사님께서는 나이를 거꾸로 잡수십니까? 왜 안늙으세요?" 천만의 말씀입니다. 어떻게 안늙겠습니까. 누가 뭐라고 해도 나는 나입니다.

내 정체의식을 잊어버려서는 안됩니다. 다른 사람의 평판에 따라 내 생각이 휘둘러서는 안되는 것입니다. 아마도 가장 자기를 똑바로 아는 사람이 있다면 사도 바울이라고 생각하고 싶습니다. 그는 위대한 이방인의 사도입니다. 모두가 위대한 하나님의 종으로 추앙하는데도 로마서 7장에 보면 처절할이만큼 그는 진실합니다. "원하는 바 선은 하지 아니하고 도리어 원치 아니하는 바 악은 행하는도다." "오호라 나는 곤고한 사람이로다 이 사망의 몸에서 누가 나를 건져내랴." 이렇게 고백합니다. 그는 진실했습니다. 그리고 고린도전서 15장에서 "나의 나된 것은" 오직 하나님의 은혜라고 고백합니다. 자기정체를 분명히 알고 있습니다. 장점이든 단점이든 다 알고 있습니다. 그것이 건강한 사람입니다. 자기를 모르는 사람처럼 멍청한 사람이 없습니다. 두 번째로, 자기의 삶에 대하여 책임을 지는 사람이 건강한 사람이다, 하였습니다. 자기행동에 대해서 전적으로 책임을 집니다, 이런 일이든 저런 일이든. 시원찮은 사람은 자기책임을 남에게 전가합니다. 어떤 사람이 부부싸움을 하는데 남편이 유달리 화를 내고 난리를 치니까 여자가 견디다못해서 "여보, 당신이 옛날에는 안그랬는데 요즘에 와서는 왜 자꾸만 짜증을 내고 그래요?" 했더니 그 남편 왈 "나는 본래 안그랬는데 너하고 살다보니 이렇게 됐다" 하더랍니다. 아니, 저 나빠진 것이 아내 탓이라니요. 잘못하는 사람은 이렇게 꼭 남에게 책임을 돌립니다. 심지어 운동을 할 때도 보면 시원찮은 사람은 제 탓을 남에게 돌립니다. 누가 훼방을 놓고, 누구 때문에 기분을 잡치고 마누라가 어찌하고, 날씨가 어떻고… 그래서 운동이 안 된다는 것입니다. 이런 사람이 건강치 못한 사람입니다. 모든것은 내 책임이다, 하는 사람이 건강한 사람입니다. 세 번째로, 건강한 사람은 현실에서 도피하지 않고 현실에 도전의지를 가지고 있는 사람이다, 하였습니다. 이기면 되는 것입니다. 물러설 필요가 없거든요. 절대로 물러서지 않습니다. 도전의지, pioneership이 있습니다. 이래도 휘청 저래도 휘청해서는 안됩니다. 현실을 향해서 정면으로 도전하는 그런 의지가 있어야 건강한 사람이다, 하는 것입니다. 또, 자기 감정을 다스릴 줄 알아야 합니다. 분노하지 않아야 합니다. 공연히 자기마음을 스스로 다스리지 못해서, 자기마음을 못이겨서 몸부림치는 그런 사람은 소인배입니다.

　　17세기의 체코슬로바키아 교육가 요한 아모스 코메니우스는 그의 명저「The Pampaedia」에서 말합니다. 인간의 지식형성과정을 아주 쉽게 세 가지로 말합니다. 먼저는 감각입니다. 센스가 있어야 지식이 생기는 것입니다. 그러니까 제1통로가 감각입니다. 바로 보고 바로 듣고 바로 맛보고 바로 만지고 바로 느껴야 합니다. 똑바로 보지 못하면 지식이 빗나갑니다. 바로 듣지 못하면 엉뚱한 짓을 합니다. 바로 들어야 합니다. 바로 감각해야만 바른 지식을 가질 수 있습니다. 두 번째는, 건상한 이성이 있어야 됩니다. 이성이 병들면 안됩니다. 이성을 통해서 우리는 이해하고 판단하고 비교하고 분석하고 논리화하게 되니까 이성 차체가 병들면 영 구제불능이 됩니다. 건강한 이성으로 판단할 뿐더러, 특히 이성이 자유롭게 제기능을 다할 수 있어야 됩니다. 그래야 바른 지식을 가질 수 있고 지식을 축적했다가 재현하게 됩니다. 세 번째가 중요합니다. 바른 신앙이 있어야 한다는 것입니다. 감각과 이성으로 모든것을 다 할 수는 없거든요. 그러므로 언제나 잊지 말아야 합니다. 다 보고 알 것도 아니고 다 생각해서 알 것도 아닙니다. 그 이상의 세계가 있습니다. 그것은 믿음으로 아는 것입니다. 보고 사랑을 압니까? 만져서 사랑을 압니까? 그것은 믿음으로만 알 수 있습니다. 진리를 눈으로 봅니까? 진리는 믿음으로 알 수 있습니다. 그러므로 히브리서 11장 3절에 말씀합니다. "믿음으로 모든 세계가 하나님의 말씀으로 지어진 줄을 우리가 아나니…" 천지를 창조하실 때 내가 존재했던 것도 아니고, 우리의 할아버지의 할아버지의 할아버지… 있었습니까, 없었습니까? 나 만나본 일이 없지만, 사진 한 장 없지만 믿는 것입니다. 믿음으로, 믿음으로 아는 것입니다. 그러므로 바른 믿음을 가져야 바른 지식을 가질 수 있다, 그런 말씀입니다. 오늘본문에 시편 저자는 말씀합니다. "사람이 무엇이관대…" "인자가 무엇이관대…" 다른 말로 하면 '내가 누구입니까?' 바로 이 본문 이 말씀이 종교개혁자 칼뱅이 가장 중요하게 여기는, 그의 신학의 중심입니다. '인자가 누구입니까?' 사람이 무엇이관대 주께서 저를 돌아보시나이까—도대체 내가 누구입니까? 똑바로 알아야 합니다.

그런데 잘못되어 현실을 보고 현실 속에서 자기를 이해하려는 사람이 있습니다. 현실에 너무 매달려서 일에 몰두해버립니다. 일벌레가 됩니다. 근자에 신문에 난 것을 보고 가슴이 아팠습니다. 지금 40대 젊은이들이 죽어가는데, 남자가 여자보다 4배나 많이 죽는다 합니다. 앞으로가 큰일이다 싶습니다. 이렇게 나가다가는 남자 구하기 힘들게 생겼거든요. 일을 하느라고 힘들어서 그렇다는 것입니다. 죽는 줄 모르고 일을 하는 것입니다. 어떻게 되는 것입니까. 일을 위해서 내가 존재하는 것이 아닌데 그것만 생각하는 것입니다. 거기다 목숨을 거는 것입니다. 참으로 위태롭습니다. 또하나 아주 잘못된 것은 동물 속에서 자기를 발견하는 것입니다. 어이없지만 이것이 사실입니다. 많은 사람이 이쪽으로 기울고 있습니다. 흔히 말하는 진화론적 인간론입니다. 진화론적 인간론 그 대표자가 칼 마르크스입니다. 동물의 세계를 봅니다. 동물의 세계를 보면서 사람은 최고로 진화된 존재다, 가장 고등동물이 인간이다, 동물과 인간은 같다, 침팬지가 그렇고, 고릴라가 그렇고, 원숭이가 가만히 보니 비슷하다—이렇게 생각하면서부터 동물세계에서 인간의 나됨을 찾습니다. 결국 세 가지를 찾았습니다. 생존경쟁, struggle for existence, 동물의 세계에는 무서운 생존경쟁이 있지요. 내가 살기 위해 남을 죽이지요. 이것을 배운 나머지 자구지책을 꾀합니다. 내 명예를 위해서 남을 죽입니다. 내가 살기 위해서 많은 사람을 죽입니다. 무엇입니까. 동물로부터 배운 사람입니다. 그런가하면 보십시오. 우리 인간은 그렇지가 않습니다. 남을 살리기 위해서 내가 죽기도 합니다. 그것이 인간입니다. 내가 살기 위해서 남을 죽이는 것, 그것은 동물입니다. 무서운 동물입니다. 그런가하면 약육강식(弱肉强食)이라는 것입니다. 큰 짐승이 작은 짐승을 먹고 작은 짐승이 더 작은 짐승을 먹는 것이다, 약육강식이다, 힘의 세계다, 합니다. 또하나는 적자생존(適者生存)이라는 것입니다. 이 세 가지를 발견한 것입니다. 사람도 마찬가지가 아니냐, 합니다. 그래서 공산주의자들이 공산주의자를 만들어낼 때, 세뇌공작을 할 때 제일 먼저 가르치는 것이 진화론입니다. 제가 북한에서 어렸을 때, 중학교 학생들이 무엇을 알겠습니까. 그러나 가지고 다니는 교과서 중에 가장 큰 교과서가 진화론 교과서입니다. 진화론을 가르칩니다. 사람이 아메바로부터 발전했다는 이 진화론을 배워놓으면, 사람은 동물이다, 동물과 사람은 하나다, 하게 됩니다. 그러므로 혁명가가 되는 것입니다. 그래서 공산주의자가 망한 것 아닙니까. 인간이 없어졌습니다. 인간성이 없어졌습니다. 그래서 속절없이 무너진 것입니다. 이것을 알아야 합니다. 그러므로 동물로부터 인간을 찾으려고 하는 생각은 참 위험한 것입니다. 언젠가 텔레비전에서 동물의 세계를 보다보니 사자가 나왔습니다. 사자가 워낙 잘생기지 않았습니까. 그래 볼만한데 아, 저 사자는 얼마나 좋을까 싶을만합디다, 농사도 안하고. 일이라곤 안하고 그저 낮잠도 잘자는 것입니다. 많이 잔다고 합니다. 먹고자고 일이라고 합니다. 모든 동물이 다 자기밥 아닙니까. 아무거나 잡아먹으면 되는 것이니 그 얼마나 좋을까, 무심히 생각을 하고 있는데, 아니라고 합니다. 사자가 제일 무서워하는 것이 사자라고 합니다. 사자끼리 싸웁니다. 수놈끼리 싸웁니다. 싸워 이겨 상대를 제압하면 상대의 가족들 가운데 가서 제 유전자가 아닌 새끼들은 다 물어죽입니다. 소리지르는 것들을 마구 물어죽입니다. 그뿐이 아닙니다. 더 기가막힌 것이 있습니다. 좀전까지 그 새끼들을 몰고다니던 어미사자 보십시오. 상대가 제 새끼들을 다 죽여 제 새끼들 다 잃은 이 암컷이 제 새끼들 다 죽인 그 수놈한테 구애를 하는 것입니다. 해설자가 하는 말이 "제 새끼 다 죽임당한 여자가 제 새끼 다 죽인 그 수놈한테 사랑을 고백합니다"합니다. 이것이 동물의 세계입니다. 냉혹하기 그지없습니다. 그런 식입니다. 자, 여기서 인간을 배워서 어떻게 되겠습니까. 어떤 인간이 될 것같습니까. 깊이 생각하여야 합니다.

다음에는 대자연을 보고 나를 보는 것입니다. 대자연 ― 오늘성경에도 그렇게 말씀하고 있지 않습니까. 하나님께서 주위에 베푸신 달과 별을 보니, 주께서 만드신 온우주를 보니 "주의 이름이 온땅에 어찌 그리 아름다운지요." 여러분, 자연의 세계, 한 번씩 하늘을 쳐다봅시다. 중요한 것입니다. 태양계라고 하면 일반상식으로 우리가 아는 바와 같이 엄청나게 큽니다. 태양과 우리 지구와의 거리를 AU라고 하는 단위로 말하는데 그 숫자는 제가 말씀을 안드리겠습니다. 그런데 이 지구와 태양과의 거리의 20000배가 태양계의 지름입니다. 태양계가 그렇게 큽니다. 화성이니 금성이니가 모두 태양계에 속했습니다. 태양계가 그렇게나 크다는 것입니다. 그런데 이 태양계 같은 것이 이 우주에 200만 개가 있다고 합니다. 도대체 얼마나 큰 것입니까. 저 뒤에는 블랙홀이라고 하는 시커먼 함정이 있어 별이 지나가다가 그 가까이 이르면 쑥 빨려들어가 사라집니다. 천문학자의 말입니다. 블랙홀이라는 정체모를 큰 구멍이 있고 200만 개에 이르는 우주가 있으며 그 중의 하나인 태양계 중에 지구라고 하는 흙덩이가 뱅글뱅글 돌아가고 있습니다. 그 지구 안에 여러분과 내가 있습니다. 얼마나 조그마합니까. 먼지만도 못한 것입니다. 자, 해와 달과 별을 보고, 그리고 나를 봅니다. '사람이 무엇이관대 주께서 저를 생각하십니까?' 그리고 나를 보아야 되는 것입니다. 참 중요한 말씀입니다. 언젠가 한번 태풍이 불고 비가 막 쏟아지는 아침에 차를 몰고 가면서 라디오를 틀었더니 KBS아나운서가 "오늘 태풍이 온다고 합니다"하더니 잇는 말이 아주 애교스럽습니다. "오늘은 겸손을 생각해야 될 날입니다. 태풍 앞에 우리는 초라하니까, 아무것도 아니니까 겸손을 생각해야 되는 날입니다." 내가 그 아가씨 한번 만나보고 싶습니다. 아주 예쁜 말을 한 것입니다. 비바람이 몰아칠 때 겸손을 생각해야 합니다. 아니그렇습니까? 어떤 어린아이가 큰 도서관에 들어갔습니다. 수백만 권의 책이 꽂혀 있는데 누가 쓴 책인지, 왜 쓴 책인지, 무엇을 말하는 책인지 모릅니다. 많은 책을 둘러보고 "와,

많다"하더니 열심히 웬 책을 찾고 있기에 무엇을 찾느냐고 물으니까 만화책을 찾고 있다, 합니다. 저가 볼 것이라고는 만화책밖에 없으니까요. 인간이 그렇습니다.

아인슈타인 박사는 말합니다. "과학하는 자의 기본자세는 믿음과 겸손이다. 믿음과 겸손으로 임하라. 하나님께서 우리에게 이것을 허락해주셨으니 감사하는 마음으로 연구하자. 그리고 여유를 가져라. 어차피 다 알 것도 아니고, 다 가질 것도 아니고, 다 헤아릴 것도 아니다. 그러므로 여유를 가지고 연구해야 한다." 옳은 말입니다. 여러분, 하나님께서 만드신 우주를 보고, 그리고 나를 보십시오. 내가 얼마나 초라한가. 그런데 하나님께서는 저를 생각하십니다. 그러므로 하나님을 보고 나를 보아야 합니다. 종교개혁자 칼뱅은 말합니다. '하나님께 대한 지식이 없이는 나에 대한 지식이 없다.' 그렇습니다. 하나님을 알고야 나를 알 수 있습니다. 그것이 인간입니다. 어째서 그 조그마한 인간에게 관심을 두십니까. 존귀와 영광으로 관을 씌우셨습니다. 인자를 존귀하게 만드셨습니다. 예수믿는다는 것이 무엇입니까. 십자가를 보고 나를 보는 것입니다. 나를 위해 죽으신 십자가를 보고 나를 보면 내가 얼마나 소중합니까. 그래서 현대미국의 신학자 라인홀트 니버는 말합니다. '예수믿는 것은 십자가 안에서 내 삶의 의미를 발견하는 것이다.' 그렇습니다. 윌리 데이비스라고 하는 유명한 미식축구선수가 있습니다. 우리는 잘 모르지만 미국사회에서 미식축구선수들은 인기가 대단합니다. 좌우간 인물도 잘나고 공부도 잘하고 머리도 좋은 그런 사람들이 미식축구선수입니다. 최고로 인기가 있는 젊은이들인데, 이 사람이 어느날 옛날에 자기의 코치였던 롬바르디가 위독하다는 소식을 듣고 그 바쁜 일정 중에 비행기를 타고 찾아갔습니다. 단 2분 동안 문병을 하고 또다시 비행기로 돌아왔습니다. 이렇게 급히 다녀오는 것을 보고 옆에 있던 친구가 왜 그렇게 바쁜 중에 거기까지 다녀왔느냐, 물었더니 그는 대답합니다. "나는 롬바르디 코치와 함께 있으면 나 자신의 소중함을 느끼게 되거든요." 이것이 중요한 것입니다. 그분과 함께 있으면 내가 소중한 자로 느껴진다—이것이 사랑이라는 것입니다. 그렇겠습니까? 그것이 바로 믿음이라는 것입니다.

좀더 나아가서는 사명을 보고 나를 보아야 합니다. 하나님께서는 내게 소원을 두고 행하십니다. 오늘본문에 보니 '만물을 다스리게 하시고'라 하였습니다. 만물을 다스리는 책임을 우리에게 주셨습니다. 그 사명을 보고 나를 보아야 합니다. 하나님께서 나를 통해서 역사하시고, 나에게 힘을, 지혜를 주셔서 나를 통하여 위대한 일을 이루어가고 계시다는 말씀입니다. 사도행전 3장을 보십시오. 예수님 부활승천 하신 후에 베드로와 요한이 교회를 맡아 인도합니다. 막막하기도 하고 나약하기도 한 초라한 자기존재에 대해서 늘 부끄럽게 생각했을 줄 압니다. 성전 미문에 앉아 있는, 나면시부터 앉은뱅이 된 사람을 만납니다. 늘 보던 사람이지만 오늘따라 그를 보니 성령이 충만해서 "나사렛 예수 그리스도의 이름으로 걸으라" 했더니 그가 벌떡 일어납니다. 깜짝놀랐습니다. 베드로 그도 놀라고 온교회가 다 놀랐습니다. 그래서 모두들 베드로를 높이 추앙할 때 베드로가 하는 말이 '내가 병고친 것처럼 왜 나를 보시오? 예수님께서 고치신 것입니다. 부활하신 예수님께서 고치신 것입니다. 나를 통해서 예수님께서 역사하신 것입니다' 합니다. 바로 여기서 베드로가 소위 카리스마적 권위를 가지게 됩니다. 본인도 느끼게 됩니다. 하나님께서 나를 통하여 역사하시는구나—그래서 그는 소중한 사람이 됩니다. 그야말로 significant, 중요한 사람이 되는 것입니다. 오늘본문에 '만물을 다스리게 하시고'라 말씀합니다. 사실 창세기 2장을 보면 하나님께서 사람을 창조하실 때도 사람에게 일거리를 맡기셨습니다. 만물을 다스리라고 하셨습니다. 어느 조기은퇴한 분이 있습니다. "은퇴하셔서 요즘에 얼마나 힘드십니까?" 했더니 "아닙니다. 그동안은 사실 너무 짐이 무거웠습니다. 이것도 해야 하고 저것도 해야 하고, 성과적으로 평가하니까 밑엣사람들이 말썽을 일으키고… 너무 짐이 무거워서 힘들었다가 퇴직을 하고나니 시원하고 아주 자유롭고 좋습니다" 하고 대답합니다. 그래서 "그래요? 두고봅시다"라고 했습니다. 아니나다를까 얼마있다가 무어라고 하는지 아십니까? "무거운 짐을 지고 있을 때가 더 좋았습니다." 책임을 진다—그것이 나의 삶의 영역입니다. 만물을 다스리라—그 속에 행복이 있고 그 속에 자유가 있고 그 속에 나의 삶의 보람이 있는 것입니다. 여러분, 내가 누구입니까? 정직하게 다시한번 물어봅시다. 주의 섭리 속에서, 주의 경륜 속에서, 그 엄청난 사랑 안에서 나 자신을 한번 봅시다. 주님께서 내게 바라시는 것이 있습니다. 그 사명 속에서, 그 소명과 함께 나를 보십시오. 나를 통해 역사하십니다. 그러므로 나는 소중합니다. '인자가 무엇입니까? 무엇이관대 저를 생각하시고, 저를 사랑하십니까?' 이러한 바른 정체의식을 가지고 살 때, 거기에 놀라운 역사가 이루어지는 것입니다. △

부르심에 합당하게 행하라

그러므로 주 안에서 갇힌 내가 너희를 권하노니 너희가 부르심을 입은 부름에 합당하게 행하여 모든 겸손과 온유로 하고 오래 참음으로 사랑 가운데서 서로 용납하고 평안의 매는 줄로 성령의 하나 되게 하신 것을 힘써 지키라 몸이 하나요 성령이 하나이니 이와 같이 너희가 부르심의 한 소망 안에서 부르심을 입었느니라 주도 하나요 믿음도 하나요 세례도 하나요 하나님도 하나이시니 곧 만유의 아버지시라 만유 위에 계시고 만유를 통일하시고 만유 가운데 계시도다 우리 각 사람에게 그리스도의 선물의 분량대로 은혜를 주셨나니 그러므로 이르기를 그가 위로 올라가실 때에 사로잡힌 자를 사로잡고 사람들에게 선물을 주셨다 하였도다

(에베소서 4 : 1 - 8)

부르심에 합당하게 행하라

　미국 예일대학교 의과대학의 심리학과 석좌교수인 로버트 J. 스타인버그의 저서 「Successful Intelligence」에 나오는 재미있는 한 예화를 이 시간에 말씀드리려고 합니다. 두 친구 똑똑이와 똘똘이가 있었습니다. 똑똑이라는 아이는 학교에서 가장 성적이 우수한 아주 똑똑한 아이입니다. 똘똘이라는 아이는 동네에서 소문난 개구장이요 말썽꾸러기입니다. 이 둘이 같이 산에 올라갔다가 큰 호랑이를 만났습니다. 똑똑이는 호랑이를 척 보는 순간 똑똑한 머리로 계산을 했습니다. "호랑이가 250m 앞에서 시속 50km로 달려오고 있다. 따라서 17.88초만 지나면 우리는 죽었다!" 이 말을 들은 똘똘이는 운동화끈을 풀어서 다시 단단히 매고 있습니다. 똑똑이가 핀잔을 줍니다. "야 이 멍청아, 네가 뛰어보았자 어떻게 호랑이보다 빠르게 뛸 수 있겠느냐?" 똘똘이는 씨익 웃고 한마디 던집니다. "맞아, 하지만 난 너보다 빨리 뛰기만 하면 되거든." 알아들으셨습니까? 세상에는 똑똑한 사람과 똘똘한 사람이 있습니다. 지식이 많은 사람과 지혜가 있는 사람이 있습니다. 성경은 말씀합니다. '지식이란 사람으로부터 얻어지는 것이지만 지혜는 하늘로부터 오는 것이다.' 지식도 있고 능력도 있으나 진리적용능력이 없으면 소용이 없습니다. 아는 것이 많은데 그것들을 어떻게 생활 속에 옮길 것인가, 특히 위기상황에서 어떻게 대처하느냐, 하는 지혜가 필요하다는 것입니다. 이솝우화 하나가 생각납니다. 사자가 함정에 빠졌습니다. 아무리 몸부림을 쳐도 나올 수가 없습니다. 한 사흘 굶고 죽을 지경이 되었습니다. 토끼가 지나가다 그 모습을 보았습니다. 숲속의 왕이라고 하는 사자가 눈물을 흘리며 사정을 합니다. "토끼야, 나 좀 살려주렴. 내가 죽을 지경이다." 토끼의 마음이 감동이 되어서 어떻게 하면 좋을까, 생각을 하다가 나뭇가지 하나를 굴려서 사자한테 던져주었습니다. 이것을 의지하고 사자가 밖으로 나왔습니다. 나와서 토끼한테 말합니다. "내가 몹시 배가 고프니 너를 잡아먹어야겠다." 토끼는 깜짝놀라서 말합니다. "세상에 이렇게 의리없는 법이 어디 있습니까? 내가 당신 죽을 것을 살려주었는데 이럴 수가 있습니까?" 이래서 둘 사이에 기다 아니다, 시비가 벌어졌습니다. 여우가 지나가다가 그 꼴을 보고 끼어들어 자초지종을 듣더니 지혜를 내었습니다. 사자 보고 묻습니다. "사자왕이여, 이 토끼가 구해드리기 전에 임금님은 어떤 모습으로 있었습니까?" 사자는 팔짝 함정으로 도로 뛰어들어가더니 "요렇게 하고 있었지"하고 대답합니다. 여우는 사자 보고 "그럼 그냥 그러고 계십시오"하고는 토끼 보고 말합니다. "토끼야, 가자." 어떻습니까? 사람이든 짐승이든 자기본래성을 잃어버려서는 안됩니다. 도대체 내가 본래 어떤 사람입니까? 그것을 망각해서는 안됩니다. 그동안 제가 북한 평양을 십수 번 다녀왔습니다. 그런데 얼마전에는 여러 사람이 다 다녀오지 않았습니까. 갔다오신 분들 중에는 너무 힘들었다고, 불편하기도 하고 계속 감시를 받고, 잠깐 밖에서 산책을 하려 해도 안된다고 하고… 감옥처럼 불안하고 불편했다는 사람이 있습니다. 나 보고 "그렇게 불편한데 왜 평양에는 자주 가십니까?"라고 묻기에 저는 이렇게 대답했습니다. "당신과 나는 그것이 다릅니다. 저는 북한에 가면 그렇게 생각하지 않습니다. 내가 거기서 태어나고 자라나고 또 거기서 감옥에도 가보고 매도 많이 맞고 광산에도 끌려가 노역을 하고 흉흉하게 지어놓은 집에서 이부자리도 없이 잠을 잤습니다. 흙바닥에 짚만 깔려 있습니다. 외양간과 같습니다. 그 짚자리 위에서 잠을 청합니다. 오물이 없을 뿐이지 짚자리 위에 옷입은 채로 누웠다가 일어납니다. 그것이 잠입니다. 이러면서 하루에 수수밥 두 끼를 조금씩 먹고 일을 해야 합니다. 거기서 일을 하다가 거기서 죽을 것이었습니다. 그런데 하나님께서 내게 참 좋은 기회를 주셔서 탈출, 북한을 탈출해서 남쪽에 나왔습니다. 그래서 제가 목사가 되었고, 저 불쌍한 형제들을 위해서, 내가 지금 다소나마 저들을 돕기 위해서 북한을 갑니다. 이 얼마나 감격스럽습니까. 내가 만일 북한을 떠나지 못했다면 지금 저들과 같은 처지에 있을 것입니다. 지금 바로 저들 중의 하나일 것이다, 생각하면 깜짝깜짝 놀랍니다. 북한에 내릴 때부터 사실은 마음으로 계속 눈물을 흘립니다. 감사 감격하는 마음으로 방문하고 옵니다." 내가 피란을 못왔으면 저렇게 되었겠구나―여러분, 이것을 생각하여야 합니다.

우리교회에서 예수님을 믿고 제가 세례를 베풀고, 그리고 지금 신앙생활을 잘 하는 분이 있습니다. 불과 이삼 년밖에 안되었습니다. 열심히 신앙생활 하고 있습니다. 그분이 이렇게 말했습니다. "저는 요새 집에 가도 감사하고 직장에 가도 감사하고 교회가면 물론 눈물로 감사합니다. 내가 만일 예수믿지 않았다면 첫째로 제 아내 저 여자하고 살고 있지 않습니다. 그리고 알콜중독자가 되었을 것입니다. 집은 엉망이고 사업은 망했을 것이고⋯ 뻔합니다. 이건 틀림이 없는 일입니다. 그런데 내가 예수를 믿고 이렇게 좋은 가정을 이루고 이렇게 교회와서 예배를 드리고 하니 이 어떻게 된 일입니까. 감사 감격합니다." 여러분, 본래성을 잊지 마십시오. 다시 생각해보십시오. 혹이라도 내가 예수믿지 않았다면 어떻게 되었을까, 그것을 생각해보십시오. 그것을 잊지 마십시오. 꿈에도 잊지 마십시오. 이것을 잊어버리기 때문에 문제입니다.

사도 바울은 본문에서 교회론을 말씀하고 있습니다. 원천적으로 우리는 부르심을 받았다, 합니다. 부르심을 받았습니다. 죄악에서 부르심을 받았습니다. 허물과 죄로 죽었던 자를 구원하여 하나님의 자녀로 삼으셨습니다. 이 부르심은 우리의 과거의 모든것을 완전히 부정한다는 의미를 가졌습니다. 과거를 묻지 않으십니다. 그래서 하나님의 자녀를 삼으셨습니다. 부르심입니다. 그 부르심에 합당하게 행하라, 합니다. 깊이 생각해봅시다. 이 부르심 속에 삶의 의미가 있고, 이 부르심 속에 미래를 향한 약속이 있으며 과거의 청산이 있습니다. 그러니 이제 우리는 현재라는 시점에서 어떻게 살아야 하겠습니까. 부르심에 합당하게 살아야 합니다. 여러분, 믿음의 조상 아브라함을 압니다. 그는 갈대아 우르에서 부르심을 받습니다. 그 과거는 잘 모르겠습니다마는 전설대로는 갈대아 우르는 우상이 많은 도시요, 아브라함의 아버지도 우상을 만드는 사람이었습니다. 우상을 만들어서 장사를 하는 사람이었습니다. 그런 집의 한 사람을 하나님께서 부르십니다. 그리고 두 가지의 명령을 하십니다. '네 고향과 친척을 떠나라, 과거로부터 떠나라, 지시할 땅으로 가라.' 떠나라, 가라—이 부르심 속에서 그는 오직 믿음으로 갈 바를 알지 못하고 떠납니다. 약속의 땅을 지향했습니다, 오직 믿음으로. 그러나 여러분 아시는대로 아브라함은 믿음생활 중에 종종 휘청휘청한 때가 있습니다. 하나님의 약속을 믿고 살면서도 많은 실수가 있었습니다. 이렇게 넘어지기도 하고 저렇게 쓰러지기도 했습니다. 그러나 하나님께서는 그 약속을 지키셨습니다. 부르심에 합당하게 살아가도록 하나님께서 그를 지켜주심으로 그는 믿음의 조상이 되었습니다. 그런가 하면 우리는 이스라엘백성을 압니다. 애굽에서 부르심을 받았습니다. 애굽에서 사백 년 동안 노예생활을 했습니다. 이 말은 자세히 들어야 합니다. 이것은 이스라엘 전인구가 노예생활 중에 태어났다는 뜻입니다. 사백 년 산 사람은 거기 없습니다. 노예생활에서 노예로 태어나서 노예로 살다가 노예로 죽어갈 사람들입니다. 이 사람을 하나님께서 불러내셨습니다. 홍해로해서 가나안땅으로 인도하십니다. 부르심받은 백성입니다. 선민입니다. 이제 어떻게 되어야 하겠습니까. 부르심에 합당하게 살아야 하는데 믿음으로 살지를 못했습니다. 많은 사람이 종종 원망했습니다. 하나님을 원망하고 모세를 원망했습니다. 생각하자면, 노예로 살다가 죽을 팔자이니 자유의 몸으로 광야에 와서 죽는다해도 행복한 것이지요. 죽어도 만족스러운 것입니다. 그리 생각하지를 못하고 조금 어려움이 있다고해서 애굽으로 돌아가자고도 하고 모세를 죽이겠다고도 했습니다. 결국은 하나님께서 크게 책망하셔서 광야에 많은 사람이 엎드러져 죽었습니다. 그 죄목이 무엇이겠습니까. 하나입니다, 원망죄. 여러분, 어떤 일이 있어도 원망을 하지 마십시오. 왜요? 현실 속에 하나님의 부르심이 있기 때문입니다. 과거에 부르셨고, 지금 내가 사는 생활도 부르심의 생활입니다. 부르심받은 생활이기 때문에 절대로 원망을 해서는 안 됩니다. 현실을 원망하지 마십시오.

언제인가 한번 텔레비전방송을 보니 95세된 노인이 나와서 인터뷰를 하는데, 아나운서가 집요하게 묻습니다. "할아버지, 건강비결이 무엇이십니까?" 그러니까 할아버지가 빙긋빙긋 웃으면서 딱 한 마디를 하는데 의미심장한 말을 합니다. "마누라 속썩이지 말어. 그래야 오래 살아." 알아들었습니까? 아주 중요한 말입니다. 내 아내가 잘났든 못났든 하나님께서 내게 주신 사람입니다. 남편이 맘에 들든 안들든 모든 현실 이대로가 하나님께서 내게 주신 바입니다. 부르심의 생활입니다. 학술적으로 말하면 effective calling, 효과적 부르심이 거기에 있습니다. 그러므로 원망하지 마십시오. 어떤 경우에도 원망하지 마십시오. 원망하는 것은 부르심에 합당한 것이 아니기 때문입니다. 또한 모세를 부르십니다. 아시는대로 모세는 애굽에서 사람을 죽였습니다. 그리고 도망다니는 도망자의 생활을 사십 년 했습니다. 나이 팔십 세입니다. 아무짝에도 쓸모없는 노인입니다. 이 모세를 부르십니다. '이스라엘을 구원하라.' 오로지 부르심만 받고 부르심에만 응답해서 이스라엘을 구원하는 대역사를 이루지 않습니까, 부르심에 합당하게. 그런가하면 하나님께서 베드로를 부르시고 세리 마태를 부르시고, 주의 종들을 부르셨습니다. 특별히 기독교를 핍박하고 있는 사도 바울을 부르셨습니다. '사울아, 어찌하여 너는 나를 핍박하느냐.' 다메섹 도상에서 강제로 부르셨습니다. 그는 부르심에 응답하여 부르심에 합당하게 한평생을 살아갑니다. 어찌 아브라함, 모세 혹은 믿음의 조상들뿐이겠습니까. 여러분 한 사람 한 사람을 하나님께서 부르셨습니다. 그것을 잊지 마십시오. 허물과 죄로 죽었던 우리를 부르셔서 하나님의 자녀로 삼으시고 또 미래를 약속해주십니다. 의롭다 하시고 십자가로 값을 지불하시고 거룩하게 하시고 오늘에 이르게 하신 것입니다. 이 부르심 속에 내 현재가 있고 또 미래가 있습니다. 약속의 땅이 있는 것입니다. 그런고로 부르심에 합당하게 생활하여야 합니다.

제가 목회생활 하면서 결혼주례를 많이 하지 않습니까. 그런데 또 부득이 하객으로 참석할 때도 있습니다. 제가 잘 아는 분이 혼주여서 주례자로서가 아니라 손님으로 참석했다가 정말 일생에 다시 못볼, 또 보아서는 안될 그런 사건을 보았습니다. 시간은 되었는데 신부가 나타나지를 않습니다. 삼십 분이 지나도록 나타나지 않습니다. 술렁술렁하더니 하객들이 다 가버립니다. 우두커니 서 있는 신랑이 하도 안쓰러워서 저는 한 시간을 기다렸습니다. 마지막에 신랑이 "미안합니다" 인사 한마디 하는 것을 보고 저도 돌아왔습니다. 뒤에 알고보니 신부에게 옛날애인이 있었는데 그 과거가 제대로 청산되지 않아서 미장원에서 신부화장을 하고 나오다가 납치를 당했다고 합니다. 그래 결혼식장에 들어가야 할 그 시간에는 벌써 기차타고 대전을 가고 있었다는 것입니다. 이래서 되겠습니까. 여러분, 과거 청산 없이 새살림을 꾸미려다가는 이렇게 되는 것입니다. 부르심을 받았으면 이제 과거는 청산되어야 합니다. 어떤 모습이든간에 묻지 마십시오. 잘나도 못나도, 의인이든 죄인이든 과거에 속한 옛사람의 모습을 깨끗이 벗어버려야 합니다. 그러고야 부르심에 합당한 생을 살 수가 있는 것입니다. 합당하게 산다는 것은 곧 감사하는 마음이요 감격하는 마음이요 부르심의 뜻을 이해하는 것입니다. 왜 나를 부르셨는가, 나를 어디로 부르셨는가, 나에게 무엇을 하라고 하시는 것인가―그것을 똑바로 알아야 합니다. 절대로 잊어서는 안됩니다.

또, 주어진 신분을 소중히 여겨야 합니다. 어떻게 얻은 신분입니까. 어떻게 공부한 것입니까. 어떻게 은혜를 입었습니까. 이 귀한 은혜를 입고 헛되이 살아서 되겠습니까. 안되는 것입니다. 항상 소중히 여겨야 합니다. 부르심 속에 감추어진 약속된 미래를 항상 생각하고 살아야 합니다. "모든 겸손과 온유로 하고 오래 참음으로 사랑

가운데서 서로 용납하고…" 교만할 수가 없습니다. 온유해야 합니다. 오직 사랑입니다. 이것은 당연한 일이 아니겠습니까. 「화성에서 온 남자, 금성에서 온 여자」라고 하는 재미있는 책이 있습니다. 존 그레이라고 하는 박사가 삼십 년 동안 인간관계를 연구하고 상담하고 그리고 간증삼아 쓴 재미있는 책입니다. 거기 이런 내용이 있습니다. 사람들이 한눈에 반해서 결혼을 합니다. 결혼해놓고는 하나가 되지 않습니다. 그럴 때는 언제나 상대방 보고 나를 따르라, 합니다. 자, 보십시오. 남자가 여자 보고 남자되라 하면 되겠습니까. 여자가 남자 보고 여자되라 하면 되겠습니까. 여자는 여자이고 남자는 남자인데 그걸 인정하지 않으니 하나가 되지 않는 것입니다. 그러면 어찌해야 하겠습니까. 결론은 간단합니다. 남자는 남자로 사랑하고 여자는 여자로 사랑할 것이고, 두 사람이 같은 방향을 보아야 합니다. 두 사람이 서로 사랑한다고 되는 것이 아닙니다. I love you, You love me, 하루종일 해도 안됩니다. 방법은 단 하나, 두 사람이 같은 방향을 보는 것입니다. 같은 목적으로 사는 것입니다. 그래야 하나가 됩니다. 하워드 클라인벨이라고 하는 심리학자는 교회를 가리켜서 '교회란 마치 오케스트라와 같다'라고 말합니다. 오케스트라의 구성을 보십시오. 관악기도 있고 현악기도 있고 타악기도 있고, 여러 가지 악기가 있습니다. 수백 개의 악기가 있어 저마다 다른 소리를 냅니다. 그러나 한 가지는 분명합니다. 다같이 악보에 충실해야 하고, 다같이 지휘자를 보아야 합니다. 이것을 알아야 합니다. 연주할 때 지휘자는 절대군주입니다. 이를테면 나팔을 부는 사람이 저 잘 분다고해서 소리를 크게 내었다가는 퇴장당합니다. "너 혼자서는 잘하지만 이 오케스트라에는 필요가 없어." 이렇게 되는 것입니다.

여러 사람이 여러 소리를 낼지라도 오로지 지휘자를 따라야 하는 것입니다. 그래야 하나의 작품이 이루어지는 것입니다. 교회도 그렇습니다. 개별적으로 잘난 사람 때문에 말썽입니다. 그러나 교회는 그것이 필요없습니다. 오케스트라가 되어야 하니까요. 화음이 이루어져야 하니까요. 하나가 되어야 하고 작품이 되어야 하니까요. 오케스트라를 생각하십시오.

오늘본문에도 말씀합니다. 믿음도 하나이요 세례도 하나이요 하나님도 하나이시니… 하나다—본래도 하나요 미래도 하나입니다. 우리나라에는 세계관 속에 참 고질적인 병이 있습니다. 무언가하면 반상계급주의(班常階級主義)라고 하는 것입니다. 양반, 상놈… 그런 것 말입니다. 그래서 알게모르게 전부가 나는 양반이다, 합니다. 너는 상민이다, 합니다. 무슨 뜻입니까. 너와 나는 같은 사람형상이지만 근본적으로 다르다, 뿌리가 다르다, 조상이 다르다, 라는 것입니다. 여러분, 속지 마십시오. 그것은 거짓말입니다. 다를 것이 아무것도 없습니다. 그런데 꼭 다르다고 생각을 합니다. 살아서만이 아니라 죽은 후에도 다르다고 합니다. 그래서 큰 무덤 만들고 온갖 형상 세우고 비석을 세우고… 세워보았자지요. 속에서는 썩었지요. 무엇이 다릅니까. 과거도 다른 것이 없고 앞으로도 다를 것이 없습니다. 같다는 것만 알면 간단합니다. 부부간도 보십시오. 같은 것이 대부분이고 다른 것은 조금입니다. 같다는 동질성을 극대화하면 간단하게 해결이 되는데, 근본적으로 다르고, 교육이 다르고, 지식이 다르고, 눈높이가 다르다고 합니다. 다르긴 무엇이 다릅니까. 많이 알면 뭐합니까, 좀 있으면 치매걸리고 말 것인데. 아무 소용 없습니다. 지식이라는 것도 별것 아니고 건강이라는 것도 별것 아닙니다. 지금

같은 배를 타고 가는 것입니다. 부르심에서 하나요 약속에서 하나입니다. 과거도 하나요 미래도 하나입니다. 그러므로 성경은 말씀합니다. "성령의 하나되게 하신 것을 힘써 지키라." '하나되라'가 아닙니다. 하나되게 하신 것. 벌써 하나입니다. 성령이 하나되게 하신 것을 너희는 깨닫고 지켜가라, 그 말씀입니다. 본래가 하나입니다. 앞으로도 하나입니다. 하나되게 하신 것을 지켜야 합니다. 부르심에 합당하게 생활하라, 성령이 하나되게 하신 것을 지켜라—오늘도 다시 말씀합니다. △

위엣것을 찾으라

그러므로 너희가 그리스도와 함께 다시 살리심을 받았으면 위엣 것을 찾으라 거기는 그리스도께서 하나님 우편에 앉아 계시느니라 위엣 것을 생각하고 땅엣 것을 생각지 말라 이는 너희가 죽었고 너희 생명이 그리스도와 함께 하나님 안에 감취었음이니라 우리 생명이신 그리스도께서 나타나실 그 때에 너희도 그와 함께 영광 중에 나타나리라

(골로새서 3 : 1 - 4)

위엣것을 찾으라

중국의 석학이며 프린스턴대학 교수 등을 역임한 임어당(林語堂) 교수님을 여러분이 친숙히 알 것입니다. 그가 남긴 많은 저서 중에 제가 대학다닐 때 탐독했던 「속(續) 생활의 발견」이라는 책이 있습니다. 그 책에 나오는 이야기입니다. 오래전 읽은 것이지만 늘 다시 생각나곤 합니다. 장자(莊子)가 조릉이라고 하는 지방에서 길을 가고 있는데 날개가 무려 7척이나 되는 큰 새 한 마리가 머리 위로 날아가다가 눈앞에 있는 숲속 나뭇가지에 앉았습니다. 그것을 보고 '옳지, 저 새를 구경해야겠다'하고 가까이 갔으나 새는 미동도 하지 않습니다. 그렇다면 저걸 잡아야겠다, 생각하고 장자는 활에 화살을 메기고 가까이가까이 다가갔습니다만 새는 여전히 꼼짝도 하지 않는 것입니다. 왜 그럴까, 하고 보았더니 이 큰 새가 바로 눈앞에 있는 버마제비라고 하는 먹이를 먹으려고 거기에 몰두를 하고 있었습니다. 또 버마제비를 보니 버마제비도 도망가지를 않고 꼼짝을 하지 않습니다. 버마제비는 또 코앞에 있는 매미를 잡아먹으려고 꼼짝을 하지 않았습니다. 순간의 제 이익만을 생각하며 거기에 몰두하고 있구나, 생각하고 있는데 갑자기 숲의 주인이 나타나 장자가 도둑인 줄 알고 소리쳤습니다. "도둑이야!" 그만 다 허사가 되고 말았습니다. 탐심에 눈먼 탐심군상(貪心群像)의 모습이다—이 교훈입니다.

사람이 무엇을 보고 사느냐, 무엇을 생각하고 사느냐가 중요합니다. 무엇에 몰두하고 있느냐, 그것이 당신의 존재요 삶의 의미요 또 당신의 운명입니다. 무엇을 생각하고 있습니까? 오늘본문에 보면 그리스도인의 존재의 의미를 아주 심각하게, 또 철학적으로 신학적으로 논리적으로, 그러면서도 신비롭고 또한 실제적인 말씀으로 확실하게 일러주고 있습니다. 그리스도인이란? 네 가지의 속성을 말씀합니다. 첫째, 그리스도와 함께 죽었다, 둘째, 그리스도와 함께 살리심을 입었다, 셋째, 그리스도와 함께 하늘에 감추었다, 넷째, 그리스도께서 영광 중에 오실 때 함께 나타날 것이다―이렇게 네 가지로 말씀하고 있습니다. 여기서 공통적으로 생각할 것은 '그리스도와 함께'라고 하는 것입니다. 그리스도인은 그 생명 그 존재가 '그리스도와 함께'에 있습니다. 그리스도 있음으로 내가 있다, 나로서 나를 보는 것이 아니라 그리스도를 보고야 나를 볼 수 있고, 그리스도 안에만 내 존재의 의미가 있다, 하는 것을 말씀하고 있습니다.

먼저, 그리스도와 함께 죽었다 합니다. 사도 바울은 갈라디아서 2장 20절에 말씀합니다. '내가 그리스도와 함께 십자가에 못박혔다.' 이 우리말 번역에는 수식어가 먼저 나옵니다. '그리스도와 함께' '십자가에' 하고나서 못박혔다고 하니 못박혀 죽었다는 뜻이 약해지는 것만 같습니다. 헬라어나 영어에서는 그렇지 않습니다. 동사가 먼저입니다. "I have been crucified…" 곧 '내가 죽었다' 하고 나옵니다. '내가 죽었다, 그리스도와 함께(with Christ).' '나는 이미 죽었다.' 여러분, 앞으로 죽는 것이 아니고 벌써 죽었습니다. 오늘 죽는 것이 아니라 어제 죽었습니다. 그것이 그리스도인입니다. 「벤 허」라고 하는 영화를 다들 보았을 것입니다마는 저는 작품 「벤 허」를 아주 좋아합니다. 어떤 분은 이 소설을 극찬해서 성경 다음가는 것이라고까지 말하는 사람도 있다고 합니다. 영화도 아주 잘 되었습니다. 제가 좋아한다고 했더니 미국에 있는 제 친구가 그 비디오 테이프를 하나 보내주어서 지금도 가지고 있고 가끔 다시 봅니다. 아주 훌륭한 작품입니다. 벤 허라는 사람이 얼마나 고생을 하는지 모릅니다. 그러나 끝까지 그는 남을 미워하지 않습니다. 끝까지 대항하지 않습니다. 끝까지 검을 쓰지 않습니다. 그 많은 고난과 핍박을 받으면서 끝까지 사랑으로 이깁니다. 사랑으로 미움을 이기는, 그런 이야기입니다. 그 마지막 장면에 귀한 대사가 있습니다. 어떻게 그렇게 많은 고난을 당하면서도 검을 쓰지 않고 그렇게 이길 수 있었느냐—그는 말합니다. "예수님께서 십자가에 돌아가실 때 나는 바로 그 현장에 있었노라. 예수님께서 그 억울한 십자가를 지시면서도 큰 소리로 '하나님이여 저들의 죄를 사하여주옵소서. 저들이 하는 것을 모르기 때문입니다'하시는 것을 듣는 순간 내 손에서 검이 떠나가는 것을 느꼈노라." 그리고 그렇게그렇게 살아갑니다. 이 얼마나 놀라운 이야기입니까. 여러분도 오늘 비디오가게에 가서 「벤 허」를 빌려다 다시 한번 보십시오. 감동적인 말이 많습니다. 순간순간에 큰 감동이 올 것입니다. '나는 이미 죽었다.' 그 소리를 듣는 순간 내 옛사람은 죽어버렸습니다. 한국적인 이야기 하나 하겠습니다. 유명한 부흥사 김익두 목사님은 일찍이 황해도 신천 장터의 유명한 불량배였습니다. 요샛말로 깡패였습니다. 아주 소문난 깡패였는데 예수를 믿고 거듭나서 전도를 합니다. 아직 신앙에 깊이 들어가지 않았지만 마음이 급해서 전도부터 합니다. "저 사람 엊그제만 해도 깡패였는데…" 사람들이 이렇게 수군거리면 "옛날 김익두는 죽었습니다. 예수를 믿으세요" 하였다고 합니다. 어느 잘 아는 아주머니가 부엌에서 설거지를 하고 있는데 그가 지나가다가 "예수믿으세요" 하니 이 아주머니, '어디 죽었나살았나 보자'하고 구정물을 한 버지기 그의 얼굴에 확 끼얹었습니다. 그는 그 구정물을 뒤집어쓰고도 씩 웃고 말합니다.

"내가 죽었으니망정이지 내가 살았으면 넌 오늘 죽었다." 안그렇습니까? 만일 김익두 예수믿기 전에 이런 일을 당했으면 그 아주머니 죽었지요. 여러분은 얼마나 죽었습니까? 근심, 걱정, 시기, 질투… 문제가 많지요? 아무 일도 아닙니다. 덜 죽어서 그렇습니다. 그리스도와 함께 깨끗이 죽으면 아무 문제도 없습니다. 뭘 그리 복잡하게 생각하십니까? 아직도 죽어야 할 만큼 못죽었습니다. 철저하게 죽지 못했습니다. 혹 가정에 문제가 있습니까? 내가 그리스도와 함께 죽으면 됩니다. 아무 문제도 없습니다.

또한, 그리스도와 함께 살리심을 받았다고 했습니다. 그리스도께서 부활하시는 날 아침 나도 부활할 것입니다. 그래서 내 삶의 의미도 내 삶의 목적도 내 가치관도 내 행복도 다시 부활한 것입니다. 이제는 그리스도를 기뻐하는 기쁨으로 살고 그리스도께서 기뻐하시는 것만 내가 기뻐할 수 있고, 그리스도께서 사랑하시는 자를 내가 사랑하는, 그러한 사람으로 다시 태어나서 사는 것입니다. 이를 중생(重生)이라고 합니다. 거듭난다고 하지요. 그리스도로 태어났습니다. 나로서 죽고 그리스도로 살고 율법 앞에서 죽고 성령으로 살았습니다. 이렇게 살아가는 것이 그리스도인입니다. '의미요법'의 창시자인 유명한 심리학자 빅터 에밀 프랭클 교수의 저서는 유명하지만 삶의 의미를 줄 수 있는 세 가지를 「가치」라는 포괄적인 제목으로 설명하고 있습니다. 의미로 산다, 사람은 의미로 산다는 것입니다. 첫째, 창조적 의미로 삽니다. 창조가 뭡니까. '無에서 有'가 창조입니다. 과거에서 나오는 것이 아니고 완전히 신기원적으로 출발하는 것입니다. 상상도 할 수 없었던 일을 상상하고, 생각도 할 수 없었던 일을 생각하는 것이 바로 창조적 가치라는 것입니다. 그래서 창조적 가치를 인식하고 창조적 사고를 하고 창조적 사역에 우리의 마음과 몸을 바치는 것입니다. 창조적 사역에—과거에 매이는 일이 아닙니다. 과거 때문도 아닙니다. 완전히 창조적 역사에 내 몸과 마음과 시간을 바치는 것입니다. 거기서 삶의 의미를 찾는 것입니다. 여러분 아시는대로 우리교회에서 지금 힘쓰는바 북한 평양에 과학기술대학을 세우고 있습니다. 공정이 시작되어서 500명의 인부가 거기서 지금 일을 하고 있습니다. 자, 이것은 상상도 못할 일입니다. 어떻게 이런 일이 있을 수가 있나? 이것은 온세계가 다 놀라는 일입니다. 어떻게 이것이 허가가 났으며, 어떻게 이런 일을 할 수 있느냐? 그렇게 말합니다. 그 이유가 하나 있습니다. 이것은 창조적인 것입니다. 이런 창조적 역사, 이것을 받아들이며, 여기에 생각과 뜻을 바칠 때 창조적 가치를 얻게 되는 것입니다. 또, 경험적 가치를 말합니다. 다시 말하면 모든것을 수용하면서 그 경험 속에서 새로운 것을 깨닫습니다. 버릴 일은 하나도 없습니다. 좋은 일 나쁜 일 묻지 마십시오. 내가 경험하는 모든 경험을 통해서 새로운 것을 깨닫고 새로운 일을 창조해나가는 것입니다. 계속적으로 깨닫습니다. 그러므로 경험적 가치, 경험은 소중한 것입니다. 그 속에 의미가 있습니다. 그런가하면 또 태도적 가치를 말합니다. 어떤 자세로 임하느냐가 중요합니다. 절대로 소극적으로 하지 말고 적극적으로 할 것이요 부정적으로 하지 말고 긍정적으로 할 것입니다. 긍정적 자세로 임합니다. 그럴 때 태도적 가치가 창출됩니다. 때로는 역설적일 수도 있습니다. 아시는대로 많은 고난 속에서 새로운 역사가 시작됩니다. 많은 환난과 고통 속에서 새로운 의미가 생깁니다. 아주 역설적입니다. 썩어지는 밀알이 땅에 떨어져 죽어 없어집니다만 거기서 생명이 솟아오르는 것처럼 많은 고난과 역경 속에서 바른 창조적 가치를 창출하는 것입니다. 놀라운 이야기가 아닙니까. 그리스도께서 내 안에 사십니다. 사도 바울은 말씀합니다. "내가 그리스도와 함께 십자가에 못박혔나니 그런즉 이제는 내가 산 것이 아니요 오직 내 안에 그리스도께서 사신 것이라(갈 2 : 20)." 내가 그리스도를 위해 사는 것이 아닙니다. 그리스도께서 내 안에서 역사하고 계신 것입니다. 아주 신비로운 표현입니다. 거기에 존재의 의미가 있습니다.

그리고 나아가서 더욱 중요한 것이 오늘본문에 있습니다. "위엣 것을 찾으라 거기는 그리스도께서 하나님 우편에 앉아 계시느니라" 하였습니다. 그리고 "너희 생명이 그리스도와 함께 하나님 안에 감추었음이니라"하였습니다. 지금 나는 땅에 살지만 내 생명은 거기에 있습니다. 벌써 감추어져 있습니다. 별로 좋은 이야기가 아닙니다마는 이 시대를 살면서 그저 사실이니까 사실대로 이해할 수밖에요. 옛날사람들은 얼굴도 못보고 결혼하지 않았습니까. 그런데 요새는 중매를 하면 "얼굴도 안보고 결혼하나?" 해서 얼굴을 보고 결혼하게 되었고, 그 다음에는 "사귀어보지도 않고 결혼하나?" 해서 사귀어보고 결혼하게 되었습니다. 많이 데이트하고, 사귀어보고 결혼해야 하지 않겠는가, 해서 그렇게 되었는데, 요새 미국이나 유럽에서는 그것가지고도 안된다고 합니다. "어찌 살아보지도 않고 결혼을 하나?" 합니다. 말 됩니까 안됩니까? 한참가서 생각해보십시오. 아무튼 살아보고 해야 되겠다, 이것입니다. 그래서 동거라는 것이 따로 있고 결혼이라는 것이 따로 있게까지 되었습니다. 동거는 몇년을 해도 그것은 동거입니다. 결혼해야 결혼입니다. 아마 영 이해가 안될 겁니다마는 이해해야 됩니다. 현대를 살려면 생각을 바꾸어야 됩니다.

우리나라 통계에 나오는 것을 보면 한국사람 이혼율이 40%니뭐니 하는데 그것은 그렇게 통계를 낼 수가 없습니다. 저 사람들은 실컷 살아보고 하는 결혼이고, 우리는 결혼하고 살다보니 얼마든지 헤어 질 수도 있고, 그렇지 않습니까. 얘기가 좀 다르지 않습니까. 스웨덴 사람들 결혼하는 것을 보면 태어난 아이를 몇 거느리고 합니다. 하 나도 이상히 여기지 않습니다, 아이를 몇 데리고 결혼하는 것을. 그 런데 왜 그래도 결혼을 해야 되느냐? 중요하지요. 결혼식이 중요합 니다. 하나님 앞에 약속하고, 또 뿐만아니라 결혼식 하고 혼인신고 를 하기 때문입니다. 혼인신고를 하는 날 운명이 하나로 묶이는 것 입니다. 오늘 결혼하고 만약 내일 이혼하게 되면 그 남편의 재산을 딱 반으로 나눕니다, 꼼짝못하고. 그러나 동거하는 경우는 그렇지 않거든요. 우리나라도 그렇습니다. 결혼 조심해야 됩니다. 결혼했다 가 헤어지면 전재산을 딱 반으로 나누어야 됩니다. 그런데, 이제 중 요한 게 있습니다. 미국에 유학을 가는 학생들이 있습니다. 부모님 들 생각에는 아무래도 그냥 보내서는 안되겠거든요. 복잡하고 시험 도 많을 테니 결혼을 시켜서 보내야 하겠는데 아직 결혼할 때는 안 되었거든요. 그래서 어떻게 되느냐. 결혼을 하기로 하고 혼인신고부 터 먼저 합니다. 남자가 지금 유학생으로서 준비를 하고 가는 길이 기 때문에 거기 얹혀 가려면 부득불 혼인신고를 해야 됩니다. 아니 면 관광비자로 가게 되니 쫓겨나게 됩니다. 그래서 부득불 결혼을 안하고도 혼인신고를 먼저 합니다. 제가 왜 이 말씀을 드리는고하니 우리가 천당가는 것이 그와 같다 해서입니다. 혼인신고부터 먼저 했 습니다. 예수님과 우리와의 혼인신고를 먼저 해버렸습니다. 그래서 우리의 이름이 벌써 거기에 가 있습니다. 예수님의 신부, 이렇게 가 있는 것입니다. 우리의 좌석이 거기에 예약되어 있습니다. 아무데서라도 꾸뻑하고 떠나면 그리로 가게 되어 있습니다. 이미 신고되어 있기 때문입니다. 이것이 그리스도인입니다. 하늘을 쳐다보라, 그리스도께서 보일 것이다, 그리스도 안에 내 생명이 감추어져 있느니라—아주 신비로운 말씀입니다. 그것이 그리스도인입니다. 지금 여기서 순례자로 잠깐 살아가고 있지만 아무 때에 가도 좋습니다. 어느 때나 가도 좋습니다. 가면 그곳으로 가게 될 것입니다. 벌써 혼인신고가 되어 있기 때문입니다. 내 생명이 거기에 감춰었느니라—이 얼마나 오묘한 말씀입니까.

그리고, 주님께서 오실 때에 우리도 영광 중에 나타나리라, 하였습니다. 얼마나 신비롭고 얼마나 실제적인 말씀입니까. 보십시오. 여러분이 자동차를 운전하십니까? 자동차를 운전하는 사람은 꼭 앞을 보아야 합니다. 제가 한 40년 동안 운전을 해왔고 또 운전을 즐깁니다마는 여기서 떠나 어떤 때는 경주까지 논스톱으로 운전해갑니다. 이렇게 운전을 하려면 꼭 멀리 보아야 합니다. 앞만 보아야 합니다. 절대 뒤는 보면 안됩니다. 딴생각을 해서도 안됩니다. 생각까지도 오직 운전만, 그리고 300m 앞을 보아야 됩니다. 왜? 저 앞에 있는 것이 순식간에 내 앞으로 다가오기 때문입니다. 곧장 다가올 것이고 반드시 다가올 것이기 때문입니다. 그러므로 멀리 보아야 합니다. 이것을 잊지 말아야 합니다. 쓸데없는 생각도 하지 말고 쓸데없는 말도 하지 말고 오로지 앞만 보아야 됩니다. 그와 같이 오늘본문은 위엣것을 찾으라, 위엣것을 생각하라, 땅엣것을 생각지 말라, 하고 아주 강하게 말씀합니다. 쓸데없는 생각 하지 마십시오. 내 앞에 있는 생명만 바라보고 나갈 것입니다. 「리더스 다이제스트」에 실린 실화입니다. 미국의 한 중환자병동에 심한 화상을 입은 한 소년이 입원해 있었습니다. 온몸에 얼굴에 붕대를 감고 숨만 쉬게 했습니다. 딱하기 짝이 없습니다. 이런 중환자실에는 소위 자원봉사자는 못들어가게 되어 있습니다. 그런데 자원봉사자 중에 대학생 하나가 철이 없어서 금기가 있다는 것을 모르고 중환자실에 들어갔습니다. 침대에 써 있는 기록카드를 보니 환자가 중학교 2학년학생이었습니다. 그런 아이가 그렇게 끙끙 앓고 있는 것을 보고 얼마나 괴로울까, 얼마나 답답할까, 해서 매일같이 중학교 2학년교과서를 들고 가서 귓가에 대고 읽어주었습니다. 책을 읽어주고, 영어문법을 읽어주고 가르쳐주고 합니다. 소년은 가만히 누워 있으면서 그러는 것을 들었습니다. 이 아이는 생각했습니다. '이런 것 읽어주는 것을 보니 내가 나을 수 있는가보다.' 아이는 소망을 가졌습니다. 놀라운 것은 죽을 줄 알았던 이 아이가 나을 뿐 아니라 기적적으로 빨리 회복되는 것이었습니다. 마지막에 붕대를 푸는 날 물어보았습니다. "어떻게 그리 빨리 나을 수 있었느냐?" 이 아이는 말합니다. "그 형님이 책을 읽어줄 때 나는 학교에 가서 공부하는 생각을 했고 운동장에서 친구들과 함께 뛰어노는 생각을 했어요. 나는 나아서 이렇게 공부하게 될 것이라는 생각으로 가득차 있었어요." 그러니 빨리 나을 수 있었지요. 위엣것을 찾으라—우리의 마음과 생각은 벌써 저기 위에 가 있어야 합니다. 땅엣것을 사랑하면 땅도 잃어버리고 하늘도 잃어버립니다. 하늘을 따르면 하늘도 얻고 땅도 얻는 것입니다. 위엣것을 생각하고 땅엣것을 생각지 말라, 위엣것을 찾으라, 거기는 그리스도께서 하나님 우편에 앉아 계시고, 그 안에 너의 생명이 감추어져 있느니라—이것을 확인하고 오늘을 사는 것입니다. △

개혁신앙의 관심

그런즉 이 일에 대하여 우리가 무슨 말하리요 만일 하나님이 우리를 위하시면 누가 우리를 대적하리요 자기 아들을 아끼지 아니 하시고 우리 모든 사람을 위하여 내어 주신 이가 어찌 그 아들과 함께 모든 것을 우리에게 은사로 주지 아니하시겠느뇨 누가 능히 하나님의 택하신 자들을 송사하리요 의롭다 하신 이는 하나님이시니 누가 정죄하리요 죽으실 뿐 아니라 다시 살아나신 이는 그리스도 예수시니 그는 하나님 우편에 계신 자요 우리를 위하여 간구하시는 자시니라 누가 우리를 그리스도의 사랑에서 끊으리요 환난이나 곤고나 핍박이나 기근이나 적신이나 위험이나 칼이랴 기록된바 우리가 종일 주를 위하여 죽임을 당케 되며 도살할 양같이 여김을 받았나이다 함과 같으니라 그러나 이 모든 일에 우리를 사랑하시는 이로 말미암아 우리가 넉넉히 이기느니라 내가 확신하노니 사망이나 생명이나 천사들이나 권세자들이나 현재 일이나 장래 일이나 능력이나 높음이나 깊음이나 다른 아무 피조물이라도 우리를 우리 주 그리스도 예수 안에 있는 하나님의 사랑에서 끊을 수 없으리라

(로마서 8 : 31 - 39)

개혁신앙의 관심

　　베트남전쟁 때 있었던 실화입니다. 전투상황이 아주 불리해져서 후퇴를 하는 중에 한 병사가 뒤에서 쏜 총탄에 맞아 쓰러졌습니다. 안전지대로 대피한 중대 대원 중의 한 사람이 "총맞은 저 병사는 내 친구입니다. 구출하러 가야겠습니다"하고 총알이 빗발치는 바로 그 순간에도 이 병사는 총맞은 자기친구를 구출하기 위하여 그 무서운 곳으로 가겠다는 것입니다. 중대장은 말렸습니다. "안돼! 그러다간 너도 생명을 잃기 쉽다. 위험하다. 망원경으로 보니 네 친구는 이미 죽었다. 그러니 무모한 짓 하지 마라." 그러나 이 병사는 "아니에요. 나는 반드시 가야 됩니다"하고 중대장의 만류를 뿌리치고 거기로 다시 돌아갔습니다. 친구를 등에 업고 부대로 돌아왔지만 생각대로 친구는 죽었습니다. 업혀오는 동안에 죽었습니다. 중대장이 말합니다. "그것봐. 네가 어렵게 업고 온 친구는 이미 죽지 않았나. 왜 쓸데없는 고집을 부려? 너도 죽을 뻔했잖나." 그때 이 병사는 말합니다. "아닙니다. 내가 가길 잘했습니다. 내 친구는 내 등에 업혀 오는 중에 말했습니다. '네가 올 줄 알았다. 너는 반드시 올 줄 알았다. 나는 너와 같은 친구가 있어 참으로 행복하다. 이제 죽어도 한이 없다.' 이렇게 말하고 눈을 감았습니다." 여러분, 누구를 사랑해본 일이 있습니까? 누구의 사랑을 받아본 일이 있습니까? 예수님께서 말씀하십니다. "사람이 친구를 위하여 자기 목숨을 버리면 이에서 더 큰 사랑이 없나니…(요 15 : 13)" 친구를 위해서 목숨을 버리는 바로 그와 같은 친구를 가졌기에, 그 사랑을 경험했기에, 그 사랑에 감격했기에 죽어가는 친구는 웃으면서 죽을 수 있었습니다. 살고 죽는 일이 소중합니다. 살고 죽는 일보다 더 중요한 일은 사랑의 문제입니다. 물질이다 성공이다 번영이다 자유다… 문제가 많습니다마는 생명보다 중요한 문제가 어디 있습니까. 그 살고 죽는 것보다 더 중요한 문제는 사랑의 문제입니다. 사랑이 있는 곳에는 모든 근심 걱정도 다 물러갈 뿐만 아니라 죽고 사는 문제도 쉽게 넘어갈 수 있는 것입니다. 그것이 사랑입니다. 오직 사랑만이 삶의 의미를 새롭게 창조해 나갑니다. 유명한 근대신학자 칼 바르트 교수가 어느날 시카고대학을 방문하여 젊은이들에게 신학특강을 하였습니다. 강의가 끝나자 젊은이 하나가 집요하게 따라오면서 질문을 합니다. "저는 교수님이 쓰신 책을 다는 못읽었지만 몇권은 읽었는데 감동적이었습니다. 교수님의 해박한 지식에 저는 늘 놀라곤 했습니다. 한평생 저술활동을 하고 가르치고 또 연구하고 하면서 깨달은 진리의 핵심이 무엇입니까? 한평생 연구하고 깨달은 가장 중요한 진리가 무엇입니까? 한마디로 말해주십시오." 교수님은 껄껄 웃으면서 어릴 적 주일학교 다닐 때 부른 찬송 한 구절을 외웠습니다. 'Jesus loves me! The Bible tells me so.' 예수 사랑하심은 거룩하신 말일세, 날 사랑하심 성경에 써 있네, Yes, Jesus loves me! The Bible tells me so — 그것이 핵심이요 그것이 나의 간증이요 그것이 중심이다, 라고 그는 대답했습니다. 여러분, 많은 복잡한 문제가 있지마는 다 잊어버리세요. Jesus loves me. 예수께서 나를 사랑하신다고 하는 그것 하나 똑바로 알고 똑바로 느끼면 모든 문제가 다 안개걷히듯 사라집니다. 문제될 것이 하나도 없습니다. 그가 나를 사랑하신다 — 그것이 master key입니다. 그것이 생명선이요 모든것을 이기는 힘입니다. 오늘의 성경말씀은 특별히 종교개혁자들이 소중히 여기는 말씀입니다. 세 가지의 승리를 말씀하고 있습니다. 첫째는 십자가의 승리요 둘째는 의의 승리요 셋째는 사랑의 승리입니다.

오늘 먼저 생각할 것은 은혜로우신 하나님입니다. 은혜로우신 하나님께서 은사로 모든것을 주신다고 말씀합니다. 은사로 주신다—우리편에서는 은사로 받았다는 것입니다. 믿음이 무엇입니까. 은혜를 깨닫는 것입니다. 믿음생활이 무엇입니까. 모든것이 은혜라는 것을 깨닫고 감격하는 것입니다. 여러분, 내 마음대로 되는 일이 있습니까. 내가 얻은 일이 있습니까. 내가 성취한 일이 있습니까. 은혜를 아는 사람은 모든것이 은혜라는 것을 압니다. 은혜 아닌 것이 없습니다. 어떤 사람은 심지어 이런 말도 합니다. "내 마음대로 안된 것을 감사합니다. 내가 원하는대로 되었더라면 나는 영영 못쓸 뻔했습니다." 그렇습니다. 잘되는 일이건 안되는 일이건 때로는 우리의 이성으로 납득할 수 없는 엄청난 사건도 이것은 하나님께서 우리에게 은사로 주신 것임을 우리는 알고 있습니다. 은혜의 선물로 주시는 것입니다. 실패든 역경이든 건강이든 질병이든 상관없습니다. 은혜의 사람으로 볼 때는 모든것이 은혜입니다. 은혜로 받아들입니다. 생각하면 기적과 같은 은혜 속에서 우리가 살고 있습니다. 이렇게 은혜로 받아들일 수 있는 핵심은 여기에 있습니다. "아들을 아끼지 아니하시고 우리 모든 사람을 위하여 내어주신 이가 어찌 그 아들과 함께 모든것을 우리에게 은사로 주지 아니하시겠느뇨." 아주 중요한 말씀입니다. 사랑 중 가장 큰 사랑을 이렇게 표현했습니다. 아들을 내어주셨다고 했습니다. 왜? 아들은 내 생명보다 더 중요하기 때문입니다. 내 생명보다 더 중요한 독생자를 내어주신 것입니다. 외아들을 내어주신 것입니다. 그렇게 성경은 계시하고 있습니다. 외아들을 내어주는 것같은 그 엄청난 사랑으로 자기희생을 지불하셨습니다. 아들을 아끼지 아니하시고 내어주셨다면 우리의 모든것이 어찌 주신 바가 아니겠습니까. 무슨 이야기고 좀 부끄러운 얘기입니다마는, 저는 어렸을 때 어머니로부터는 맞은 적이 없는데 아버지로부터 많이 맞았습니다. 아버지는 말씀이 없으십니다. 어쩌다 몇마디 하고 때리시고는, 설명도 없이 나가버리십니다. 제가 중얼중얼 했습니다. "사랑한다시면서 왜 때리셨냐?" 그랬다가 다시 맞았습니다. 그러나 철이 들면서 가만히 생각해보니 그것이 전부 사랑이었습니다. 그래 생각을 합니다. 그때 맞지 않았더라면 내가 어떻게 되었을까? 그때 그렇게 엄한 징계를 받지 않았더라면 내가 어떻게 되었을까? 그래서 말입니다. 제가 피란을 나와서 군대에 들어가 있을 때나 혼자서 고학을 할 때 순간순간 어머니가 그립기도 하지만 이상하게도 그렇게 나를 자주 때리시던 아버지가 그렇게 보고 싶었습니다. 그 아버지의 채찍이 그립고 그 아버지의 징계가 그렇게 그리울 수가 없었습니다. "이런 때 뭐라고 말씀 좀 해주세요." 그러고 싶습니다. 여러분, 부모의 자식 대하는 모든것은 그대로가 사랑입니다. 사랑 아닌 것이 어디 있겠습니까. 사랑에서 나오는 일입니다. 그것을 믿는 것이 믿음입니다. 모든것이 은혜라—그것을 잊지 말아야 합니다. 여러분, 자식이 부모를 사랑한다는 것은 거짓말입니다. 부모가 자식을 사랑합니다. 주도적으로 사랑합니다. 주도적으로, 창조적으로 사랑합니다. 그것이 은혜 아닐 수가 없습니다. 은혜란 곧 이기는 힘입니다. 은혜를 아는 순간, 은혜로 받아들이는 순간 모든것을 이길 수 있으니까 말입니다. 종교심리학자 애디 깁스라고 하는 분이 깊은 연구 끝에 이렇게 말하고 있습니다. '하나님 앞에 나오는 사람들은 각각 좀 개인적으로 다른 체험을 가지고 있겠지만 일반적으로 볼 때 공통점은 하나님의 주도적 역사 안에서 믿음을 가지게 된다는 것이다.' 그렇습니다. 내가 가지는 이만큼의 믿음도 하나님께서 주시는 선물입니다. 하나님께서 주도적으로 역사해서 나로하여금 하나님을 믿고 살게 만드신 것입니다. 네 단계를 말합니다. 첫째로, 사람들은 하나님의 존재에 대해서 무관심한 단계가 있다는 것입니다. 하나님을 믿으려고 하지 않습니다. 철저하게 무신론입니다. 하나님이 어디 계시냐, 그렇게 생각하는 단계가 있고, 두 번째, 막연하지만 하나님의 도움이 있어야 할 것같습니다. 우리의 힘으로는 안됩니다. 그런 것같지 않습니다. 무언가 우리 인간의 의지 외에 큰 의지가 있어 세계를 다스리고 있다는 것을 막연하게나마, 그래서 하나님의 도움이 필요하다는 것을 느끼게 된다고 합니다. 세 번째, 하나님의 은총과 인간의 책임을 동시적으로 이해합니다. 아무래도 내가 잘못했지, 우리 인간이 잘못했지, 아, 우리의 죄 때문에 이런 일이 있는가보다, 합니다. 그래서 흔히 말하기를 천벌을 받았다고 하지 않습니까. 무언가 우리 인간의 책임이 있는 것이다―이렇게 생각하고 누려워합니다. 네 번째로, 이제 모든 노력을 다 버리고 그리스도를 통한 하나님의 은혜를 수용하게 되는 단계입니다. 오직 긍휼, 오직 사랑, 오직 은총만이 우리로하여금 오늘이 있게 하는 것이라고, 그리스도 안에서 모든것을 은혜로 받아들이는 그런 단계에 도달하게 된다는 것입니다. 보십시오. 이 과정 이 단계 전부가 다 하나님께서 주시는 주도적 은혜 안에서 이루어지는 것입니다.

    둘째로 생각할 것은 의를 주신다는 것입니다. 여러분, 의롭다 하심을 얻는다는 말씀을 어떻게 소화하십니까? 이것은 매우 중요한 것입니다. 우리의 죄의 대가를 그가 치르시고 우리를 의로 싸서, 의로 옷입혀서 당신의 자녀로 맞아주신다는 뜻입니다. 탕자가 돌아옵니다. 집을 나갔던 탕자가 돌아오는 그 이야기를 여러분이 잘 아십니다. 그런데 나는 그 성경을 볼 때마다 아버지 입장에서 꼭 하고 싶은 말이 있습니다. '그러기에 내가 집을 나가지 말라고 하지 않더냐. 그 동안 얼마나 고생을 했느냐. 네 죄를 네가 알렷다!' 꼭 한마디 하고 싶은데 그 아버지는 전혀 아무 말도 하지 않습니다. 또 한 가지가 있습니다. '네가 집을 나갔을 때 내가 얼마나 속상했는지 아느냐.' 이렇게 꼭 한마디 하고 싶은 것입니다. 그러나 만일 그랬다면 이 아들은 조용히 집을 나가서 자살했을 것입니다. 그 아버지, 어쩌면 한마디도 말이 없습니까. 다시한번 잊지 마십시오. 탕자로 영접한 것이 아닙니다. 아들로 영접한 것입니다. 죄와는 전혀 관계없는 아들로 영접한 것입니다, 오로지 아들로. 그래서 잃었다 얻었노라, 죽었다 살았노라, 내 아들이 돌아왔다, 이렇게 환영한 것입니다. 이것이 무엇입니까. 의를 주어서 영접한 것입니다. 가끔 보면 부부간에도 다툰다 어쩐다, 자녀간에도 가출한다 어쩐다 하는데 꼭 여기서 일어난 문제입니다. 의인으로 맞는 것이 아니라 죄인으로 맞는 것입니다. 사랑하는 것이 아니라 불쌍히 여기는 것입니다. 그것은 의롭다 하는 사랑이 아닙니다. 탕자의 아버지는 탕자를 완전히 의로 대한 것입니다. 그의 모든 부족함은 내가 대신 지불하고, 그리고 가장 사랑하는 자로, 가장 깨끗한 자로, 가장 의로운 자로 영접한 것입니다. 그러므로 의롭다 하심을 얻은 사람은 하나님의 자녀 된 특권을 즐기는 것입니다. 엄청난 사건입니다. 엄청난 이야기입니다. 하나님께서 의를 인정하시고 의를 지켜주시는 것입니다. 예수님께서 세리의 집에 들어가 대접을 받으실 때 세리를 절대로 죄인으로 대하지 않으셨습니다. 그저 친구로 대하셨습니다. 똑같이. 죄인의 친구라고 하는 오명을 받으시면서도 예수님께서는 세리의 집에 가서 머무십니다. 그를 똑같은 하나님의 자녀로, 친구로 대하셨습니다. 이것이 의롭다 하심을 얻음입니다. 의롭다 하심을 얻은 자는 하나님의 자녀 된 특권을 그대로 향유하고 살아가게 됩니다. 그것이 의롭게 여기시는 하나님의 사랑입니다. 의의 승리가 여기에 있습니다.

또 하나는 사랑의 승리입니다. 본문에 보는 바와 같습니다. 그리스도의 사랑에서 누가 나를 끊으리요, 환난이나 곤고나 핍박이나 기근이나 적신이나 위험이나 칼이랴, 기록된바 종일 우리가 죽임을 당하여도, 종일 죽임을 당하는 것같은 고통을 당한다 하더라도 이 사랑에서 끊을 수 없다, 이 사랑을 부인할 수 없다—여기서 순교를 하게 되는 것입니다. 아무리 비참하게 죽는다해도 사랑이 있습니다. 아무리 어렵게 고생을 해도 하나님께서는 나를 사랑하십니다. 사랑의 승리입니다. 그 사랑에 감격하며 고난을 치르고 죽어가는 것입니다. 그래서 오늘 말씀합니다. "넉넉히 이기느니라." 넉넉히 이기느니라—여러분, 참으로 사랑하면 병도 이깁니다. 원수도 이깁니다. 의심도 이깁니다. 죄를 이깁니다. 사망을 이깁니다. 위대한 역사가 거기에 있는 것입니다. 우리가 약해지는 이유는 바로 사랑을 잃었기 때문입니다. 그래서 오늘 특별히 성경은 말씀합니다. "누가 우리를 그리스도의 사랑에서 끊으리요." 그가 나를 의롭다 하시는데 누가 나를 정죄하리요—이것이 종교개혁자의 마음입니다. 누가 나를 정죄하리요, 나는 하나님의 자녀다—당당하게, 그리고 그 사랑을 깊이깊이 간직하고 충만한 마음으로 고백합니다. 유명한 폴 틸리히의 이런 말이 있습니다. '현대인에게는 숨길 수 없는 세 가지의 회색 어두움이 있다.' 첫째, 공허감입니다. 종종 이런 말을 듣습니다. "젊었을 때는 공부하느라 정신없다가 그 다음엔 연애하느라고 한참 빠졌다가, 그 다음엔 결혼을 해서 애 낳고 키우느라고 정신없다가 애들이 다 결혼해서 나가고 하니까 허전합니다. 허망합니다." 왜 그렇습니까. 당신의 사랑이 잘못되었기 때문입니다. 사랑하지 않았기 때문입니다. 정말로 사랑한 일에 허망이란 없습니다. 사랑이 의미를 더하기 때문입니다. 참사랑 속에 허망함이라는 것은 없습니다. 공허감이 없습니다. 둘째, 죄책감입니다. 현대인들은 머리가 좋습니다. 그래서 생각이 복잡합니다. 이렇게 변명하고 저래서 어떻다, 하고 내 책임을 남에게 전가하고 있지만 그 양심은 알고 있습니다. 그래서 유명한 말이 있습니다. 'IQ가 90 이하인 사람은 절대로 자살하는 법이 없다.' 멍청하면 걱정도 없습니다. 똑똑하기 때문에 생각이 많습니다. 이렇게저렇게 아무리 변명을 해보아도 내 양심은 나를 정죄합니다. 죄책감에서 벗어날 길이 없습니다. 이것은 오직 예수 그리스도를 믿고 성령 안에서 회개의 용기를 얻을 때 비로소 해결할 수 있는 문제이지 그 많은 죄책에서 아무도 헤어나지 못합니다. 그래서 술집으로 가고, 그래서 마약을 하고, 그래서 폭력이 생기는 것입니다. 숨길 수 없는 죄책감, 여기서 벗어나는 길은 오직 믿음뿐입니다. 셋째, 공포감입니다. 미래가 보이지 않습니다. 암담하기만 합니다. 옛날에 제가 썼던 학위논문이 「종말론」입니다. 그래서 미래학에 대해서, futurology에 대해서 제가 비교적 책을 많이 읽는 편입니다. 새로 나오는 책이 있으면 제가 또 읽어봅니다. 그런데 재미있는 것은 미래학을 아무리 보아도 결론은 미래가 없다는 것입니다. 암담하다,

절망이다, 이것입니다. 그래서 종말론과 미래학은 다릅니다. 여러분, 이 무서운 공포, 불확실함, 암담함과 절망이 밀려옵니다. 이제 어디로 갈 것입니까. 오직 주님께서 주시는 약속, 역사를 주관하시는 하나님의 섭리, 그 믿음 안에서만, 그리고 요단강 건너편에 있는 아름다운 약속의 땅을 바라보는 그 사람만이 모든 공포로부터 벗어날 수 있는 것입니다. 종교개혁자의 관심은 여기에 있습니다. '오직 은혜, sola Gratia―모든것은 은혜다, 절대적 은혜. sola Fide―오직 믿음으로만 구원에 이른다. sola Gloria―오직 하나님의 영광을 위하여.' 다시한번 종교개혁주일을 맞이하여 이것을 생각합시다― 오직 은혜, 오직 믿음, 오직 영광. 새로운 미래가 보이는 것입니다. 그러므로 우리의 삶과 생은 소중한 것입니다. 이를 통하여 놀라운 역사가 나타날 것입니다. △

사죄받은 자의 믿음

　수일 후에 예수께서 다시 가버나움에 들어가시니 집에 계신 소문이 들린지라 많은 사람이 모여서 문 앞에라도 용신할 수 없게 되었는데 예수께서 저희에게 도를 말씀하시더니 사람들이 한 중풍병자를 네 사람에게 메워 가지고 예수께로 올새 무리를 인하여 예수께 데려갈 수 없으므로 그 계신 곳의 지붕을 뜯어 구멍을 내고 중풍병자의 누운 상을 달아내리니 예수께서 저희의 믿음을 보시고 중풍병자에게 이르시되 소자야 네 죄 사함을 받았느니라 하시니 어떤 서기관들이 거기 앉아서 마음에 의논하기를 이 사람이 어찌 이렇게 말하는가 참람하도다 오직 하나님 한분 외에는 누가 능히 죄를 사하겠느냐 저희가 속으로 이렇게 의논하는 줄을 예수께서 곧 중심에 아시고 이르시되 어찌하여 이것을 마음에 의논하느냐 중풍병자에게 네 죄 사함을 받았느니라 하는 말과 일어나 네 상을 가지고 걸어가라 하는 말이 어느 것이 쉽겠느냐 그러나 인자가 땅에서 죄를 사하는 권세가 있는 줄을 너희로 알게 하려 하노라 하시고 중풍병자에게 말씀하시되 내가 네게 이르노니 일어나 네 상을 가지고 집으로 가라 하시니 그가 일어나 곧 상을 가지고 모든 사람 앞에서 나가거늘 저희가 다 놀라 영광을 하나님께 돌리며 가로되 우리가 이런 일을 도무지 보지 못하였다 하더라

(마가복음 2 : 1 - 12)

사죄받은 자의 믿음

　예전에 미국에서 있었던 사건입니다. 역사적인 실화입니다. 한 살인범이 재판정에서 사형언도를 받았습니다. 그의 형이 되는 사람은 유명한 사회적 명사요 고위공직에 있으면서 나라를 위해 공헌을 많이 한 사람이었습니다. 형은 동생이 죄를 짓고 사형장으로 나가게 된 것이 너무도 마음아파서 견디다못해 체면을 불고하고 대통령을 찾아갑니다. 가서 동생을 사면해달라고 청했습니다. 대통령은 그 형의 나라를 위한 공헌을 생각해서 사면을 허락했습니다. 사면장을 받아 주머니에 넣고 감옥을 찾아갔습니다. 사형수 동생에게 그는 이렇게 물어보았습니다. "만일에 네가 이 어려운 가운데서 사면을 받아 자유를 얻는다면 너는 앞으로 어떻게 살고, 무엇을 하겠느냐?" 동생은 살기등등한 목소리로 대답합니다. "내게 사형언도 한 판사를 먼저 죽이겠습니다. 그러고나서 내가 이렇게 사형당할 수밖에 없도록 불리하게 증언한 증인들을 모두 죽일 것입니다." 형은 몹시 마음이 아팠습니다. 아무 말 없이 감옥을 나와서 사면장을 찢고 말았습니다. 여러분, 사함받은 사람은 사함받은 사람답게 살아야 사함받은 권리가 있는 것입니다. 또 마땅히 그러해야 할 것입니다. 인간은 다 죄인입니다. 다만 스스로 죄인인 줄을 아는 죄인이 있고, 스스로 죄인인 것을 모르는 죄인이 있고, 내 죄를 알지만 그 책임을 남에게 전가하는 그런 죄인이 있는 것입니다. 내 불행이나 내 죄, 그 모든것이 나 아닌 누구, 다른 사람의 책임이라는 것입니다. 사회의 책임이라고, 이웃의 책임이라고 원망, 불평하는 그런 유의 사람들이 있습니다. 결국은 회개가 문제요, 회개했으면 사죄가 문제요 사죄받았으면 사죄받은 자로서 어떻게 사느냐, 그것이 문제입니다. 오늘본문에는 아주 침묵하는 한 사람의 모습이 있습니다. 예수님을 만났지만, 또 병고침도 받았지만, 처음부터 끝까지 한마디도 말이 없습니다. 사죄받은, 말없는 믿음을 소개합니다. 말없는 이 사람의 마음속에 중요한 사건이 이루어지고 있다고 성경은 말씀합니다. 그에게는 침묵이 있었고 또 회개가 있었고, 엄청난 믿음이 있었습니다. 그리고 순종이 있었습니다. 그는 예수님 앞에 환자로 나왔습니다마는 맥락으로 보아 그는 친구의 충고로 나온 것이 분명합니다. 친구가 좋았습니다. 영국사람들의 격언에 이런 말이 있습니다. '사람은 미리 말하지 않고도, 기별 없이도 아무 때나 방문할 수 있는 친구가 하나는 있어야 한다.' 전화를 할 것도 없고, 낮이다 밤이다, 가릴 것도 없고, 아무 때라도 찾아갈 수 있는, 무슨 말이라도 할 수 있는 그런 친구가 하나는 있어야 한다는 것입니다. 오늘본문에 나타난 이 사람은 친구를 잘 두었습니다. 예수님 소문이 퍼졌습니다. 예수님께서는 어떤 병이라도 다 고치실 수 있다, 하는 소문입니다. 그래서 그의 친구들이 달려와 예수님께 가자고 권했던 것같습니다. 그러나 어떤 이유에서인지 쉽게 갈 수가 없었습니다. 침상째 들리어 왔다, 합니다. 예수님 앞에 갈 마음은 있어도 가기는 어려웠던 것같습니다. 그만큼 중병이었는지도 모릅니다. 조금만 건드려도 더 아프고 당장 죽을 것같이 느껴졌는지도 모릅니다. 저는 언젠가 한번 중환자실에 있는 환자를 문병갔었습니다. 제가 들어서자 이 환자는 너무도 반가워한 나머지 고개를 내가 있는 쪽으로 돌리려 하여 조금 돌리니 벌써 혈압이 뚝 떨어집니다. 그래서 의사가 달려와 안정을 취해야 한다고, 그러지 말라고 말하는 것입니다. 그랬던 것이 생각납니다. 오늘본문의 이 사람은 누가 업고 갈 정도로, 침상째 들고 와야 할 정도로 벌써 병은 다스리기 어려워졌는지도 모릅니다. 또 한 가지는 이 사람이 좀 부자였고 많은 사람에게 존경을 받는, 이를테면 귀족에 속하는 사람이 아니었나, 하는 것입니다. 아무튼 침상째 들리어 예수님 앞에 왔습니다. 친구들의 권유를 받아들였다는 것입니다. 가자고 할 때 따라왔습니다. 의심도 많고 생각도 복잡했지만 그래도 친구들 잘 둔 덕에 친구들이 가자고 할 때 여기까지 따라왔습니다. 못간다고 하다가 침상째로라도 가야 한다는 권유에 "그러지"하고 응했습니다. 친구들의 충고를 받아들이고 권면에 응할 만큼 그는 인격도 있고 믿음도 있었다고 생각됩니다. 예수님 앞에 가까이 가야 하겠는데 그 집에 사람이 가득하기 때문에 용신(容身)할 틈이 없었다는 것입니다. 그래서 지붕을 뚫고(옛유대사람들의 집은 이게 쉽습니다) 침상을 달아내렸다—미상불 이것은 굉장한 장면입니다. 상상해보십시오. 사람들이 모여 있는데 지붕이 뚫리면서 사람 누운 침상이 내려옵니다. 깜짝놀랄만한 사건이 아닙니까. 모두들 이것이 웬일인가, 수시를 했을 것입니다. 그러나 이것은 믿음이었습니다. 왜 그런가하면 예수님께 가까이 가야 하기 때문입니다. 가까이하여 말씀을 듣는 것이 우매자의 제사보다 낫다고 했습니다. 더 가까이, 가까이, 얼굴과 얼굴을 대할 만큼 가까이 가야 하겠다, 예수님을 만나야겠다, 해서, 예수님께 자기자신을 보여야겠다, 해서 이러한 비상수단을 썼다는 이야기입니다. "예수께서 저희의 믿음을 보시고…" 그 친구들의 믿음을 보시고 이 사람을 구원해주십니다.

 오늘본문은 그대로 읽으면 평범하게 들리지만 여기에는 언중언(言中言)이 있습니다. 예수님, 이 환자를 보시는 순간 "네 죄 사함을 받았느니라"하고 말씀하십니다. 말씀 중에 말씀이 있습니다. '네가 병든 것은 네 죄 때문이다'라는 것입니다. 죄를 지적하는 그러한 말씀이 여기에 있습니다. 그것이 먼저입니다. 모름지기 모두가 깜짝놀랐을 것입니다. 이 사람이 귀족이라고 한다면 더더욱 놀랐을 것입니다. 본문에 보는대로 서기관들이 깜짝놀라지 않습니까. 어떻게 그럴 수 있느냐? 네 죄 때문에 네가 병들었다, 네 병의 원인은 네 죄다, 라고 진단하십니다. 판단하십니다. 이것은 참으로 받아들이기 어려운 순간입니다. 제가 어느날 장로님이시면서 한의사로 계시는 분의 병원을 한번 방문했습니다. 환자들이 너무 많습니다. 진찰을 하면서 "여기 좀 앉아계십시오. 이 환자들을 다 본 다음에 말씀나누십시다" 해서 제가 옆에 의자를 놓고 앉아 있다가 환자와 의사가 이야기하는 것을 엿들을 수가 있었습니다. 의사가 환자를 보고 "아주 신경이 예민하시군요. 소화가 잘 안되시죠? 너무 화를 내지 마십시오. 속에 화가 가득찼습니다. 부부싸움 좀 하지 마시고, 그리고 근심 걱정을 하지 말아야 됩니다. 이것은 약으로 고칠 병이 못됩니다. 우선 마음을 평안하게 하셔야 합니다…" 이렇게 몇마디 하는데 환자가 버럭 화를 냅니다. "병이나 고치지 남의 부부싸움은 왜 들먹이는 거요?" 말이 됩니다. 가만히 생각해보니 이것이 신학적 문제였습니다. 여간 중요한 이야기가 아닙니다, 이게. 당신의 병은 당신 죄 때문입니다—이것을 받아들이지 못하는 것입니다. 그래서 화를 내는 것입니다. 옆에서 보기가 민망하더라고요. 오늘본문에 나타난 사실을 봅시다. 많은 사람들 앞에서 침상을 달아내리는 바람에 깜짝놀라고 예수님께서 어떻게 말씀하시나 보자고 했는데 예수님 첫마디 말씀이 네 죄 때문에 네가 병들었느니라, 직선적으로 하시는 말씀입니다. 깜짝들 놀랍니다. 이제 이 환자가 어떡할 것같습니까. 보통사람같았으면 '나 죽으면 그만 아니오? 왜 남의 죄는 들추는 거요?' 할 것입니다. 받아들이기 어려운 시간입니다. 그런데 이 사람은 그 예수님의 진단을 그대로 받아들입니다. 수용합니다. 북한말로 하면 '접수'했습니다. 그대로 접수했습니다. 이스라엘랍비들의 교훈에 이런 것도 있습니다. '모든 죄 사함받기까지는 병고침을 받을 수 없다.' 이런 랍비의 교훈도 있습니다. 참으로 어려운 시간입니다. 참으로 귀한 회개요 믿음입니다. 심리학적으로 사람들이란 보통 홀로 있을 때는 내가 잘못했다고 생각을 합니다. '내 잘못이지. 내가 잘못했어. 내가 죄를 지었지.' 혼자서 회개하고 혼자서 뉘우칩니다마는 누가 내 죄를 지적하면 변명을 합니다. 아니라고. 그뿐입니까. 이 죄로 인해서 고난을 당하게 되면 이제는 하나님을 원망합니다. '죄인이 나뿐입니까? 왜 나에게 이런 고통을 주십니까?' 이것이 일반적인 사람들의 생각입니다. 그뿐아니라 공개적으로 누가 내 죄를 고발한다면 가만히 있지 못합니다. 참으로 받아들이기 어렵습니다. 수용하기 어려운 시간입니다. 그러나 오늘본문에 보는바 이 사람은 침묵함으로 수용했습니다. 말이 없습니다. 말이 없이 마음속으로부터 '그렇습니다. 그것이 사실입니다'하고 받아들이더라는 말씀입니다. 여러분, 니느웨 성 이야기를 아시지요? 니느웨 성이 죄가 많아서 40일 후에 망한다고 요나 선지자를 통해서 선포됩니다. 웬 낯선 사람이 들어와 거리를 다니며 너희의 성이 40일 후에 망한다, 하고 소리지를 때, 니느웨사람들은 '그렇구나. 우리가 죄를 너무 많이 지었지. 이렇게 죄를 짓고는 안되지'하고 회개했습니다. 너희는 죄 때문에 망한다고 할 때 군말없이 그것을 받아들였습니다. 그 수용이라는 것이 바로 회개라는 것입니다. 회개를 수없이 한다고 하면서도 벌받는 것은 싫어합니다. 그것은 회개가 아닙니다. 오늘 이 사람은 진정으로 회개하고 믿고 침묵 속에서 예수님의 말씀을 그대로 수용하고 있습니다. 다시 예수님께서 말씀하십니다. "네 죄 사함을 받았느니라" 하니 이 사람은 예수님의 사죄권을 인정했습니다. 생각해보십시오. 예수님의 그 말씀, 아무나 할 수 있는 말이 아닙니다. 오늘 서기관도 말합니다. "하나님 한 분 외에는 누가 능히 죄를 사하겠느냐." 통상적으로 생각할 수 있는 말입니다. 하물며 네 죄를 사함받았느니라, 하실 때 그를 처음 만난 사람이라면 뭐라고 하겠습니까. '당신이 누군데 내 죄를 사하고 말고 해?' 여러분, 예수님의 사죄권을 인정했다는 것은 신학적으로 엄청난 믿음입니다. 하나님의 아들 되심, 하나님 되심을 믿는 그런 순간입니다. 사실로 하나님 외에는 아무도 죄를 사할 수 없기 때문입니다. 그러나 이 사람은 '당신이 내 죄를 사하실 수 있습니다. 주님께서 나의 죄를 사하셨으니 내 죄는 사해진 것입니다.' 이것을 믿은 것입니다. 굉장한 믿음입니다. 사죄권을 인정하고 그것을 그대로 받아들이는 것입니다.

폴 틸리히라고 하는 유명한 신학자는 「Systematic The-ology」 제3권에서 이렇게 말합니다. '믿음이란 자신이 용납된다는 것을 용납하는 것이다.' 내가 용서받았다는 것을 내가 용납해야 되는 것입니다. 하나님께서는 용서를 하셨는데 나는 나를 용서하지 않고 있다면 그것은 믿음이 아닙니다. 'paradoxical acceptance'라고 하는 유명한 말을 합니다. 폴 틸리히는 그 신학 제2권에서 다시 이렇게 말합니다. '죄라는 것은 소외를 말한다. 죄는 어떤 것이냐. 불신앙으로서의 소외다.' 하나님의 능력도 믿지 않고 하나님의 사랑도 믿지 않습니다.

하나님의 용서를 받아들이지 않습니다. 그런 불신앙입니다. 그래서 소외라는 죄에 빠지는 것입니다. 또한 '교만으로서의 소외가 있다' 합니다. 하나님께서 나를 의롭다 하시는 것을 인정하지 않습니다. 내 의로, 내 선행으로 의로워지겠다는 것입니다, 끝까지. 그 교만이 죄가 되는 것입니다. 또 '욕망으로서의 소외가 있다'고 말합니다. 자기집착에 빠져서 영영 아무것도 받아들이지 않습니다. 이 사람은 그 죄에서 벗어날 길이 없는 것입니다. 롤로 매이(Rollo May)라고 하는 유명한 심리학자는 「사랑의 의지」라고 하는 저서에서 이렇게 말합니다. 사람이 자기 삶의 방향을 찾아가는 데는 세 단계를 거쳐야 한다는 것입니다. 첫째가 소망입니다. 소망이 없는 자는 소망 없다, 하였습니다. 빅터 프랭클이라고 하는 유명한 의사가 있습니다. 이분은 저 악명높은 아우슈비츠에서 3년 동안 고생하고 살아남은 경험을 가진 분입니다. 그의 책에 이런 말이 있습니다. '나치들은 일이 너희를 자유케 하리라, 라는 악명높은 표지판을 붙여놓고 하루 300 의 빵과 1 *l* 의 스프만 주고 하루종일 일시키고 어느 때라도 쓰러지면 그대로 개스장고로 보내어 죽여버렸다. 어떤 사람은 쓰러시고 어떤 사람은 살아남았는데, 이상하게도 육체적으로 건강한 사람들이 많이 쓰러지고 금방이라도 죽어갈 것같은 허약한 사람들이 오히려 살아남더라. 결국 살고죽고가 어디에 달려 있는가하면 그 마음속의 소망과 믿음이었다.' 소망이 없는 사람은 소망 없습니다. 믿음이 없는 사람은 죽습니다. 둘째는 의지입니다. 신앙적 의지가 필요합니다. 셋째는 결단입니다. 신앙적 의지를 위하여 신앙적 결단이 필요합니다. 생명을 위하여 버려야 할 것이 많습니다. 믿음을 위하여 버려야 할 것을 과감하게 버릴 수 있는 결단이 있어야 비로소 그 어려운 고통에서도 살아남을 수가 있더라는 것입니다. 용서받은 나를 내가 사랑하는, 그 소중히 여기는 마음이 있어야 합니다. 수없이 용서를 위하여 기도합니다. 그러면서도 용서받은 감격을 모릅니다. 그렇기 때문에 영영 밝은 생활을 할 수가 없는 것입니다. 회개할 뿐만 아니라 '네 죄 사함 받았느니라'하시는 말씀과 함께 용서받은 감격이 있어야 합니다. 그래야 새로운 생을 살 수 있습니다. 용서받은 나를 알고 나를 사랑하고 용서받은 저를 알고 저를 사랑해야 진정한 사랑이 되는 것입니다. 스퍼젼 목사님은 이렇게 말씀합니다. '사람이 하나님 앞에서 할 일은 계산적인 믿음을 가지는 것이 아니라 절대적 믿음을 가지는 것이다. 계산은 하나님께서 하시는 것이다.' 오늘본문의 이 사람을 보십시오. 끝까지 말이 없습니다. 그러나 그에게는 믿음이 있었습니다. 그에게는 진정한 회개가 있었습니다. 주님의 말씀을 들을 만한 겸손이 있었습니다. 그리고 용서받은 나에 대한 감사가 있었습니다. 그러하기에 주님께서 일어나라, 하실 때 벌떡 일어났습니다. 그리고 새로운 출발을 합니다. 일어나라시는 말씀에 그는 일어나서 새로운 생의 장을 엽니다. 여러분, 침묵하는 이 사람에게 이같은 위대한 믿음이 있었습니다. 일어나라—벌떡 일어났습니다. △

기록된 것으로 기뻐하라

칠십 인이 기뻐 돌아와 가로되 주여 주의 이름으로 귀신들도 우리에게 항복하더이다 예수께서 이르시되 사단이 하늘로서 번개같이 떨어지는 것을 내가 보았노라 내가 너희에게 뱀과 전갈을 밟으며 원수의 모든 능력을 제어할 권세를 주었으니 너희를 해할 자가 결단코 없으리라 그러나 귀신들이 너희에게 항복하는 것으로 기뻐하지 말고 너희 이름이 하늘에 기록된 것으로 기뻐하라 하시니라
(누가복음 10 : 17 - 20)

기록된 것으로 기뻐하라

1999년 '투어 드 프랑스' 사이클대회에서 금메달을 딴 한 선수가 있었습니다. 랜드 암스트롱이라고 하는 청년입니다. 경기에서는 언제나 그 누군가가 금메달을 따겠지마는 이 경우는 그러한 이야기로 그치지 않습니다. 그는 3기 암환자로 숱한 고생을 하면서 이 엄청난 일을 이룬 것입니다. 25세에 고환암이라고 하는 사형선고같은 진단을 받았습니다. 생존가능성까지도 희박했습니다. 폐와 뇌에까지 암이 전이되어 너무나 쑤시고 아파서 식사도 잘 못하고, 신문은 물론 텔레비전도 맘대로 볼 수 없을 만큼 머리가 터지게 아프고 괴로웠다고 합니다. 그러나 그는 사이클경기에 나갔습니다. 물론 실패했습니다. 어머니는 그에게 말했습니다. "My son, you never quit." 내 아들아, 절대로 포기해서는 안된다—권면했습니다. 그는 열심히 사이클링을 훈련했습니다. 마침내 1993년 노르웨이 오슬로에서 열린 세계선수권대회에 나가서 우승을 했습니다. 그리고 노르웨이 왕을 알현하는 그런 기쁨도 영광도 누렸습니다. 그리고 그는 너무도 힘이 들어서 선수생활을 접어두었습니다. 어느날 저녁, 자전거를 타고 산책을 하는데 가는 길에 환한 빛이 나타나면서 길바닥에 글이 씌어졌습니다. 그 글은 역시 어머니가 해주던 말이었습니다. 'My son, you never quit.' 절대로 포기하지 마라. 그 글을 보고 깜짝놀랐습니다. 그 뒤에 이어서 '장애를 기회로 바꾸는 사람이 되라' 하는 글이 나타났습니다. 장애를 기회로 바꾸는 사람이 되라—그는 다시 일어났습니다. 다시 자전거를 열심히 탔습니다. 그리고 1999년의 프랑스대회에서 금메달을 얻게 됩니다. 그는 많은 사람들의 갈채를 받았습니다.

2001년 5월호 「가이드 포스트」지에 대대적으로 이 사실이 발표됐습니다. 세계 곳곳의 사람들이 감동하고 축하했습니다. 마는 그 자신의 관심은 1등이냐 2등이냐, 금메달이냐 은메달이냐가 아니었습니다. 오직 하나, 암투병에서 승리했다고 하는 것, 자신과의 싸움에서 이겼다고 하는 것, 불행과의 싸움에서 이겼다고 하는 그 사실을 그는 기뻐했습니다. 그는 그만이 가지는 기쁨, 남이야 뭐라고 하든 나만의, 나만이 아는 기쁨을 만끽하고 있었습니다.

참기쁨이 어디에 있습니까. 우리는 흔히들 참기쁨을 소유에서 찾으려고 합니다. 뭔가를 많이 가지고 많이 알고―거기서 찾으려고 합니다. 소유가 나를 정말 기쁘게 합니까. 그렇게도 소중한 줄 알았지만 그게 아니더라고요. 그것은 근심만 더할 따름입니다. 또한 충족에서 기쁨을 얻으려고 합니다. 가지는 욕구 충족, 정신적이건 육체적이건 욕구 충족할 때 그 충족되는 기쁨을 누립니다마는 그야말로 허무한 것입니다. 또한 정신적으로 성취감이라는 것이 있습니다. 뭐 하나를 만들어냈을 때, 뭐 하나를 이루었을 때 스스로 성취했다고 생각합니다마는 그것 또한 무상하기 그지없는 것입니다. 재미있는 말씀들이 성경에 있습니다. 성경이 기쁨에 대해서 말씀하는 것을 열거해보면 여러 가지로 흥미있는 이야기가 있습니다. 먼저, 농부의 추수의 기쁨을 대표적인 기쁨으로 말씀합니다. 한여름동안 땀흘려 일하고 가을에 추수할 때, 그때는 남의 밭에 가서 추수하면서도 축제의 기분입니다. 어쨌든 가을추수는 온동네가 큰 축제처럼 여기는 것이 사실입니다. 땀흘려 얻은 결과를 놓고 감사하고 기뻐하는 그런 순간입니다. 농부의 추수의 기쁨, 대표적인 것입니다. 또한 어리석은 부자 이야기가 성경에 있습니다. 어리석은 부자가 창고를 가득

채워놓고 한다는 말이 오래도록 쓸 것이 있으니 오래도록 먹고 마시고 즐기자 합니다. 이 사람은 그것밖에 모릅니다. 먹고 마시고 즐기자—그런 수준 이하의 동물적 즐거움을 찾는 사람이 있습니다. 또 하나는 성경에 많이 나타납니다마는 탈취물을 나누는 기쁨입니다. 이것은 전쟁상황에서 누리는 기쁨입니다. 전쟁이란 생명의 위협을 받는 것 아닙니까. 살아남기가 어렵습니다. 많이 상하고 많이 죽고, 그런 것인데 그런 상황에서 살아남았으며 승리했으며 이겼으며 전리품을 나누게 되었다—이것은 인간이 누리는 극치적인 기쁨의 하나다, 해서 전리품을, 탈취물을 나누는 기쁨 이라고 성경은 묘사하고 있습니다. 그러나 가장 큰 기쁨은 의를 위하여 핍박받는 기쁨이라 하였습니다. 의를 위하여 고난당할 때, 이런 비방 저런 오해, 많은 핍박이 있어도 잘 참고 견딥니다. 말없이 견딜 때 나만이 아는 기쁨이 있습니다. 나만이 누리는 신비로운 기쁨이 있습니다. 하나님과 나 사이에서 말입니다. 의를 위하여 핍박당하는 자의 기쁨, 신비로운 것입니다. 그런데 오늘본문에 나타난 기쁨은 또다른 의미의 기쁨입니다. 예수님께서 12제자를 파송하시고 주님의 역사를 대행하라 명하셨던 때가 있습니다. 제자들에게 권능을 주셨습니다. 병고치는 능력, 귀신을 내쫓는 능력을 주어서 파송하시는데 두 사람 두 사람씩 가서 복음을 전하라, 하십니다. 오늘본문에 나타난 것은 70명 정도입니다. 좀더 확대해서 70명을 보내십니다. 그들에게 명하시기를 나아가서 복음을 전하라, 복음을 전하고 병자는 고치고 귀신은 내쫓고 능력을 나타내면서 역사하라, 하십니다. 주님께서 능력을 주셨습니다. 이 사람들이 나가서 복음을 전하는데, 귀신 보고 '나가라!' 하니까 다 나가주는 것입니다. 얼마나 신기합니까. 자신들도 깜짝놀랐을 것입니다. 많은 경험을 했습니다. 자기들을 통해서 복음이 전해지고 자기들을 통해서 능력이 나타나고 또 병자가 일어나고 귀신이 쫓겨나고… 희한한 일들을 많이 경험하고 돌아와서 지금 보고대회 하는 것입니다. 그 성과를 놓고 이런 일이 있었고 저런 일이 있었습니다, 그런 희한한 일이 있었습니다, 하고 서로 자랑할 때 예수님께서는 그런 것 별로 기뻐할 것 없다, 참으로 기뻐할 것은 너희 이름이 하늘에 기록된 것이다, 너희 이름이 하늘에 기록된 것, 그것으로 인하여 기뻐하라, 그 말고는 다 그리 기뻐할 것이 아니다, 말씀하고 계십니다. 아주 깊은 의미가 여기에 있습니다.

현대인의 가치평가기준이 몇 가지 있다고 말합니다. 에리히 프롬이 쓴 「The Revolution of Hope」라고 하는 책에서 이렇게 말하고 있습니다. 현대인의 가치기준은 첫째, 시장성이라는 것입니다. 상품화하고 있다는 것입니다. 목적은 돈입니다. 물건만 시장성이 있는 게 아닙니다. 물건만 상품화하는 것이 아니고 기술도 지식도 노력도 젊음도 정보도 다 돈으로 환산됩니다. 죄다 상품화하고 있다는 것입니다. 어떤 사람은 인생을 가장 유리한 데 투자하겠다고늡니다. 심지어는 생명까지 투자하고 있습니다. 궁극목적은 무엇입니까. 돈이더라고요. 자본주의 사랑, 돈에 미쳐가지고 거기다가 몽땅 쏟아붓는 것입니다. 그 외의 일은 없습니다. 시장성 혹은 상품화, 이것이 현대인의 가치관의 특징이라고 말합니다. 둘째, 적응성입니다. 이 사회와 공동체 속에 내가 얼마나 적응하고 있느냐, 적용되고 있느냐의 평가에 기준하는 것입니다. 창조나 자율이 아니라 얼마나 쓰여지느냐, 얼마나 바로 쓰여지느냐, 거기에 있다는 것입니다. 요새 아이들이 수능시험을 보았습니다. 그런데 그 중의 한 아이는 자기가 본래 생각했던 기준이 있습니다. 이만큼 성적이 나올 거라고 생각을 하고 이 재수생이 일 년 동안 공부를 열심히 했는데 시험을 치고 스스로 평가해보니 생각했던 것보다 20점이 떨어졌습니다. 이 20점 떨어졌다고해서 이 아이는 아파트에서 투신자살 했습니다. 아직 발표도 안 나왔는데 왜 이랬을 것같습니까. 문제는 사회와 부모님의 교육에 있습니다. 인생을 질적으로 인도하지 않고 양적으로 인도했기 때문입니다. 옛날어른들은 아이들을 가르칠 때 착한 사람이 되라, 정직한 사람이 되라, 하였습니다. 그 두 마디밖에 없었습니다. 그런데 요새는 훌륭한 사람이 되라, 유능한 사람이 되라, 유능하지 못하니까 죽어야지, 합니다. 우리네 어머니들이 참 조심해야 됩니다. 그저 유능한 사람이 되라, 까지만 말해도 좋은데 못할 바엔 죽어라, 합니다. 그러니 죽지요. 여기에 문제가 있는 것입니다. 유능이라는 것이 이 사회에 적용되는 가치를 말하는 것입니다. 그래, 유능해서 한 것이 뭡니까. 제가 인천에서 목회할 때 교인 가운데 이런 사람이 있었습니다. 세칭 일류대학을 나온 분이 고등고시 몇번 떨어지다가 초등학교 교사를 했습니다. 자식이 둘 있는데 초등학교 1학년, 3학년입니다. 이 아이들이 시험을 볼 때 전부 100점 맞아야 했습니다. 99점만 맞아도 이 아버지가 회초리를 들고 때리는 것입니다. "그것도 틀렸냐!" 또 때립니다. 그리고 그 다음에 하는 말이 "나는 너희 때 100점만 맞았다" 합니다. 이러고서 때렸습니다. 아이들의 어머니가 말리면 "당신은 삼류대학을 나와가지고 워낙 무식하니까 난 어디 가서 내 아내가 대학나왔다는 말도 못해요, 창피해서…" 아, 이러고 돌아가는 것입니다. 그러면 어머니가 아무 말도 못합니다. 어느날 한 아이가 90점 맞았다고 또 때립니다. "다음에는 꼭 100점 맞을께요" 하고 아이는 웁니다. 부엌에서 설겆이하던 아이 어머니가 그만 이성을 잃었습니다. 방문을 화다닥 열고 뛰어들어 소리지릅니다. "그래, 100점 맞았던 니가 잘된 게 뭐냐?"하고 한바탕 쏴댑니다. 이 아버지, 벌벌벌벌 떨더랍니다. 새파랗게 되어 벌벌 떨더랍니다. 엉엉 울더랍니다. 그 다음부터 다시는 아이들 안때린다고 합디다. 여러분, 다시 물어보십시오. 뭘 했다는 얘기입니까? 그래 똑똑해서 뭘 한 것입니까? 아무것도 없지 않습니까. 다시한번 생각하십시오. 그런가하면 셋째는 경쟁성입니다. 경쟁, 아 무섭습니다. 지식에서 경쟁하지 체육에서 경쟁하지 자본에서 경쟁하지 사업에서 경쟁하지. 상대방을 죽여야 내가 산다, 이것입니다. 그 싸움 정말 처절합니다. 그 경쟁에 우리는 시달리고 있습니다. 결국 궁극적 가치나 절대가치를 상실했기 때문에 이런 일이 있는 것입니다.

예수님께서 이제 말씀하십니다. '귀신이 나갔다고, 병자를 고쳤다고 자랑할 것 없다.' 왜요? 그 후속문제를 한번 생각해봅시다. 우스운 이야기입니다마는 오스카 와일드의 단편소설에 이런 것이 있습니다. 예수님께서 병고치신 사람들은 나중에 어떻게 됐을까? 그 의문에 대하여 그저 생각으로 만든 좀 우스꽝스러운 소설입니다. 어느 날 예수님께서 보시니 알콜중독자가 있습니다. 술이 만취돼가지고 돌아다닙니다. "너는 내가 꼭 어디서 본 것같구나. 왜 알콜중독자가 됐느냐?" 주정뱅이가 대답합니다. "내가 본래 절름발이였는데 예수님이 병을 고쳐주었습니다. 그러나 절름발이때 내가 하도 오랫동안 거지생활을 해놓으니 할 수 있는 일이 뭐가 있어야지요. 기술도 없고 직업도 없고… 그래 자포자기해서 알콜중독자가 됐습니다." 또 가시다 보니 창녀가 하나 있습니다. "너는 어떻게 창녀가 됐느냐?"

"예수님이 내게서 귀신을 내쫓아 맑은 정신을 만들어준 건 고마우나 귀신들렸던 사람이라고 아무도 거들떠보질 않습니다. 그러나 먹고살아야겠어서 창녀가 됐습니다." 그런가하면 한 사람은 조폭이 되어 있습니다. "넌 어떻게 조폭이 됐느냐?" "저는 본래 시각장애자였는데 주님이 눈을 뜨게 했습니다. 그건 고마운 일이지요. 허나 눈감았을 때는 몰랐는데 뜨고보니까 보기싫은 게 너무 많습니다. 세상에 못볼 게 많더라고요. 그래 화가 나서 조폭이 됐습니다." 가끔 이런 말 듣지요? '물에 빠진 사람 건져주었더니 보따리 내놓으라 한다.' 사실이지요. 보따리 있어야 살지 않습니까. 건져주는 것만 가지고 삽니까. 자, 예수님 많은 병자를 고치셨습니다. 좋은 일 많이 하셨지마는 그거 별것 아니다, 하십니다. 여러분 또 구제생활 한다지요? 구제라니, 구제 다 합니까. 아무리 구제한들 그 얼마나 하겠습니까. 우리가 지금 북한의 고아들을 5백 명 돌보고 있습니다마는 식량은 3천 명분을 보냅니다. 3천 명의 고아를 먹이고 있는데 그래봤자 나라를 상대로 하는 것입니다. 그래, 3천 명 먹인다고 문제가 해결이 되느냐, 이것입니다. 아, 그거 낙심되지요, 생각하면. 그뿐입니까. 우리에게 한계가 있습니다. 우리의 선행이나 봉사라는 것이 생각하면 사실 맹랑한 것입니다. 그러나 의미가 다릅니다. 또한 이런 선한 일이라는 것이 오해받을 때도 많습니다. 무슨 딴 목적이 있지 않나, 오해를 받고 정치적으로 이용하려는 사람도 있습니다. 별의별 오해와 비난이 다 있게마련입니다. 예수님의 선행은 더더욱 그것을 정치적으로 이용하려는 사람들이 많습니다. 저래가지고 혁명을 일으키려는 것이 아니냐—이런 오해가 사실로 있었던 것 아닙니까. 예수님 말씀하십니다. 오늘 병낫게 했다고, 좋은 일 한번 했다고해서 좋아할 것 없다, 성취도 인기도 능력도 자랑거리도 아니다, 오로지 기뻐할 것은 하나뿐이다, 그것은 하늘나라에 이름이 기록되었음이라, 하십니다. 하늘나라사업에 내가 협력을 했습니다. 여러분, 오늘이라도 세상을 떠난다고 생각을 해보십시오. 아무것도 없답니다. 아무것도 없답니다. 제가 직접 만났던 일이 있습니다. 우리 교회 교인 한 사람, 오늘내일 합니다. 그 순간에 저더러 말합디다. "목사님, 제가 교회봉사 한 게 하나도 없어요. 너무 마음이 괴로워요." 자기아내 보고 묻습니다. "여보, 통장에 얼마 있소?" "3천만 원 있습니다." "그거 찾아다가 목사님께 몽땅 갖다드려요. 내가 아무리 생각해도 이래저래 뭐, 장학금이다 뭐다 하고 좋은 일 한다고 했는데 하나님사업은 한 일이 없어." 하나님 앞에 가려고 하니 그게 딱 걸린다는 것입니다. 사실이지요. 여러분, 이걸 알아야 합니다. 정말 하나님나라에 그 이름이 기록되는 것, 그것만을 기뻐하며 재물을 하늘에 쌓아두고 이름이 하늘나라에 기록되는 것, 그것으로 인해서 기뻐할 것입니다.

빅터 프랭클이라고 하는 심리학자는 「The Doctor of the Soul」이라고 하는 유명한 책에서 인간실존의 필수조건을 말합니다. 현대인으로서 인간실존의 필수조건 세 가지, 잘 기억하십시오. 첫째가 spirituality, 영성입니다. 영원한 것에 대한 관심을 가지고 살아야 됩니다. 이 세대 이 순간만으로는 아무 의미가 없습니다. 영원지향적으로 살 것이고 초월적인 것에 대해서 민감하게 살아야 됩니다. 둘째가 freedom입니다. 여러분, 내 마음을 스스로 진단해보십시오. 얼마나 자유하십니까? 물질로 욕심으로 명예로 시기 질투로 우리 마음이 얼룩져 있습니다. 자유가 없습니다. 무엇엔가 매여 있습니다. 게다가 교만합니다. 불쌍한 사람입니다. 얼마나 자유롭습니까? 내 영혼이 완전히 자유한 만큼 높은 가치의 생을 사는 법입니다. 또한 책임성있게 살아야 합니다. 내 책임 내가 지고 남의 책임도 내가 지고, responsible member로, 모든것에서 책임을 지는 그런 사람으로 살아가야 그것이 실존가치다, 라고 말하고 있습니다.

예수님 말씀하십니다. '이것으로 저것으로 기뻐할 것 없고 그 이름이 하늘나라에 기록된 것으로 기뻐하라.' 하나님께서 나를 쓰십니다. 하나님께서 나를 고용하셨습니다. 나를 통해서 위대한 역사를 이루십니다. 그 거룩한 역사에 내가 조금이나마 보태며 살게 되었단 말입니다. 이것이 얼마나 중요한 것이냐, 그걸 기뻐하라, 라고 말씀하십니다. 디모데후서 4장에 보면 '달려갈 길을 마치고 믿음을 지켰으니 (그 업적은 아무 상관이 없습니다) 내 앞에 면류관이 있다. 내 앞에 면류관이 보인다. 그것으로 기뻐한다' 하였습니다. 줄리아 드 카메론이라는 사람이 쓴 「아주 특별한 즐거움」이라는 재미있는 작은 책이 있습니다. 거기에 보면 이런 말이 있습니다. 완벽주의자에 대해서 말합니다. 뭘 완벽하게 하려고 할 때 오히려 더 안되는 것입니다. 이를테면 전체 시를 망칠 때까지 한 줄을 고치고 또 고치는 사람이 있습니다. 시 한 편을 쓰는데 한 줄을 지우고 쓰고 또 지우고 쓰고, 하루종일 고칩니다. 그림을 그리는데 한 획이 마음에 안든다고 종이가 찢어질 때까지 다시 손질합니다. 시나리오를 쓰는 사람이 첫 한 페이지가 마음에 안든다고 그걸 고치고 고치다가 다음 장을 못쓰고 죽는다는 것입니다. 여러분, 얼마나 완벽하려고 하십니까? 잊어버립시다. 오직 초점을 분명히 합시다. 초점을 하늘나라에 맞추고, 그리고 불완전한 가운데 그대로 주님께 맡기고 살아갑시다. 내 삶의 의미의 근거가 어디 있습니까. 내 일의 참가치는 어디 두고 있는 것입니까. 무엇을 위해 살아가는 것입니까. 바닷물은 아무리 마셔도 갈증나게마련입니다. 생수를 마셔야 됩니다. '너희 이름이 하늘나라에 기록된 것, 그것으로 기뻐하라.' 그러한 가치, 그런 영원한 것에 뜻을 두고, 그리고 오늘을 살 때, 그에게 능력과 감사와 지혜가 함께 하는 것입니다. △

감사의 은혜적 차원

그리스도 예수 안에서 너희에게 주신 하나님의 은혜를 인하여 내가 너희를 위하여 항상 하나님께 감사하노니 이는 너희가 그의 안에서 모든 일 곧 모든 구변과 모든 지식에 풍족하므로 그리스도의 증거가 너희 중에 견고케 되어 너희가 모든 은사에 부족함이 없이 우리 주 예수 그리스도의 나타나심을 기다림이라 주께서 너희를 우리 주 예수 그리스도의 날에 책망할 것이 없는 자로 끝까지 견고케 하시리라 너희를 불러 그의 아들 예수 그리스도 우리 주로 더불어 교제케 하시는 하나님은 미쁘시도다
(고린도전서 1 : 4 - 9)

감사의 은혜적 차원

아주 특별한 상이 있습니다. 'Master of Influence'라고 하는 상입니다. 특별한 의미를 가진 상입니다. 많은 사람들에게 귀한 영향을 끼친 사람에게 주는 특별한 상입니다. 전미국강연가협회가 유명한 대중연설가로 인정해서 주는 상입니다. 최고의 동기부여자, 또 자기개발과 성공학의 대가에게 주는 것입니다. 자기자신도 성공적으로 살았고, 많은 사람에게 감동을 주고, 생에 의미를 부여하고 삶의 동기를 격려해준 그런 사람에게 주는 특별한 상입니다. 'Master of Influence' 상을 받은 한 사람이 있습니다. 잘 알려진 인물입니다. 세계적인 베스트셀러「정상에서 만납시다」라고 하는 책을 쓴 저자입니다. 이름이 좀 특별합니다. 지그 지글러(Zig Zigler)입니다. 그는 75세에 자신의 일생을 돌아보면서 자서전을 썼습니다. 그 자서전의 결론부분만 말씀드립니다. 그 결론에서 그는 딱 한마디로 이렇게 말합니다. '모든것은 감사뿐이었다. 감사 말고는 다른 할말이 없는 그런 일생이었다'라고 말합니다. 그는 먼저 하나님의 은혜에 감사했습니다. 자신은 혼자서 살아가는 줄 알았는데 실은 하나님의 말씀과 하나님의 천사가 늘 나를 지켜주셨다, 하는 것을 거듭 깨닫고 하나님께 감사하고 또한 가족들에게 특별히 감사했습니다. 아내와 자녀들에 대해서 참으로 고마운 사람들이라고, 나를 참으로 행복하게 해준 귀한 동반자였다고, 그렇게 기도하고 있고, 다음에는 그 이웃들, 내가 아는 모든 사람들은 참으로 좋은 사람들이었다, 참으로 내게 고마운 분들이다, 감사하다, 감사 외에 다른 할말이 없다―그렇게 그의 인생을 결론짓고 있습니다.

여러분, 인간의 성공이 어디에 있습니까? 많이 가졌다고, 많이 배웠다고, 권세를 누렸다고? 다 부질없는 것입니다. 문제는 얼마나 감사할 수 있느냐, 어디까지 감사할 수 있느냐, 얼마나 충만한 감사 속에 살고 있느냐, 또 감사로 생을 마감할 수 있느냐입니다. 그것이 바로 그 사람의 성공을 가늠할 수 있는 바로미터라고 생각합니다. John J. English라고 하는 분이 「Spiritual Freedom」이라고 하는 저서에서 이런 말을 하고 있습니다. '사람을 사람답게 만드는 것은 사랑의 경험이다.' 사실 그렇습니다. 공부를 많이 한다고 사람되는 것이 아닙니다. 환경이 좋아진다고 사람되는 것이 아닙니다. 물질적으로 좀 잘살게 되었다고 사람 달라지는 것을 보았습니까. 사람으로 사람 되게 하는 것은 오직 사랑의 경험입니다. 아주 뜨거운 사랑, 아주 확실한 사랑, 아주 절대적인 사랑을 경험할 때 '이대로 죽어도 좋다. 이런 사랑을 한번 해보고 한번 받아보았으니 이대로 죽어도 좋다'하게 됩니다. 그만큼 화끈한 경험을 해야 사람이 달라지는 것입니다. 사람을 사람되게 하는 것, 그것은 사랑의 경험뿐입니다. 그 속에 감사가 있습니다. 그 속에 행복이 있고, 그 속에 삶의 의미와 보람이 있는 것입니다. 우리 한국문화, 우리의 사회생활 속에서 우리 민족이 무언가 좀 잘못된 문화의식을 가지고 있다고 생각될 때가 있습니다. 감사하다고 하거나 고맙다고 하면 내가 낮아지는 줄로 생각하는 잘못된 생활철학이 있습니다. 그래서 고맙다는 말을 하는 것에 인색합니다. 안하려고 합니다. 더욱이 자기식구들에게 자기아내에게 고맙다 할 줄 모릅니다. "말 안해도 아는데 뭐." 이런 소리나 하고 있습니다. 게다가 아이들에게 고맙다는 말을 하지 못합니다. 내가 다 벌어서 먹여살리니 고마울 게 없다는 것입니다. 왜 이럴까요? 문제는 이것입니다. 고맙다고 하는 순간 상대는 높아지고 나는 낮아진다고 착각을 하기 때문입니다. 아무래도 DNA가 문제입니다. 이것은 유전적입니다. 공자로부터 연유한 것입니다. 유교사상에서 비롯된 것입니다. 또한 문화적으로 말하면 이것이 바로 식민지문화입니다. 그래서 우리의 체질이 감사를 모르는 체질이 되었습니다. 큰 문제입니다. 고맙다는 말을 안하는 것이 아니라 하지 못합니다. 생전 해봤어야 말이지요. 어느 순간에라도 고맙다고 하는 순간 내가 없어지는 것처럼, 내가 비하되는 것처럼, 내가 망가지는 것처럼 착각을 하는 것입니다. 그런 것이 아닙니다. 작은 일에도 고맙다고 하면 그 순간 내가 올라가는 것입니다. 그 순간 나의 인격이 높이높이 올라가는데 그것을 모르는 것입니다. 그래서 감사치 못합니다. 그것이 바로 우리의 아주 뿌리깊은 병통이라고 생각합니다.

사랑의 경험이 감사하는 마음을 일으키고 인간이 성숙하면서 그 순간 감사 앞에 내가 겸손하게 됩니다. 감사로 인해서 내가 자유해집니다. 감사로 인해서 미래가 보입니다. 감사해보십시오. 행복할 뿐더러 앞이 환하게 보입니다. 어떤 유대어머니가 별로 배운 바가 없는 무식한 어머니였습니다마는 자식은 훌륭하게 키웠습니다. 그 비결이 어디 있었느냐―이 어머니는 늘 세 가지를 가르쳤다고 합니다. 하나는, 모든 일에서 감사하라, 작은 일에나 큰일에나 감사하는 사람이 되어라, 그저 감사하라, 항상 감사하라, 하는 것입니다. 두 번째는, 원망하는 사람하고 어울리지 말아라, 하였습니다. 여러분의 주변친구든 누구든 만났을 때 무슨 원망을 하거든 다시는 그 사람 만나지 마십시오. 원망은 전이됩니다. 원망하는 사람과는 사귀지 말아야 합니다. 세 번째가 감사하는 사람과 친하라, 감사하는 사람과 함께하라, 하는 것입니다. 이 세 마디로 훌륭한, 유명한 자녀들을 양육했다는 얘기가 있습니다. 일본에 우찌무라 간죠(內村鑑三)라고 하는 신학자가 있었습니다. 그의 글 가운데 이런 말이 있습니다. '하나님께 저주가 있다면 그것은 질병도 실패도 배신당하는 것도 아니다. 만일에 저주가 있다면 세 가지다. 첫째는 하나님이 믿어지지 않는 것이다.' 아무리 믿어보려 해도 믿어지지 않습니다. 그것은 버림받은 심령입니다. 두 번째는 성경을 읽어도 요절을 외어도, 성경은 많이 안다고 하는데 하나님의 말씀이 들리지 않습니다. 성경은 세상지식적인 책이 아닙니다. 성경을 읽는 중에 하나님의 음성이 들려와야 합니다. 설교말씀을 듣는 중에 하나님의 음성이 내 귀에 들려와야 합니다. 이것이 안들리는 것입니다. 그 사람은 저주받은 사람입니다. 세 번째 사람은 감사하는 마음이 없는 사람입니다. 감사하는 마음이 생기지 않습니다. 생각하면 원망과 불평뿐입니다. 사도 바울이 빌립보서 1장 3, 4절에서 말씀합니다. "내가 너희를 생각할 때마다 나의 하나님께 감사하며 간구할 때마다 너희 무리를 위하여 기쁨으로 항상 간구함은…" 그는 로마감옥에 있습니다. 감옥 밖에 있는 사람을 생각할 때마다 감사합니다. 저는 이 구절을 반대로 뒤집어봅니다. 우리는 어떠냐? 생각할 때마다 분하고 기도할 때마다 눈물이고… 이것이 망조입니다. 이것이 예수믿는 사람입니까. 보십시오. 생각할 때마다, 이런 일을 생각하고 저런 일을 생각하고 이분을 생각하고 저분을 생각할 때마다 다 고맙습니다. 그리 고마울 수가 없습니다. 그것이 구원받은 심령입니다. 생각하면 원망스럽고 분하고 한이 맺히는 사람은 저주받은 사람입니다. 이렇게 우찌무라 간죠는 말하고 있습니다. 감사는 은혜에 대한 마땅한 응답입니다. right response, 마땅한 응답이 감사입니다. 감사는 차원적인 문제입니다. 첫째차원이 무엇인가하면 받은 바를 아는 데서부터 시작합니다. 받았다, 모든것은 받은 것이다, 할 때 감사하게 되는 것입니다. 주신 은혜를 안다고 하였습니다. 여러분, 내가 준 것과 받은 것, 어느 쪽이 많습니까. 감사라는 것은 받을 때 감사하는 것, 받은 바에 대한 감사입니다. 냉수 한 그릇이라도 받았을 때 감사하는 것입니다. 받은 바를 알아야 합니다. 그것이 감사로 통합니다. 그렇기 때문에 쟁취한 것에는 감사가 없습니다. 보면 파업도 하고 데모도 합니다. 빨간 띠를 두르고 결사반대니 쟁취니 하는데 내 그런 거 볼 때마다 그렇게 해서 얼마를 얻어내는지는 잘 모르겠으나 마음이 서글픕니다. 그로인해서 마음이 황폐해집니다. 그 심정이 망가집니다. 이렇게 소리지르다보니 얻은 데 대해서 고마움이 없습니다. 쟁취한 것에 대해서는 감사가 없습니다. 공산주의 망한 이유가 어디 있습니까. 자본이 없는 것도 아니고 기술이 없는 것도 아닙니다. 감사가 없습니다. 왜? 쟁취한 것이니까. 혁명, 쟁취. 그래서 북쪽에 가서 다니면서 보니 모내기 할 때 '모내기혁명'이라고 했습니다. 모내기가 왜 혁명입니까. 그것도 싸움입니다. 항상 싸우고, 싸워서 이기고—이렇게 살다보면 감사가 없습니다. 빼앗은 것에 대해서 어떻게 감사가 있겠습니까. 쟁취에는 감사가 없습니다. 그런고로 행복이 없습니다. 미래도 없습니다. 깊이 생각해보아야 합니다. 그리고, 자기 의를 내세울 때도 감사가 없습니다. 저 잘났다고 하는 사람, 감사 없습니다. 율법적 관계로 사는 사람도 감사가 없습니다. 소유란 소유하는 순간 약간의 기쁨이 있는 것같아도 소유하자마자 또다른 욕심에 사로잡힙니다. 걱정이 많습니다. 성취감이라는 기쁨이 있지만 성취되는 순간 불안합니다. 지속할 자신이 없기 때문입니다. 오로지 감사만이 그 사람의 마음을 자유하게 합니다. 참행복을 누리게 하는 것입니다. 또한 운명으로 생각하는 자에게도 감사가 없습니다. 팔자요 운명이니 누구에게 감사를 하겠습니까. 이래서 감사 없는 생활이, 그 민족이든, 그 문화든, 그 나라든 다 망가지고 마는 것입니다. 두 번째 차원은 깨달음에서 오는 것입니다. 많이 은혜받았다고 많이 감사하는 것이 아닙니다. 깨닫는 부분 만큼만 감사하는 것입니다. 그래서 감사는 의식입니다. 의식과 감상이 합치는, 의식과 지성과 감성이 통합적으로 역사하는 것이 감사입니다. 행복은 소유에 있는 것이 아니라 깨달음에 있습니다. 얼마나 깨닫느냐에 달려 있습니다. 좀 우스운 얘기입니다만, 제가 젊었을 때 보니 헬라사람들 가운데 감사하는 사람들이 좀 있었습니다. 비가 오는 날 비를 맞으면서 가다가 손을 들고 오 신이여, 하고 감사를 합니다. 왜 감사하냐고 물어보니 눈썹이 있어서 비가 밑으로 흘러내린다는 것입니다. 또 무엇이 감사하냐 하니 콧구멍이 밑으로 뚫린 것을 감사한다고 합니다. 이것이 위로 뚫렸으면 내가 어떻게 되었겠느냐, 하는 것입니다. 이렇게까지 생각을 하지 못했습니다. 생각해보면 감사해야 할 일이 너무나 많습니다. 엄청난 것입니다. 그래서 생각의 깊이에서 감사하는 것은 사실인데 문제는 여기에 있습니다. 사람이 어느 때 깊이 감사할 수 있느냐입니다. 어떤 때에 남이 생각을 하지 못하는 것까지 생각할 수 있는 그런 지각을 가질 수 있느냐? 바로 역경입니다. 사람은 평안하게 되면 둔해집니다. 배부른 사람은 코가 둔합니다. 배고픈 사람이 코가 예민합니다. 환난과 핍박과 고난, 남다른 어려움을 치를 때 그는 은혜에 대해서 민감해집니다. 깊이 깨닫게 됩니다. 그옛날 사도 바울을 보십시오. 빌립보서 1장 12절에서 말씀합니다. "나의 당한 일이 도리어 복음의 진보가 된 줄을 너희가 알기를 원하노라." 그는 로마감옥에 있습니다. 2년 동안 재판도 없이 감방에 갇혀서 고생을 했습니다. 로마로 오는 중에 배가 파손되었었습니다. 죽을고생을 3년 동안 했지만, 이 로마감옥에 앉아서 생각해보니 그 모든 과정이 우연한 일이 아닌 것입니다. 이것을 통해 큰 역사가 이루어지는 것을, 위대한 하나님의 역사가 이루어지는 것을 알고 복음의 진보가 된 것을 너희가 알기를 바란다, 하는 것입니다. 그는 알았습니다. 그는 깨달았습니다. 남다른 것을 깨달았습니다. 그래서 감사할 수 있었습니다. 고난과 핍박과 환난, 모든 어려움을 웃음으로 감사하기보다 눈물로 감사할 때, 다른 사람이 미처 상상도 못하는 세계를 생각할 때 감사하는 것입니다. 올 1년 동안 한번도 생각해보지 못한 은혜를 오늘 이 시간에 생각하면서 감사할 수 있는 그런 감사절이 되기를 바랍니다.

 오늘본문에 '너희에게 주신 하나님의 은혜를 인하여 감사하고 은사에 부족함이 없는 것을 감사한다' 하였습니다. 우리의 신앙을 지켜갈 수 있도록 은사를 공급해주셨습니다. 계속적으로 은사에 부족함이 없는 이 은혜를 깨닫고 감사하고 있습니다. 좀더 나아가서는 믿음으로 감사할 수 있는 것입니다. 어떤 좋은 여건에서도 미래가 없는 일에는 감사할 수가 없습니다. 미래에 대한 불안감이 있으면 감사할 수가 없습니다. 미래에 대한 불확실성, 그 속에는 감사가 없습니다. 그런데 이상한 것은 감사하는 순간 미래가 열린다는 것입니다. 믿음이 생깁니다. 현재로부터 미래로 향하는 그것이 바로 감사에서 열린다는 것을 알아야 합니다. 오늘말씀에 "끝까지 견고케 하시리라"하였습니다. 우리의 믿음을, 우리의 이 감사생활을, 우리의 신앙생활을 끝까지 견고케 하시리라—주님께서 견고케 해주실 것이라고 믿고 있습니다. 그런고로 감사할 것입니다. 이스라엘백성이 애굽에서 나와 가나안으로 향할 때 하나님을 원망했습니다. 그 많은 능력 가운데 살면서도 하나님을 원망하고 마침내 저주를 받아 광야에 엎드려져 죽은 사람이 많았습니다. 왜 원망했겠습니까. 성경대로 보십시오. 물이 없습니까, 농사를 지으라십니까. 하늘에서 주시는 떡가루를 먹고 편안히 지내는데 왜 원망하는 것입니까. 왜 원망하다 죽었습니까. 이유는 다른 데 있지 않습니다. 미래에 대한 믿음이 없었기 때문입니다. 약속의 땅 가나안에 대한 믿음이 없었습니다. 확실한 소망이 없었기 때문에 오늘 조그마한 어려움도 감당할 수가 없었습니다. 이것을 알아야 합니다. 미래를 향한 믿음, 하나님의 약속에 대한 믿음을 가지고야 감사하게 되고, 놀라운 것은 감사하는 순간 믿음을 가지게 되고 믿음을 가지게 되면 소망이 보입니다. 그런고로 또다시 감사하게 되는 것입니다. 또 나아가서는 사랑하게 되는 것입니다. 감사하면 사랑을 알게 되고 사랑받는 자가 됩니다. 여러분, 언제나 감사합니다, 감사합니다, 해보십시오. 모든 주변사람으로부터 사랑을 받게 됩니다. 하나님의 사랑을 더 깊이깊이 깨닫게 됩니다. 또, 감사하면 고독으로부터 자유하게 됩니다. 혹 고독한 사람 있습니까? 감사할 줄 몰라서 그렇습니다. 내가 감사합니다, 하는 순간에 마음이 열리면서 고독으로부터 완전히 자유하게 됩니다. 감사하게 될 때 약속의 땅 미래가 환하게 보입니다. 감사하게 될 때 자신감을 가지게 되고 나아가서는 창의력을 가지게 됩니다. 밝은 지혜가 생깁니다. 이것을 잊지 말아야 합니다. 원망하고 불평하면 생각이 둔해집니다. 점점 고집에 빠집니다. 아주 영영 절망에 빠지고 헤어나지를 못합니다. 이제 감사로 모든 원망을 물리치는 순간 가슴이 열립니다. 교만해서 받은 바를 모르는 사람은 감사할 줄 모릅니다. 오로지 겸손한 사람만이 감사할 수 있습니다. 또한 감사는 베푸는 자의 것입니다. 감사를 행동으로 옮기세요. 그래서 감사하는 마음을 가지고 베풀 때 내가 받는 은혜에 대한 더 깊은 깨달음을 가지게 되고 더 감사하게 됩니다. 그런가하면 감사할 때 믿음이 새로워집니다. 그리고 막막하고 답답하고 절망적인 것같으나 미래가 환하게 보입니다. 주님께서 오실 때까지 허물 없이 견고케 하시리라―이 놀라운 믿음을 가지고 모든 환난, 어려움을 다 넘어설 수 있는 그런 사람이 됩니다. 감사만이 모든 문제를 해결할 수 있는 길입니다. 이 은혜가 함께하기를 바랍니다. △

너희 묵은 땅을 갈라

여호와께서 가라사대 이스라엘아 네가 돌아오려거든 내게로 돌아오라 네가 만일 나의 목전에서 가증한 것을 버리고 마음이 요동치 아니하며 진실과 공평과 정의로 여호와의 삶을 가리켜 맹세하면 열방이 나로 인하여 스스로 복을 빌며 나로 인하여 자랑하리라 나 여호와가 유다와 예루살렘 사람에게 이같이 이르노라 너희 묵은 땅을 갈고 가시덤불 속에 파종하지 말라 유다인과 예루살렘 거민들아 너희는 스스로 할례를 행하여 너의 마음 가죽을 베고 나 여호와께 속하라 그렇지 아니하면 너희 행악을 인하여 나의 분노가 불같이 발하여 사르리니 그것을 끌 자가 없으리라

(예레미야 4 : 1 - 4)

너희 묵은 땅을 갈라

　대영제국이 오랫동안 자존심을 걸고 만들어낸 세계적인 백과사전이 있습니다. 모름지기 여러분 가정에도 한 부씩 있지 않을까 생각합니다. 「Encyclopedia Britannica」— 세계최고의 백과사전이라고 자랑하는 책입니다. 이것은 1768년 스코틀랜드에 설립된 회사에서 만든 것으로 200년이 넘는 동안 전통을 자랑하는 백과사전입니다. 1990년까지만 해도 연 6억 5000만 불이라고 하는 사상최대의 매출고를 올렸습니다. 그로부터 4년 후 '마이크로소프트'와 '글로리아' 두 회사에서 동일종류의 제품이 나오면서부터 부득불 이 브리태니커 백과사전은 매출고 제3위로 밀려나고 말았습니다. 바로 CD-ROM백과사전 때문입니다. 처음 CD-ROM이 나왔을 때 브리태니커는 그것이 아이들의 장난같은 것이라고 생각했습니다. 그런데 그렇지 않았습니다. 시대의 흐름을 감지하지 못하고 역사와 전통을 고집한 결과로 고객은 역사와 전통을 운위하는 '브리태니커'의 묵은 땅을 떠나버렸습니다. 1999년 이 회사는 헐값에 팔리고 말았습니다. 이 사건은 이 세대를 향하여 중요한 메시지를 전해줍니다. 200년의 화려한 전통이 하루아침에 무너졌습니다. 그 명예는 역사의 뒤안길로 사라집니다. 이것이 현대요, 이것이 우리가 살고 있는 이 시대 이 시점입니다. 창조라고 하는 것은 새로운 큰 변화를 말합니다. 이 변화는 스스로 이루어지는 것이 아닙니다. 변화는 자연현상이 아닙니다. 생명은 반드시 모든 다가오는 사건들을 거슬러올라가야 하는데 그대로 머물러 있는 동안 현상유지가 아니라 밀려나고 말더라는 이야기입니다. 새로운 변화라는 것은 자연현상이 아닙니다. 그대로 기다리기만

하면 된다, 참고 기다리면 무슨 일이 있겠지―그것은 어림도 없는 이야기입니다. 그래서는 살아남지 못합니다. 심리학자 D. 슐츠 (Duane P. Schultz)는 「Growth Psychology」라고 하는 저서에서 성숙한 인간, 현대인으로서 성숙한 인간의 특징을 몇가지로 말해줍니다. 먼저는 무의식 속에 살지 않고 항상 의식을 분명히하고 자기통제력을 가지고 있다는 것입니다. 생각이 없는 것은 죽은 것입니다. 언젠가 어떤 책을 보니 프로골퍼가 말하는데, 수만 번 골프를 치지만 이 사람들은 칠 때마다, 한 번 골프채를 들 때마다 다시 생각을 한다는 것입니다. 그때마다 다시 생각하면서 임한다는 것입니다. 단순한 행동이라고 그대로 해서는 안되는 것입니다. 생각이 따라가지 않으면 되는 일이 없습니다. 항상 밝은 의식 속에 살아간다, 그 의식으로 자신을 통제하며 사는 것이다―그것이 성숙한 인간의 특징입니다. 또 하나는, 성장동기와 자아형성의 동기를 자기 스스로 만든다는 것입니다. 누가 해주기를 바라는 것이 아닙니다. 삶의 의미도 내가 창조하는 것이고 자아실현의 동기를 내가 만드는 것입니다. 좋은 스승도 내가 만나는 것이고 좋은 친구도 내가 만드는 것이지 앉아서 기다리는 것이 아닙니다. 그래서는 살아남을 수가 없습니다. 또하나는, 자기수용의 특징을 가지고 있다는 것입니다. 실패한 과거가 있든지, 어두운 날이 있든지간에 그것은 그날이고 항상 오늘을 새로운 기회로 만들어야 합니다. 이미 지나갔다, 나는 쓸모가 없다,라는 생각은 절대로 하지 않아야 합니다. 오늘도 내가 할 일이 있습니다. 오늘 내가 할 일이 있다, 그리고 이 시점이 가장 중요한 시점이다,라고 자기를 수용하는 능력을 가지고 있습니다. 그렇기 때문에 그는 절대로 비생산 적이고 부정적인 일에 마음을 쓰지 않습니다. 절대로 쓸데없는 일에 신경을 쓰고 마음을 쓰지 않습니다. 항상 생산적 성향을 가지고 나아간다—이것이 성숙한 현대인의 특징입니다.

　오늘본문에는 종자의 문제와 농사의 문제를 말씀하고 있습니다. 역시 농사에 있어서 제일 중요한 것은 종자입니다. 좋은 종자를 얻어야 합니다. 좋은 종자에서 좋은 농사가 되고 좋은 결실이 오는 것 아니겠습니까. 종자대로 결실하는 것이니까요. 그러나 그것이 있기 위해서는 갖추어야 될 것이 몇가지 있습니다. 첫째가 좋은 토양입니다. 땅이 좋은 옥토여야 하고 비료가 넉넉해야 합니다. 좋은 토양 그리고 좋은 종자가 있어야 합니다. 그 다음은 좋은 일기입니다. 햇빛도 있어야 하고 비도 와야 합니다. 또 하나 있습니다. 이 모든 일을 위해서 수고하는 농부의 땀이 있어야 합니다. 씨를 뿌리고 가꾸는 자가 있어야 합니다. 이렇게 네 가지 절대요소가 있는데 오늘본문에서는 그 밭에 대해서 집중적으로 말씀하고 계십니다. 종자는 좋습니다. 틀림없는 좋은 종자입니다. 그런데 밭이 틀렸습니다. 거기에 문제가 있다는 것입니다.

　묵은 밭을 말씀하십니다. 저는 어렸을 때 농촌에서 자라느라 가끔 어른들을 따라 들을 지나갈 때가 있었습니다. 어떤 땅은 잘 가꾸어서 좋은 곡식이 자라고 있고, 어떤 땅은 그만 그 주인이 게을러빠져서 잡초가 우거진 묵은 땅입니다. 그것을 볼 때마다 "참 아까운 땅이다. 저 땅을 저렇게 묵히다니"하고 어른들이 혀를 찹니다. 처음에는 묵힙니다. 그리고 버려졌습니다. 그리고 잡초가 우거집니다. 그래 묵은 땅이 되고나면 다시 개간을 해야 됩니다. 몹시 힘들고 어려운 과정을 또 거쳐야 됩니다. 좀더 묵으면 아예 쓸모없어지고 맙니다. 굳어져서 그것을 다시 옥토로 만들려면 많은 어려움을 겪어야 합니다. 묵은 땅이 무엇이겠습니까. 농사에만 묵은 땅이 아니라 우리 인격에도 묵은 땅이 있습니다. 우선 사람들이 모든 행동에서 생각이 먼저입니다. 그래서 인간입니다. 생각이 먼저 있어서 생각에 따라 행동을 합니다마는 반복되는 동안 생각은 물러가고 자동적으로 행동하게 됩니다. 그때는 흔히 말하기를 익숙하다고 합니다. 그러나 그런 것이 아닙니다. 전에 보니 우리 할머니께서 물레질을 잘하십니다. 주위가 깜깜합니다. 불빛 하나 없는데도 물레질을 썩 잘하십니다. "아무것도 보이지 않는데 어떻게 이리도 잘하세요?" 하면 "내가 몇십 년을 했는데…" 하시며 그 깜깜한 곳에서 계속 실을 뽑으십니다. 이런 행동은 참 익숙하고 능숙한 것같으나 거기에는 생각이 없습니다. 거기에 머물러 있는 것입니다. 그리고 이 행동이 지속되면서 습관이 됩니다. 습관이 지속될 때 생각없이 문화화합니다. 문화화의 과정을 거치고나면 이제부터는 전통이 됩니다. 전통이 되면 하나의 가치관이 되고 때로는 도리가 되고 사람의 지침이 되는 것입니다. 이제 이것을 버리기가 어렵습니다. 고정관념에 빠집니다.

먼저는 묵은 경험이라는 것이 있습니다. 낡은 경험입니다. 반복되는 경험, 이것은 아무 생각 없이 익숙하게 반복되고 있습니다. 새로운 역사가 이루어지려면 익숙한 것으로부터 벗어나야 합니다. 익숙한 것을 버려야 되는데 익숙한 것이 안일하고 편하고 쉬우므로 거기에 머무르는 것입니다. 그러는 동안에 생각이 그 경험 속에 깊이 빠져버립니다. 경험이란 사람에게 지식을 주고 지혜를 주지만 반복되면서 고집이 됩니다. 그래서 "내가 해보았다" 합니다. 무엇을 해보았다는 것입니까. "내가 해봐서 안다." 이것이 바로 고집불통입니다. 그래서 앞으로 나아가지를 못합니다. 제가 결혼주례를 할 때마다 신랑신부에게 당부를 합니다. 가정생활 중에 별것 아닌 것같지만 중요한 것이 있습니다. 밥투정 하지 말아야 합니다. 신랑 보고 "밥투정 하지 말아라. 설사 아내가 음식솜씨 없다고 해도 그거야 그대 팔자이지 어떻게 하겠는가. 그냥 살 생각 하고 밥투정은 하지 말아라." 그리고 덧붙여 말합니다. "이것을 잘 기억해라. 압록강, 두만강을 건너가면 중국에 13억이라는 엄청나게 많은 사람이 살고 있는데, 내가 확인을 해보니 중국사람은 다 남자가 밥을 한다." 장도 남자가 봅니다. 이것만 알라고 하니까 알았다고 대답합니다. "그렇게만 살면 된다." 그런데 어떻습니까. 부엌일은 여자만 하는 것이 아닙니다. 시어머니가 간섭하는 것도 심심찮게 봅니다. "내가 어떻게 키운 아들인데…" 아들이 부엌에 있는 게 못마땅한 것입니다. 또 경상도남자들은 더합니다. 소위 양반들이 별납니다. "택도 없다. 어디라고 부엌에 사내자식이 드나들어!" 깨어버리십시오. 이것이 고정관념이라고 하는 것입니다. 우리의 관습일 뿐입니다. 내력이 어떻고 전통이 어떻고… 피곤합니다. 그것 깨지 못하면 제대로 살지 못합니다. 마음을 버리십시오. 우리교인 가운데 이런 분이 있습니다. 남자가 나이 쉰이 넘어서 퇴직을 하였는데 어느날 부인이 집에 들어가니 앞치마를 두르고 부엌에서 일을 하고 있더랍니다. 생전처음 보는 것이랍니다. 깜짝놀라서 어떻게 이럴 수가 있느냐, 하니까 남편 말이 "당신이 나를 위해서 한평생 부엌에서 일을 했는데 내가 오늘 한 번 부엌에 섰다고 잘못된 것이 뭔가." 그런데 그 부인 얘기가 그것이 고맙지 않고 서플펐다는 것입니다. 그래서 울었다고 합니다. '어쩌다 이 남자가 이 모양이 되었나.' 그러나 여러분, 고정관념을 버립시다. 아니, 둘이서 부엌일을 하면 안됩니까. 무엇이 잘못되었다는 것입니까. 이 생각을 바꾸지 못하면 제 명에 못죽습니다, 속상해서. 그럴 것 없습니다. 그 관념은 어디까지나 경험이라고 하는, 묵은 경험에 속하는 잘못된 생각입니다. 해묵은 것입니다. 털어버립시다. 다 털어버려야 합니다.

또한 묵은 지식이 있습니다. 브리태니커백과사전이 여기서 실수한 것입니다. 무엇무엇이 어떻다고 설명을 해놓았는데 그것이 영원한 것입니까. 그 지식이 변하고 있다는 것을 몰랐습니다. 200년 전통이면 더 한심한 것입니다. 이것이 문제가 된 것입니다. 그래서 그 백과사전, 이제는 별소용이 없어졌습니다. 항상 새롭게 생각을 해야 하기 때문입니다. 보십시오. 지식이라는 것, 이미 가진 지식에 집착할 때 새로운 지식을 받아들일 수 없습니다. 그래서는 이미 가진 그릇된 지식으로 새로운 지식을 비판해버립니다. 그것은 말도 안된다, 이것도 안된다 저것도 안된다… 그러는 동안에 나는 어디로 가고 있는 것입니까. 지식은 사람을 교만하게 만듭니다. 내가 가진 낡은 지식에 메여서 교만합니다. 그동안 아무것도 되는 일이 없습니다. 그러므로 새로운 지식을 활용하지 못합니다. 수용하지 못하고 새로운 발전을 이루지 못한다는 것입니다. 그래서야 이 급변하는 세상에 어떻게 살겠습니까. 북한말로 한마디 할까요. '골통을 바꿔야' 됩니다. 그 사람들은 머리라고 하지 않습니다. 골통이라고 합니다. 좀 이상하지요? 여하튼 '골통을 바꾸어야' 합니다. 지식을 바꿔야 합니다. 그렇지 않고는 새로운 지식을 수용할 수 없습니다.

또한 낡은 감성, 이것이 바로 묵은 땅입니다. 낡은 감성, 이것은 감성의 문제이므로 자신도 모르는 것입니다. 제가 여러 가지 사업에 관계합니다. 선교사업이니 학교 이사장이니 하는 것이 있습니다. 이 사회같은 것으로 모일 때 보면 참 갑갑하고 어렵습니다. 이것은 안된다, 이것은 옳다, 하면 "이사장님, 옳은 말씀입니다마는 정서가 그렇지 않습니다"합니다. 이 '정서' 때문에 망조입니다. 안그렇습니까? 옳기는 옳으나 정서가 안된다는 것입니다. 웬 어진 정서냐고 제가 한 번 소리를 질러보았습니다. 그 감성 자체가 병든 것인데 그 생각을 못하는 것입니다. 상처난 감성입니다. 병들어 뒤틀린 마음입니다. 그러니 제대로 되겠습니까. 제가 고백할 것이 있습니다. 얼마전에도 일본목사님들과 세미나를 했지만 제가 일본사람들하고 좀 가까이 지내기는 합니다. 그러나 저는 아직도 '일본사람'이라고는 말을 잘 못합니다, '일본놈'이라고 하지. 왜 그러할 것같습니까. 왜 그러냐하면 어렸을 때 한국말 했다고해서 매를 맞았거든요. 한국사람이 한국말 하는데 한국말 한다고 조그마한 아이들을 막 때립니다. 거기서 받은 상처난 감성입니다. 그러므로 아무래도 마음에 들지 않습니다. 아무리 회개를 하려 해도 잘 되지 않습니다. 이거 잘 생각해야 합니다. 감성이 병든 것입니다. 정상이 아니거든요. 이렇게 오랫동안 맺혀 있는 한이 있습니다. 한맺힌 이 민족의 감성이 정상입니까. 이것에 좌우되다니, 그러고야 어떻게 새 세상을 바라볼 수 있겠습니까. 그 마음을 확 돌려야 하는데, 안돌아가는 것입니다. 여기 문제가 있는 것입니다. 한을 빨리 털어버려야 합니다. 묵은 정서, 묵은 땅을 갈아버려야 합니다. 묵은 땅과 묵은 정서, 묵은 이성, 묵은 가치관을 확 돌려버려야 합니다. 예수님께서 친히 말씀하십니다(마 13 : 3 - 8). '길가와 같은 마음, 가시덤불과 같은 마음, 돌밭과 같은 마음, 이것가지고는 복음을 받아들일 수가 없다, 길가처럼 반질반질하게 닳았으니 씨를 뿌리면 새가 와서 쪼아먹고, 가시덤불에 뿌리니 자라지 못하고, 또 돌밭에 뿌리니 자라다가 시들지 않느냐, 오로지 옥토가 되어야 한다.' 길가와 같으면 폭파해야 하겠고 가시덤불이면 불질러야 하고 돌밭은 깊이 갈아버려야 합니다. 부드러운 옥토를 만든 다음에 거기에 씨를 뿌려라, 하십니다. 예수님의 말씀입니다. 그리고야 구원의 역사가 이루어 진다는 말씀입니다.

영국의 시인 윌리엄 워즈워드(William Wordsworth)의 시 한 편을 줄거리만 소개해봅니다. '황량하고 거친 산속에 살고 있는 새 한 마리가 있었습니다. 어느날 들에 나갔다가 폭풍을 만나서 허둥지둥 둥지에 돌아왔습니다. 둥지를 떠나지 않기 위해 혼신의 힘을 다해보았습니다. 발버둥을 쳤습니다. 자기가 태어난 이 둥지를 떠나면 꼭 죽을 것만 같아 안간힘을 썼으나 폭풍이 워낙 거세어서 둥지에 머무를 수가 없었습니다. 할수없이 그는 날개를 펴고 폭풍을 타고 올라갔습니다. 바람이 부는 방향 대로 그대로 날아갔습니다. 끝없이 날아갔습니다. 얼마동안 날아갔을 때 폭풍은 멎었습니다. 조용해졌을 때 땅을 내려다보니 넓은 초원이 있었습니다. 생전 보지 못한, 전에 살던 것과는 비교도 안되는 아름다운 초원이 눈앞에 있는 것을 보았습니다. 그리고 이 새는 행복했습니다.' 여러분 무엇을 생각하십니까? 내가 태어난 둥지를 떠나지 않겠다고 몸부림을 칩니까? 묵은 땅에서 언제까지 헤매어야 하는 것입니까. 날개를 펴십시오. 그리고 하나님께서 내게 지시하는 땅을 향해서 자유롭게 그 방향으로 날아가십시오. 내가 말씀을 좇아 사는 것이 아니고 말씀이 나를 주관하게 해야 합니다. 하나님께서 나를 인도하시는 길로 그대로 나를 맡깁시다. 날개를 폅시다. 해묵은 전통과 고집을 버립시다. 성공이라고 하는 허상을 버립시다. 나라고 하는 우상도 다 헐어버리고 묵은 땅을 깊이 갈아버리고 새롭게 파종해야 합니다. 고정관념에 집착하고 있는 니고데모라고 하는 사람을 보고 예수님께서 말씀하십니다. "네가 거듭나야 하겠다—겐네테나이 아노텐(요 3 : 7)." 중생이라고 하는 말은 다시 태어난다는 말입니다. 특별히 원어대로 보면 위로부터 태어난다는 말입니다. born from above, 위로부터 태어납니다. '네가 다시 태어나야 되겠다.' 얼마나 중요한 말씀입니까. 묵은 땅을 갈고 다시 파종하고 주의 말씀의 씨앗을 우리의 가슴에 받아들이면 분명 새로운 세계가 보일 것입니다. △

네 신을 벗으라

　모세가 그 장인 미디안 제사장 이드로의 양무리를 치더니 그 무리를 광야 서편으로 인도하여 하나님의 산 호렙에 이르매 여호와의 사자가 떨기나무 불꽃 가운데서 그에게 나타나시니라 그가 보니 떨기나무에 불이 붙었으나 사라지지 아니하는지라 이에 가로되 내가 돌이켜 가서 이 큰 광경을 보리라 떨기나무가 어찌하여 타지 아니하는고 하는 동시에 여호와께서 그가 보려고 돌이켜 오는것을 보신지라 하나님이 떨기나무 가운데서 그를 불러 가라사대 모세야 모세야 하시매 그가 가로되 내가 여기 있나이다 하나님이 가라사대 이리로 가까이 하지 말라 너의 선 곳은 거룩한 땅이니 네 발에서 신을 벗으라 또 이르시되 나는 네 조상의 하나님이니 아브라함의 하나님, 이삭의 하나님, 야곱의 하나님이니라 모세가 하나님 뵈옵기를 두려워하여 얼굴을 가리우매 여호와께서 가라사대 내가 애굽에 있는 내 백성의 고통을 정녕히 보고 그들이 그 간역자로 인하여 부르짖음을 듣고 그 우고를 알고 내가 내려와서 그들을 애굽인의 손에서 건져내고 그들을 그 땅에서 인도하여 아름답고 광대한 땅, 젖과 꿀이 흐르는 땅 곧 가나안 족속, 헷 족속, 아모리 족속, 브리스 족속, 히위 족속, 여부스 족속의 지방에 이르려 하노라

(출애굽기 3 : 1 - 8)

네 신을 벗으라

하이럼 W. 스미스라고 하는 교수가 쓴 「What Matters Most」라고 하는 책은 나온 지 한 달이 못되어서 세계적인 베스트셀러가 되어 유명해진 책입니다. 제목은 「인생에 있어서 가장 소중한 것」이라고 번역할 수 있습니다. 가장 소중한 것(What matters most)이 무엇일까, 내가 생을 살아가는 데 가장 소중한 것, 그런 지혜를 말해주는 명저입니다. 네 가지를 말해줍니다. 첫째, 나 자신이 누구인지를 아는 것입니다. 자기정체를 분명히 아는 것(the power of knowing who you are.)이 최우선적으로 중요하다는 것입니다. 이렇게 말하고 있습니다. 큰 오류가 있다면 사람마다 자신을 모른다는 것입니다. 가장 불행한 것은 내가 나에게 속는다는 것입니다. 모를 뿐만 아니라 알려고 하지 않습니다. 그리고 어느 순간 자기정체를 알게되는 순간에 깜짝놀랍니다. 사람이 이렇게 멍청할 수가 없거든요. 내가 무엇을 아는 줄 알았는데 오늘 보니 아무것도 모르는 것입니다. 무엇을 할 수 있을 줄 알았는데 할 수 있는 것도 없습니다. 무엇인가 이루어놓은 것처럼, 업적이나 실적을, 성과를 말하고 있었는데 이제 보니 다 잘못한 것뿐입니다. 이럴 때 부끄럽기 그지없고 고개를 들 수가 없습니다. 내가 나에게 속았다는 것처럼 기막힌 고통은 없습니다. 완전히 잘못살았습니다. 왜요? 내가 나를 너무도 몰랐거든요. I am somebody, 나는 무엇인가 중요한 사람이다, 라고 생각하는 오만한 사람도 있고, 반대로 I am nobody, 나는 쓸모없는 사람이다, 하는 열등의식에 매여 있는 사람도 있다는 것입니다. 어쩌면 이것은 한평생의 연구과제가 아닌가 생각합니다. 내가 어떤 존재인가, 하는 것입니다. 예수를 믿는다는 것이 무엇입니까. '예수를 믿는다'란 그리스도 안에 있는 자기자신을 발견하는 것입니다. 십자가 앞에서 자기모습을 보는 것입니다. 그것이 예수를 믿는다, 라고 하는 것의 뜻입니다. 내 능력이나 혹은 내게 대한 평판이나 내가 이루어놓은 그 무엇에 의해서 나를 평가하는 것이 아닙니다. 예수를 믿는 사람은 하나님 앞에서, 십자가의 엄청난 사랑 안에서 나 자신을 발견하는 것입니다. 그것이 바로 예수를 믿는다, 하는 것의 의미가 되겠습니다. 둘째, 'Discover what matters most to you.'라고 하였습니다. 나를 위해서 소중한 것이 무엇인가, 그것을 발견하는 것이 소중하다는 것입니다. 세상에는 소중한 것이 많습니다. 하고 싶은 것도 많고 보고 싶은 것도 많고 굉장한, 넓은 세상에 살지마는 중요한 것은 나입니다. 내게 소중한 것이 무엇인가, 좀더 나아가서 내가 가진 것 중에 소중한 것이 무엇인가 입니다. 못가진 것을 가져보려고 해보아야 소용이 없습니다. 그런데 놀라운 것은 누구나 다 소중한 것을 가지고 있다는 것입니다. 이제 뒤에 보면 하나님께서 모세에게 이스라엘을 건지라고 하셨더니 "내가 누구관대…"하고 모세가 말합니다. 하나님께서 말씀하십니다. "네 손에 있는 것이 무엇이냐?" 중대한 상징적 의미를 내포하고 있습니다. 네 손에 있는 것이 무엇이냐, 내가 그것을 통해서 역사할 것이다, 라고 말씀하십니다. 그렇습니다. 지금도 내 손에 있는 것 중에 소중한 것, 내게 소중한 것이 무엇인지를 집중적으로 발견해야 합니다. 반드시 이것을 알고 있어야 한다는 것입니다. 셋째는, 'Doing something about what matters most.'라고 하였습니다. 그 소중한 것을 행하라는 것입니다. 행하라, 거기에 집중하라, 거기에 열정을 다 기울이라, 할 수 없는 것 하게 해달라고 기도하지 말고 할 수 있는 것을 극대화하라, 함입니다. 모르는 것을 알게 해달라고 몸부림치지 말고, 이미 아는 것, 그것을 가지고 자기정력을 다 쏟으라는 것입니다. 그러기 위해서, 소중한 것을 위하여 열중하기 위해서 덜 소중한 것을 버려야 합니다. 그것을 끊어버리는 용기가 있어야 합니다. 이것을 잊지 말아야 합니다. 보아하면 잃어버린 것에 집착하는 사람들이 많습니다. 잃어버린 것은 잊어버려야 합니다. 제가 부끄러운 이야기를 하나 하겠습니다. 제가 많이 잃어버리고 다니는 편입니다. 하지만 내 생전에 안경을 잃어버리기는 처음입니다. 아무리 생각해도 어이없습니다. 미국에서 운전하고 가다가 밤에 배가 고파서 햄버거가게에 들러 햄버거를 사먹었습니다. 그러고나서 운전을 하려고 나가는데 안경이 없는 것입니다. 왜 없는지 한참을 생각해도 모르겠는 것입니다. 당장 돌아가보지만 그 안경 가져갈 사람도 없어서 제가 결론을 내렸습니다. '아무래도 쓰레기통에 내가 집어넣은 것같다.' 틀림없이 햄버거를 먹고 봉지를 버릴 때 같이 버렸을 것입니다. 그래서 즉석에서 결단을 내렸습니다. '잃어버린 것은 잊어버리자.' 아쉬워할 거 아무것도 없습니다. 여러분, 그 결단이 필요합니다. 나 버리고 간 애인 잊어버립시다. 그걸 뭐 생각하느라 잠도 못잡니까. 바보같은 일입니다. 제가 인천에서 목회할 때입니다. 어떤 어머니가 아기를 낳았는데 아기가 죽었습니다. 참 괴로웠습니다. 장례를 못하게 하는 것입니다. 싸안고 밤을 새우는 것입니다. 일주일 동안 장례를 못했습니다. 답답했습니다. 아무리 괴로워도 잃은 것은 잊어버려야 합니다. 이거 못하면 다 망가집니다. 현재와 미래를 다 망가뜨리는 것입니다. 이 얼마나 바보같습니까. 그러므로 소중한 것을 소중히 여기고 덜 소중한 것을 끊어야 됩니다. 그 용단이 필요합니다. 그래서 인생은 priority가, 우선순위가 문제라고 합니다. 어차피 다 아는 것도 아니고 다 먹는 것도 아니고 다 할 수 있는 것도 아닙니다. 우선순위상 중요한 것, 무엇부터 하느냐, 그것이 운명을 결정한다고 합니다. 사실이 그렇습니다. 넷째, 'What matters most-the broader view.'라고 하였습니다. 중요한 말입니다. 내가 소중한 것을 알고 그것에 집중하고 수고하고 노력하겠지만, 그러나 거기에 푹 빠져서는 안됩니다. 집착해서는 안됩니다. 시야를 넓혀야 합니다. 내가 소중히 여기는 것 외의 바깥세상이 있다는 것, 넓은 세상이 있다는 것을 알고 항상 시야를 넓혀가야 한다는 것입니다. 이것이 요즘에 베스트셀러로 도는 지혜입니다.

오늘본문에 보면 모세가 소명을 받는 중요한 이야기가 나옵니다. 하나님 앞에 그는 섰습니다. 그는 이스라엘의 구원을 기다리고 있습니다. 백성이 4백 년 애굽에서 노예생활을 하는 데 대한, 자신의 동족에 대한 뜨거운 열정이 있습니다. 저들을 구원해야겠다는 간절한 마음이 있습니다. 그러나 이제 그는 생각합니다. 내가 할 일은 없다고. 저 노예생활을 하는 우리 민족을 위해 내가 오늘 할 일은 없다고. 왜? 그는 죄인입니다. 애굽에서 사람을 죽이고 도망한 도망자입니다. 은둔생활을 하고 있는 자입니다. 그런 내가 어떻게 애굽에 가고 어떻게 이스라엘을 구원하겠는가? 역부족입니다. 전혀 상상도 못할 일입니다. 간절한 소원일 뿐입니다. 또한 그는 40년 처가살이를 했습니다. 요즘에도 처가살이를 하는 사람에게 별로 점수를 주지 않습니다. 그런데 그는 처갓집에 얹혀 40년 동안 양을 치고 살았습니다. 같은 남자로 말하지만 별볼일없는 남자입니다. 어쩌다 처갓집 양치기를 40년 하고 나이 여든이나 되었습니다. 그는 생각했겠지요.

이렇게 양을 몰고 다니다 어느 골짜기에서 내 생은 소리없이 끝날 것이라고. 그뿐아니라 40년 세월에 그는 목자생활에 익숙해졌습니다. 이제 불편도 없고 원망도 없습니다. 그저 손익은 일에 끌려서 그렇게 그렇게 이 골짜기 저 들판으로 양을 몰고 다니며 살다가 그렇게 생을 마치기로 이미 마음을 붙인 사람입니다. 바로 이 시점입니다. 하나님께서 모세를 부르십니다. 엄청난 이야기가 아닙니까. 나이 80세, 실패한 사람, 좌절한 사람, 인생으로서는 끝난 사람을 하나님께서 부르십니다. "모세야 모세야." 그리고 처음 주신 말씀이 이것입니다. "네 발에서 신을 벗으라." 신을 벗는다는 것, 우리에게는 익숙치 않으나 옛이스라엘사람들에게 이것은 소중한 일입니다. 이런 의미가 있습니다. 노예는 신발이 없습니다. 노예는 동물취급받기 때문에 노예에게 없는 것이 두 가지 있습니다. 신발과 이부자리입니다. 그저 짚북더기를 놓고 거기서 돼지처럼 소처럼 사는 것입니다. 신발을 벗으라—곧 '너는 노예다. 오늘부터 너는 나의 노예이고 종이다'라는 뜻입니다. 노예는 소유도 없고, 그의 지식이나 판단의 권리도 없습니다. 기뻐하고 슬퍼할 권리도 없습니다. 그래서 유명한 말이 있습니다. '내가 노예라는 것을 생각할 수 없는 사람이 노예다.' 내가 왜 노예인가, 나도 사람인데 어째서 언제부터 노예였는가, 누구 때문에 내가 노예인가, 누구 때문에 팔려왔는가, 이렇게 생각하는 사람은 노예가 아닙니다. 그건 벌써 잘못된 것입니다. 참노예는 노예생활에 익숙합니다. 아무런 생각이 없습니다. 그저 주인에게 순종할 뿐입니다. 그것이 노예입니다. 하나님께서 말씀하십니다. '너는 노예다. 신발을 벗으라.' 동시에 신발이란 신분을 말하는 것입니다. 옛날에는 신분따라서 신발이 달랐습니다. 역사극에서도 볼 수 있지요? 왕이 신발을 신으려 하면 시녀들이 신겨줍니다. 신발, 번쩍 번쩍하는 것, 재상은 재상의, 양반네는 양반네의 신발이 있고 머슴은 머슴의 신발이 있습니다. 신발을 보면 그 사람의 신분을 알게 되어 있습니다. 신을 벗어라, 네 과거신분이 무엇이었든지간에 그것은 잊어버리라, 앞으로 네가 어떤 사람이 되든 그것도 너와는 상관이 없다, 신발을 벗으라, 신분을 포기하라, 다만 너는 나의 종이다―이것을 말씀하고 계십니다. 그뿐아니라, 신발이란 곧 경건에 연관됩니다. 우리네 풍속은 아닙니다마는 무슬림사람들은 사업을 하다가도 때만 되면 신발을 벗습니다. 심지어 평양에 가서도 그 이야기를 들었습니다. 중동에서 온 무슬림사람들은 회담을 하다가도 12시가 되어가면 초조해하다가 12시가 딱 되면 반드시 하는 일이 있습니다. 준비된 기도실에 갑니다. 신발을 벗습니다. 맨발로 꿇어엎드립니다. 바로 경건의 표시입니다. 맨발, 그것은 완전한 헌신과 순종을 말하는 것입니다. 내가 하나님의 종이 되는 순간임을 의미합니다. 제가 이 교회 저 교회를 다니며 설교를 할 때가 있습니다. 어떤 교회에서는 강대상에 올라설 때 나보고 그 교회의 목사님이 신발을 벗으세요, 합니다. 그리고 이거 신으세요, 하고 슬리퍼를 내줍니다. 화장실에 갈 때 신는 거라 맘에 들지는 않으나 그대로 따릅니다. 그런데 정말 벗으려면 양말까지 벗어야 합니다. 그래야 신발을 벗는 것입니다. 다 상징적 의미가 있는 것입니다. 아무튼 "네 발에서 신을 벗으라"하신 말씀으로하여 구두를 벗고 올라가게 하는 데가 있습니다. 그것은 잘못된 생각이라고 생각합니다. 네 발에서 신을 벗으라―네 과거, 네 미래, 네 신분, 네 자존심, 다 벗어버리라, 함입니다. 네 발의 신을 벗어라―여기서부터 출발하는 것입니다. 무엇을 판단하고 무엇이 옳고… 쓸데없는 소리 하지 마십시오. 그러면 노예가 아닙니다. 하나님의 종은 그럴 수가 없습니다.

 네 발의 신을 벗으라—하나님께서는 구원의 역사를 이루십니다. 이스라엘을 구원하시고자 하십니다. 그러기 위해서 행하신 일은 천지개벽도 무슨 기적도 아닙니다. 오직 조용하게 '한 사람'을 준비하신 것입니다. 사람을 통하여 역사하셨습니다. 한 사람의 지도자를 통하여 역사하셨다는 것입니다. 이스라엘은 모르고 있었지만 벌써 80년 전부터 나일강에서 건지시고 바로의 궁에서 40년 공부하게 하시고, 미디안광야에서 양을 치게 하시어 지도력을 키우신 것입니다. 80년을 준비하고 계셨습니다. 그리고 오늘 부르시는 것입니다. 옛날 생활을 잊으라, 하나님을 의지하라, 전적으로 순종하라—그렇습니다. 인간에게 있어서 가장 무서운 죄는 교만입니다. 교만은 불신이요 불신은 교만입니다. 교만 때문에 교만하고, 교만 때문에 절망합니다. 현대미국신학자 라인홀트 니버는 유명한 말을 합니다. 인간은 교만에 붙들리어 신앙에서 멀어지고 있다, 하고 그 교만을 세 가지로 들고 있습니다. 첫째는 권력이라는 교만입니다. 권력을 가지면 다 될 것처럼 생각하지만 그것은 허상입니다. 권력이 모든 문제를 해결하는 길이 아닌데 권력 가지면 될 것처럼, 권력 가지면 뭐라도 할 수 있을 것처럼 착각합니다. 둘째는 지적 교만입니다. 뭘 안다고, 아니, 알기만 하면 다 될 것처럼 구는데, 아닙니다. 다 알 수도 없거니와 알아서도 안됩니다. 셋째는 도덕적 교만입니다. 나는 남보다 의롭다, 남보다 깨끗하다, 남보다 지혜롭다, 선하다, 라고 생각합니다. 여러분, 지금 도덕적 기준에 의해서 우리가 많이 고민합니다. 앞에 대통령 선거가 있는데 좀 깨끗한 사람, 의로운 사람, 그런 사람을 생각합니다. 그러나 아시는대로 인간은 그렇지 못합니다. 유명한 철학자 파스칼이 이런 말을 했습니다. '나는 도대체 의인, 위인, 성자, 이 세 단어를 믿지 않는다. 세상에는 죄인밖에 없기 때문이다.' 때로 우리는 청와대의 주인은 성자가 됐으면 하는 마음이 있습니다. 정치가 중에 성자 없습니다. 아예 기대하지 마십시오. 역사에 없고 앞으로도 없습니다. 다 같은 죄인입니다. 다만 얼마나 하나님 앞에 정직하게 순종하느냐, 그것이 문제가 될 따름입니다. 하나님께 절대순종하고 하나님의 경륜을 믿는 사람, 하나님의 뜻을 믿는 그 믿음, 그리고 순종만이 문제의 열쇠가 된다는 것을 알아야 합니다. 하나님께서 모세를 만나주십니다. 모세가 하나님을 만나는 순간이 엄청난 의미를 띱니다. 그 순간 모세는 새로운 의미로 다시 태어납니다. 그는 어려운 과거를 가졌습니다. 많은 실패를 겪었습니다. 그러나 오늘 하나님을 만나는 순간 잃어버렸던 과거가 새로운 의미를 띠게 됩니다. 그것을 잊지 마십시오. 어느 때 군대가는 한 청년이 내게 와서 "목사님, 저 군대갑니다. 제가 공부도 안하고 못된 짓을 많이 했습니다. 이제 후회가 됩니다. 군대갔다와서 잘하겠습니다" 하기에 제가 말했습니다. "그래? 과거를 잃었다고 생각하지 마라. 지금 네가 믿음에 바로 설 수만 있으면 잃어버린 과거는 아주 유익한 것이 된다. 버려진 과거가 아니다. 그것이 오늘과 내일을 사는 지혜가 될 것이다." 그렇습니다. 여러분, 쓰라린 과거가 있습니까? 오늘 주님과 만나는 순간 그 모든것은 하나님의 크신 경륜과 지혜 속에서 meaningful, 새로운 의미를 가지게 된다는 것을 잊지 마시기 바랍니다. 지도자는 그러합니다. 헨리 블랙커비라고 하는 목사님이 「Spiritual Leadership (영적 지도력)」이라고 하는 책에서 이렇게 말하고 있습니다. '영적

리더십이란 사람들을 움직여 하나님의 일을 하게 하는 것이다.' 아주 간단하게 정의했습니다. 사람들을 움직여 하나님의 일을 하게 하는 것이다―첫째는 사람들을 움직이는 능력이 있어야 합니다. 그가 어떤 사람입니까. 많은 고난을 당한 사람입니다. 남달리 많은 실패의 경험이 있는 사람만이 사람들을 움직일 수 있습니다. 그것이 리더십입니다. 또한 성령이 함께할 때 가능합니다. 사람이 사람의 마음을 움직이지 못하기 때문입니다. 또한 하나님 앞에 책임지는 사람입니다. 그렇습니다. 남을 탓하는 사람은 지도자가 못됩니다. 그것이 민족이든 개인이든 누구든간에 그 책임을 내가 지려고 합니다. 저 책임은 내 책임이다, 라고 생각하는 그 사람만이 지도자입니다. 또한 자기가 선택하는 대상을 찾는 것이 아니라 하나님께서 기뻐하시는 자를 찾습니다. 하나님께서 사랑하시고 하나님께서 원하시는 분, 그 분을 섬깁니다. 그리고 하나님의 계획에 따라갑니다. 내 의견, 내 선택이 아니라 하나님의 계획에 순종하고 따라가는 그런 사람이 진정한 지도자라고 말하고 있습니다. 모세는 하나님의 명령 앞에서 너무나 두려운 일, 있을 수 없는 일이라고 말합니다. 마는 하나님께서 말씀하십니다. '다 알고 있다.' 4장에 보면 모세가 말을 잘 못한다고 하니 하나님께서 말씀하십니다. "누가 사람의 입을 지었느냐?" 내가 가라 하면 너는 갈 일이다, 네 과거도 알고 네 미래도 알고 네 현재의 부족함도 안다, 다 안다―명령을 하십니다. 세 가지 명령입니다. '네 발에서 신을 벗으라.' '나를 믿으라.' '가라.' 믿고 가라―명령입니다. 그리고 세 가지 약속을 하십니다. '내가 너와 함께하리라.' '네 지팡이와 함께하리라.' '가나안땅을 반드시 들어가게 될 것이다.' 약속해주십니다. 하나님께서는 이스라엘을 구원하고자 하십니다. 벌써

한 사람을 준비하셨습니다. 바로 모세라는 사람입니다. 그는 특별한 사람이 아닙니다. 그를 통하여 하나님께서는 큰 역사를 이루고자 하십니다. 다만 바른 응답을 원하십니다. 신발을 벗고 순종하기를 원하십니다. 과거를 묻지 않고 미래를 두려워도 않고 오직 말씀에 순종하는 그 사람을 원하십니다. 그를 통하여 이스라엘을 구원하시는 것입니다. △

이 말씀의 능력

베드로가 이 말 할 때에 성령이 말씀 듣는 모든 사람에게 내려오시니 베드로와 함께 온 할례받은 신자들이 이방인들에게도 성령부어 주심을 인하여 놀라니 이는 방언을 말하며 하나님 높임을 들음이러라 이에 베드로가 가로되 이 사람들이 우리와 같이 성령을 받았으니 누가 능히 물로 세례 줌을 금하리요 하고 명하여 예수 그리스도의 이름으로 세례를 주라 하니라 저희가 베드로에게 수일 더 유하기를 청하니라
(사도행전 10 : 44 - 48)

이 말씀의 능력

어느 재판장의 준엄한 사형언도문을 읽어본 일이 있습니다. 사형수를 향해서 긴 논고를 통하여 그 죄상을 낱낱이 지적하고나서 맨 마지막말을 이렇게 맺는 것입니다. '피고는 인간이기를 이미 포기하였기에 사형에 처하노라.' 보고 크게 충격을 받았었습니다. 인간이기를 이미 포기하였기에 사형에 처한다―많은 것을 생각하게 합니다. 인간이 무엇입니까. 인간이라고 하는 것이 무엇입니까. 인간이 인간으로 살아가는 자세가 무엇입니까? 여러분, 몸이 건강하다고 인간입니까. 지식을 많이 얻고 공부를 했다고해서 그것이 인간입니까. 그것은 절대로 아닙니다. 인간다운 인간이어야 인간입니다. 사람의 몸 그것만 가지고는 인간이라 할 수 없습니다. 그것을 지배하는 이성이 건강해야 합니다. 바른 판단력을 가지고 있어야 하고, 또 그 뒤에 있는 도덕성이 최소한의, 일말의 양심을 가졌어야 합니다. 그리고 그 이성과 감성을 주도하는 영혼이 건강하게 살아서 하나님과의 바른 관계를 가지고 있을 때 우리는 그것을 인간이라고 합니다. 보십시오. 시편 49편 20절에 말씀합니다. "존귀에 처하나 깨닫지 못하는 사람은 멸망하는 짐승같도다." 사람, 짐승―무엇이 사람이며 무엇이 짐승입니까. 깨닫지 못하는 사람, 깨달음이라고 하는 기능이 없으면 사람이 아니라는 것입니다. 짐승과 같다, 라고 말씀합니다. 창세기 6장에 보면 노아홍수 이전의 인간에 대하여 노아홍수의 큰 심판을 앞에 두고 하나님께서 이렇게 심판하십니다. "그들이 육체가 됨이라." 사람, 하나님의 형상은 다 없어졌고, 육체만 남았다는 것입니다. 육체와 육체의 욕망만 남았습니다. 그러므로 영적으로 볼 때는 하나님께서 산 자를 죽이신 것이 아니라 죽은 자를 쓸어버리신 것입니다. 하나님의 시각으로 볼 때는 오직 속사람, 그것이 살아 있어서 사람입니다. 육체라고 하는 외형은 인간됨의 기준이 아닙니다. 병든 양심, 타락한 이성—인간이기를 포기한 이런 사람들 때문에 세상이 어지러운 것입니다. 어쩌면 그 몇사람 때문에 세상이 시끄러운 것입니다. 하나님의 사람들이 그 속에서 고역을 치르게 되어 있습니다. 영이 이성을 주도하고 이성이 인간의 본능을 지배할 때, 그런 정상적 관계가 균형을 유지할 때 그가 정상적 인간입니다. 그러나 양심도 없고 이성도 없고 도덕도 없고 그리고 진실도 없다면 그것은 인간이 아닙니다. 인간이기를 포기하고 벌써 정신적으로 죽은 지 오래 되었습니다. 자살한 지 오래되었습니다. 그리고 발악을 하면서 살아갑니다. 그런 인간군상 속에 우리가 살아가고 있습니다.

사도행전에서 보는 구원론은 구원론을 통합한 중요한 의미를 가집니다. 성령이 임했다는 말씀부터 시작이 됩니다. 그것은 영적 치유의 창조적 역사를 의미합니다. 요한복음 16장 7절에 보면 예수님 말씀하시기를 '내가 떠나가는 것이 유익하다. 그래야 보혜사가 올 것이다'라고 하십니다. 떠나가신다는 말씀은 곧 십자가를 지신다는 것을 의미합니다. 그리고 또다른 보혜사를 보내신다—이것이 무슨 말씀입니까. 내가 바로 보혜사요, 또다른 보혜사를 보내겠다고 말씀하십니다. 여기서 구원의 대전제가 바로 예수님의 십자가사건입니다. 예수께서 십자가에서 돌아가시고 부활하시는 그 사건이 있고 그 구속사의 역사 다음에 이어서 성령의 역사가 임했던 것을 알 수 있습니다. 로마서 10장 14절로 보면 이런 말씀을 읽을 수 있습니다. 매우 귀중한 말씀입니다. "저희가 믿지 아니하는 이를 어찌 부르리요 듣지도 못한 이를 어찌 믿으리요 전파하는 자가 없이 어찌 들으리요 보내심을 받지 아니하였으면 어찌 전파하리요… 믿음은 들음에서 나며…" 이 듣는다는 관계가 중요한 것입니다. 들음으로만 이루어진다 —말씀으로만 이루어진다, 하는 것입니다. 말씀과 말씀의 관계, 말씀을 말하고 듣고 하는 관계를 인격적 관계라고 합니다. 동물은 매로 지배하지 않습니까. 매로 다스립니다. 당근을 주기도 하지만 채찍을 가하여 다스립니다. 이는 동물적 관계입니다. 그러나 사람의 관계는 말로 설득하고 감동합니다. 말과 말의 관계에서 이루어집니다. 요새아이들은 똑똑해서 유치원가기 전에도 말을 잘합니다. 어머니가 때리겠다고 회초리 들고 따라오면 떡 서서 "말로 합시다"하고 대응합니다. 왜 나를 동물 다루듯 하느냐, 말로 하자, 이것입니다. 말의 관계가 이렇습니다. 그것이 인간적 관계인 것입니다. 칼 바르트는 그의 「교회학」에서 하나님말씀의 삼중성을 말하고 있습니다. 첫째는 요한복음 1장 14절의 말씀대로 말씀이 육신이 되어 우리 가운데 거하신다, 하는 것입니다. '호 로고스 사르크스 에게네토'—이것이 유명한 말씀입니다. 말씀이 육신을 입어 사람의 모습으로 우리 가운데 나타났다—그것이 바로 계시의 말씀입니다. 계시적 말씀. 사람의 모습으로, 인격으로 나타난 말씀의 본체입니다. 둘째 '기록된 말씀'이라는 것입니다. 예수사건, 그 계시된 말씀이 다시 기록이 됩니다. 이것이 성경말씀입니다. 성경이라고 하는 그릇에 예수사건이 담겼습니다. 셋째는 이 말씀을 읽으며 해석하며, 설교하고 선포하고 증거하면서 들려지는 케리그마, 이것은 들려지는 말씀입니다. 이 세 가지 말씀을 말하는데, 여기 +α를 생각하여야 합니다. 그것이 바로 모든 말씀은 성령 안에서 이루어졌다는 것입니다. 성령으로 잉

태하여 세상에 오셨고, 성령 안에서 그리스도께서 말씀이 되고 성령의 영감으로 인해서 기록되어서 말씀이 되고 오늘도 말하는 자나 듣는 자나 함께 성령 안에서 말씀을 들어서 구원에 이르게 됩니다. 그러므로 오직 성령으로만이 말씀이 말씀되는 것입니다. 기록될 때도 그렇고 해석할 때도 그렇고 말하는 자도 듣는 자도 다 같이 성령 안에서 비로소 말씀이 말씀된다는 것을 알아야 합니다. 오늘본문에 특별히 "이 말 할 때에"라고, 말씀 듣는 순간을 말씀하고 있습니다. 대단히 중요한 말씀입니다. 그리스도의 십자가사건에 대한 말씀, 그 말씀을 하고 그 말씀을 듣는 순간에 성령이 임하였다—여기서 중요한 사건은 말씀과 성령이 동시적으로 역사했다는 것입니다. 말씀이 없다면 구원은 이루어지지 않습니다. 성령이 없다면 그 말씀이 하나님의 말씀 되지 않습니다. 성령과 말씀이 함께 역사합니다. 그래서 이것을 신학적 용어로 말할 때 말씀의 역사를 객관적 계시라 하고, 성령의 역사를 주관적 계시라고 합니다. 객관적 계시와 주관적 계시가 함께 동시적으로 나타나서 하나님의 말씀이 하나님의 말씀 되고, 하나님의 말씀이 하나님의 말씀 되는 순간 이것을 듣는 사람, 이것을 받는 사람 그 속에 구원의 역사가 나타나는 것입니다. 이래서 하나님의 사람으로 태어납니다.

　　예루살렘교회의 역사를 말할 때 예루살렘오순절이라고 합니다. 유대사람들을 중심으로해서 이루어진 사건입니다. 그런데 오늘본문 사도행전 10장에 나타난 것은 소위 '이방인의 오순절'입니다. 예루살렘에서는 예루살렘에 사는 사람들을 중심으로해서 이루어진 오순절사건이 성령이 임하는 사건이고, 사도행전 10장에 보는 것은 이방사람 고넬료라고 하는 사람, 이 로마군인의 가정에서 이루어지는 역사입니다. 이방인의 오순절—이는 중요한 의미를 띠었습니다. 이 사건이 이루어지기 위해서는—보십시오. 예수십자가사건, 말씀이 먼저 있고, 성령의 감동이 있고, 그리고 전파합니다. 오늘은 베드로가 가서 전파합니다. 전파한다—전파하는 사람이 필요했다는 것입니다. 이렇게해서 함께 구원의 역사가 이루어집니다. 하나님의 큰 경륜 속에서 천사를 보내시어 하나님을 이미 믿는 고넬료에게 말씀하십니다. 저 피장 시몬의 집에 가서 베드로를 청하라고 명령하십니다. 물론 고넬료가 베드로를 알 리도 없고 만나본 일도 없습니다. 그러나 천사의 명령입니다. '그리하라.' 성지를 가보면 욥바에 2000년 전에 지어졌다고 하는 집, 베드로가 머물렀다는 그 집이 지금도 있습니다. 그 바람벽에다 누군가가 엉성하게 글도 써놓았습니다. 그래서 그 앞에 서서 많은 것을 생각하게 합니다. 이제 베드로가 또 성령의 특별한 계시를 받고 묻지 말고 가라, 묵으라, 먹으라, 명령을 받아서 고넬료의 집에 갑니다. 베드로는 유대사람입니다. 이방사람과 상종하지 않을 뿐만 아니라 이방인 집에 가서 머무른다거나 음식을 같이 한다거나 잔다는 것은 있을 수가 없습니다. 그러나 가서 유숙을 합니다. 오직 하나님의 역사 가운데서, 그 주도하심으로 두 사람이 만납니다. 그 만나는 역사가 너무나도 아름답습니다. 고넬료는 로마의 백부장입니다. 군인입니다. 마는 베드로, 갈릴리어부, 촌사람이 허름한 옷을 입고 들어왔을 때 온집안과 더불어 나가 맞이합니다. 맞이할 때 얼마나 간절하게 엎드려서 절을 했던지 베드로가 하도 죄송해서 잡아일으키면서 나도 사람이오, 이러지 마십시오, 합니다. 그만큼 경건하게 맞이합니다. 왜요? 하나님께서 보내신 분이기 때문입니다. 그 얼굴이 중요한 것이 아닙니다. 그 옷, 외모가 중요한 것이 아니기 때문입니다. 하나님께서 모셔오라 하신 분이기 때문입니다. 하나님의 말씀을 듣고 오시는 분이기 때문에 그를 맞이하고 그 다음에 고넬료가 말합니다. 사도행전 10장 33절입니다. 교역자로서 제가 제일 좋아하는 요절이 이 말입니다. 고넬료가 하는 말입니다. '우리가 다 하나님 앞에 있습니다. 말씀하십시오.' 그런 순간이 옵니다. 제가 왜 이 말씀을 좋아하는지 아십니까? 지금 이 시간에 보십시오. 우리가 지금 다 어디에 있습니까. 다 하나님 앞에 있다고 고넬료는 말합니다. 눈앞에는 베드로가 있습니다. 베드로라는 사람이 있지마는 마음으로는 하나님 앞에 있습니다. 그는 지금 베드로라는 사람을 보고 있지마는 영의 눈으로는 하나님을 쳐다보고 있습니다. 그리고 베드로의 입에서 나오는 말씀을 들으려고 합니다. 바로 그런 관계를 카리스마적 관계라고 합니다. 여기서 구원의 역사가 이루어지는 것입니다. 가끔 대학교수 친구들이 이런 말을 합니다. 강의실에서 학생 몇십 명 놓고 가르칠 때도 참 열심히 듣지 않는 학생들이 많거든요. 어떤 학생은 열심히 듣고 어떤 학생은 장난하고 어떤 학생은 낙서나 하고 있고… 가르칠 때 전체가 똑바로 들어주었으면 좋겠는데 잘 안듣는다고 합니다. 그런데 자기가 교회에 나와보니 이 교회는 수천 명이 똑바로 쳐다보고 열심히 듣는다는 것입니다. 그래서 나보고 이럽니다. 재주도 좋다고. 아니, 대학생은 똑같은 연배이고 똑같은 지식층인데도 안되는데 여기는 박사로부터 초등학교도 못 나온 사람, 80세로부터 20세까지, 여러 층의 남녀노소가 다 있는데 어떻게 전체가 다 듣도록 말하느냐, 재주도 좋다, 하는 것입니다. 재주가 좋은 것이 아닙니다. 이것은 성령으로 말미암은 일입니다. 여러분은 지금 내 이야기를 듣고자 여기 나온 것이 아닙니다. 하나님의 말씀 들으려고 나온 것입니다. 여러분이 지금 보기는 저를 쳐다보고 있지마는 마음으로는 분명 하나님을 향하고 있는 것입니다. 그래서 듣고 그래서 말하고 그래서 이해가 되고 감동이 되고 말씀의 역사가 나타나는 것입니다. 이런 카리스마적 관계, 하나님께서 보내시고 하나님께서 말씀하시는 카리스마적 관계에 있습니다. 고넬료는 베드로를 통해서 들었습니다. 그런데 베드로가 예수 그리스도를 전합니다. 이 말을 들을 때, 이 말을 할 때 성령이 임했습니다. 이것이 바로 오순절사건이라는 것입니다. 놀라운 이야기입니다. 말씀을 전하는 자와 듣는 자 사이에 신령한 역사가 이루어집니다. 성령이 마음을 열었다―사도행전의 주제입니다. 성령이 마음을 엽니다. 딱 한 번 만나서 설교를 했는데도 듣는 사람이 그 한 번에 예수를 영접합니다. 그리고 자신의 집을 열어서 교회를 합니다. 루디아는 그렇게 주를 영접했습니다. 성령이 마음을 열었습니다. 낯선 사람을 만났어도 단 한 번 만나서 구원을 받습니다. 하나님의 사람이 됩니다. 성령 안에서 하나님의 말씀이 하나님의 말씀으로 받아지고 하나님의 말씀으로 믿어지고, 하나님의 말씀 앞에 바로 서지는 거기서 구원의 역사는 이루어지는 것입니다.

　덴마크의 철학자 키에르케고르가 이렇게 비사(比辭)로 말하고 있습니다. '성경 즉 하나님의 말씀은 하나님의 연애편지다.' 이렇게 표현했습니다. 재미있는 비사입니다. 연애편지다, 연애편지는 단순한 문자가 아니다, 연애편지는 읽을 때 그 애인의 얼굴을 바라보면서 읽어야 한다―옳은 말입니다. 제가 프린스턴신학교에서 공부할 때는 한국학생이 몇 없었습니다. 그 중에 한 사람, 기숙사에서도 제 옆방에 있었는데, 이 사람이 결혼한 지 6개월만에 아내는 데려오지 못하고 혼자서 유학을 왔습니다. 신혼기간이니 그 아내가 그리워서 못삽니다. 그런데 그분이 조금 신경질적인지 아내가 1주일에 한 번씩이라도 편지를 꾸준히 해주었으면 좋으련만 통 안한다고 투덜거립니다. 그래서 속이 타가지고 "고거 편지를 안한다" 하더니, 강의시간에 강의가 신통치 않으면 내 옆에 앉아서 오래전에 받은 편지를 꺼내어 쓱 봅니다. 내가 보니 편지지가 다 해어졌습니다. 얼마나 여러 번 보았는지 다 해어졌더라고요. 내가 언제 한 번 뺏어서 보았습니다. 했더니 글씨가 엉망입니다. "내가 내용은 잘 모르겠고 글씨가 영 시원치 않구만" 했더니 도로 뺏으면서 하는 말이 "음악 전공하는 사람치고 글씨가 그 정도면 괜찮지 뭐"라고 합니다. 그래도 자기 아내 편을 들더라고요. 그래서 제가 그걸 뭐하러 그렇게 열심히 보느냐 했더니 모르는 소리 말라, 합니다. 이 편지를 척 손에 들면 생글생글 웃는 아내 얼굴이 떠오른다는 것입니다. 그렇습니다. 연애편지는 그렇게 보는 것입니다. 연애편지 속에는 사랑이 있고 마음이 담겼습니다, 마음. 그 사랑을 느끼고 마음을 읽어야 편지지, 왜 이것은 요렇게 썼나, 맞춤법이 틀렸네, 글씨가 엉망이네, 하는 것이 아니지요. 그렇게 비판할 성격이 아닙니다. 이것은 인격적으로 보고 통합적으로 읽어야 되는 것입니다. 키에르케고르의 말대로 이 편지를 읽을 때 기쁨이 있고 용기가 나고 자신감에 넘치게 되고 결국은 행복에 취하게 되는 것입니다. 연애편지를 읽는 사람은 행복에 취하게 된다 —그렇습니다. 하나님의 말씀을 읽으면서, 내가 너를 사랑한다, 하시는 말씀을 듣습니다. 이 말씀에 취해서 모든 고난을 이기고 살다가 이 말씀에 의지하여 요단강을 건너가는 것이 그리스도인이 아닙니까. 이 말씀에 충만해서 너무도 감격한 나머지 죽음도 불사하니다. 환난과 핍박도 문제가 안됩니다. 그래서 웃으면서 가는 사람이 바로 순교자가 아닙니까. 이것이 그리스도인의 모델입니다. 유명한 신학자 칼 바르트는 말합니다. 'The Word of God waits for us in the Bible.' 하나님의 말씀이 성경 안에서 우리를 기다린다—참 좋은 말씀입니다. 성경 안에서 기다린다, 그러므로 우리가 성경을 읽으면서 하나님의 말씀을 듣습니다. 하나님의 말씀을 만납니다. 그리스도를 만납니다. 그리스도와 인격적 관계를 가집니다. 카리스마적 관계를 맺습니다. 사도 바울은 사도행전 18장 5절에 보는대로 말씀에 붙잡혀서 살았습니다. 그러므로 잊지 말아야 합니다. 내가 성경을 보는 것이 아닙니다. 성경이 나를 부르는 것입니다. 내가 성경을 읽는 것이 아니라 성경이 내게 말씀하는 것입니다. 그리고 그 속에 약속이 있고 사랑의 증거가 있고, 사는 생명력이 있습니다. 말씀이 능력으로 다가옵니다. 그 능력 안에 사는 자가 그리스도인입니다. 고넬료와 그 집은 구원을 받았습니다. 기도응답으로 베드로를 영접했고 베드로를 통하여 하나님의 말씀을 듣고 성령의 감동을 받고 구원받을 뿐만 아니라 그는 말씀에 붙들려 로마로 가서 로마교회를 세우는 기초가 됩니다. 엄청난 의미가 있는 것입니다. 오직 말씀으로, 오직 말씀 안에서 태어나고, 말씀 안에서 양육받고 말씀에 의지하여 승리하고 말씀을 붙들고 주님 앞에 갑니다. 여러분, 이것이 그리스도인입니다. 이 말씀을 들을 때 성령이 임하며 그 속에서 창조적 역사가 나타나는 것입니다. 이 말씀을 사랑하여야 합니다. 이 말씀과 함께 살아가야 할 것입니다. 이 말씀을 전하여야 할 것입니다. △

그 믿음으로 살리라

내가 내 파수하는 곳에 서며 성루에 서리라 그가 내게 무엇이라 말씀하실는지 기다리고 바라보며 나의 질문에 대하여 어떻게 대답하실는지 보리라 그리하였더니 여호와께서 내게 대답하여 가라사대 너는 이 묵시를 기록하여 판에 명백히 새기되 달려가면서도 읽을 수 있게 하라 이 묵시는 정한 때가 있나니 그 종말이 속히 이르겠고 결코 거짓되지 아니하리라 비록 더딜지라도 기다리라 지체되지 않고 정녕 응하리라 보라 그의 마음은 교만하여 그의 속에서 정직하지 못하니라 그러나 의인은 그 믿음으로 말미암아 살리라

(하박국 2 : 1 - 4)

그 믿음으로 살리라

　제2차세계대전 이후로 유대인들은 그들의 중요한 절기인 유월절 행사에서는 꼭 '아니마밈의 노래'를 부른다고 합니다. '아니마밈'이라고 하는 것은 '나는 믿는다'라고 하는 뜻의 말입니다. 이 노래는 그 악명높은 아우슈비츠 수용소에서 작사 작곡되고 불린 노래입니다. 인간역사상 가장 험악했던 사건, 600만 명의 유대인을 무참히 죽인 아우슈비츠 수용소, 그 속에서 죽음을 앞에 놓고 고생하던 유대 사람들이 거기서 작사 작곡하고 계속 많은 유대인들이 부르며 위로를 받았던 그 노래입니다. 그 내용은 이렇습니다. '나는 믿는다. 나의 메시야가 나를 돕기 위하여 반드시 나를 찾아오시리라는 사실을 나는 믿는다.' 그 간단한 가사를 반복해서 계속 부르는 그런 찬송입니다. 그런데 어떤 때 자기의 동료들이 그대로 끌려 가스실로 나가는 것을 봅니다. 죽음을 향해서 끌려가는 그 모습을 볼 때는 너무나 마음이 아파서 그들은 이 찬송 뒤에 한 절을 더 넣어서 불렀다고 합니다. 추가된 가사는 이렇습니다. '그런데 때로 메시야는 너무 늦게 오신다.' 그러나 한 외과의사는 그 마지막 가사를 절대로 부르지 않았다고 합니다. 그는 메시야에 대한 믿음을 확고하게 가지고 있었기 때문입니다. 그리고 그는 늘 단정히 행하였습니다. 죽음을 앞둔 시간인데도 유리조각으로 면도를 해가면서 몸과 마음을 단정히 하고 끝까지 버티고 견디고 믿음으로 섰습니다. 마침내 그는 죽지 아니하고 수용소 문을 나오게 됩니다. 나오면서 그는 그 노래의 마지막 절을 고쳐 불렀습니다. '그런데 사람들은 너무 서두른다. 너무 서둘러서 믿음을 포기할 때가 많다.'

여러분, 사람은 무엇으로 사는 것입니까? 물질로 사는 것입니까? 물질주도적으로 사는 그 수준의 사람들이 많습니다. 사람이 떡으로만 사는 것이 아니건만 떡으로 사는 것처럼 사는 사람이 있습니다. 그래서 말입니다. 돈이 좀 있으면 세상을 다 얻은 것처럼 기뻐하고, 어쩌다가 돈이 좀 적어지고 가난하고 어려워지면 마치 세상이 끝난 것처럼 슬퍼합니다. 그의 마음과 생각, 철학까지도 완전히 물질소유에 의해서 높아지기도 하고 낮아지기도 하고 생기기도 하고 없어지기도 합니다. 물질주도적으로 살아가는 이런 사람이 있는가하면 지식으로 사는 사람이 있습니다. 항상 배우고 깨닫고 공부하고 그것을 큰 기쁨으로 알고 그리고 무엇을 좀더 알았을 때 그는 천하를 얻은 것처럼 기뻐할 뿐 아니라 지식적으로 자기만 못한 사람을 멸시하는 취미로 삽니다. '그것도 모르고… 무식한 것같으니…' 이래가면서. 유식해보았자 별것도 아닌데 그렇게 그 지식, 그것으로 살아가는 인간이 있는가하면 또 어떤 사람들은 기분으로 삽니다. 요새 젊은사람들, feel로 산다고 합니다. 감정가는대로 삽니다. 언젠가 한 번 차를 타고 가면서 라디오 드라마를 들어보았더니 내용인즉 뭔가 잘못되어서 실연이 되고, 그랬나본데 두 사람이 포장마차에 들어가면서 하는 소리가 "오늘 아예 끝장을 내자" 합니다. 어쩌자는 것입니까. 그런 것을 보며 생각했습니다. 기분에다 목숨을 거는 것입니다. 이런 기분파, 이것을 철학적으로 일러 소위 낭만파인간이라고 합니다. 그런가하면 또 고집으로 사는 사람이 있습니다. 오기, 두고보자, 내 반드시 이길 것이다, 이것입니다. 그런 집념으로 사는 사람이 있습니다. 심지어는 복수하는 마음으로 살아갑니다. 저가 미워하던 사람이 죽을 때 저도 같이 죽는 것을 볼 수 있습니다. 도대체 무엇으로 사는 인생입니까. 우리 믿는 사람은 눈으로 보이는대로 사는 것이 아닙니다. 물질로 사는 것도 아니고 지식을 의지하는 것도 아닙니다. 현실상황을 훌쩍 넘어서서 오직 믿음으로 삽니다. 죄송한 이야기이지만 이제는 말씀드립니다. 우리 소망교회가 세워진 동기에 소위 behind story가 있습니다. 제가 미국에서 공부를 마치고 돌아왔을 때 사실은 막연했습니다. 직장이나 일터가 보장된 것이 아니었습니다. 돌아올 때 저는 이렇게 기도했습니다. '여기까지 인도하신 하나님, 그저 비행장에 내릴 때부터 시작해서 누구든지 맨처음 날 오라 하는 데가 있으면 그곳이 어디든지 그리로 가서 제 평생을 보낼 것입니다. 그렇게 살 것입니다.' 하나님 앞에 약속을 하고 돌아왔습니다. 돌아와서 5개월 지내는 동안 아무런 소식도 없었습니다. 먹고 사는 게 어려웠습니다. 그 형편을 알고 제 친구들이 만나자고 해서 차를 나누더니 금 일봉씩을 줍디다. 그래 그걸 얻어가지면서 제가 한마디 했습니다. "내가 거지냐?" 내 친구 대꾸하기를 "거지가 따로 있냐? 얻어먹으면 거지지. 무슨 쓸데없는 소리야?" 하더라고요. 그랬습니다. 그러던 중에 어느날 한경직 목사님께서 어떻게 알고 오라 하시기에 갔더니 "어찌 소식도 없이 그렇게 불쑥 나타났나?" 하십니다. 그래서 "제가 무슨 대단한 사람이라고 간다온다 하겠습니까" 했더니 "그 사람 참 믿음이 좋으네" 하시더니 "일간에 한번 다시 와봐" 하십니다. 다음에 갔더니 세 가지 길을 열어주셨습니다. 이러이러한 세 가지가 있는데 어느 쪽으로 가겠나? 하시기에 저는 대답을 이렇게 했습니다. "제가 어차피 하나님 앞에 기도를 하고 왔습니다. 저보다 목사님께서 저를 더 잘 아시지 않습니까. 그러므로 선택권을 목사님께 드리겠습니다. 목사님께서 선택해주시는 것을 기도의 응답으로 받겠습니다. 말씀하십시오." 했더니 어느 대학의 학장으로 가라고 하십니다. 저는 신학대학교에서 교수를 했고, 그리고 목회생활을 했습니다. 대학행정이라는 것은 전혀 모릅니다. 그런데 4년 동안만 가서 하라고, 그것도 괜찮을 것이라고 하십니다. 알았습니다, 하고 아무 생각 없이 학장일을 보게 되었습니다. 주일날은 놉니다. 이 교회 저 교회 방문을 하는 중에 이 지경에서 몇사람이 수요일저녁에 모여 기도회를 한다, 했습니다. 이 압구정동이 북에 있는지 동에 있는지도 그때는 몰랐습니다. 그저 밤에 차를 타고 이리로 같이 왔습니다. 이것이 소망교회를 세우는 길이 되었고, 저는 그 학교와의 약속을 지키기 위해서 3년반 동안 학교일과 교회일을 겸하게 되었습니다. 그리고 이 교회에 전념하면서 오늘의 교회가 된 것입니다. 여러분, 작은 일이든 큰 일이든 믿음의 사람은 믿음으로 합니다. 내가 결정하는 것이 아닙니다. 결정권을 그에게 맡기는 것입니다. 그것이 믿음입니다. 그리스도인은 오직 믿음으로 삽니다. 오늘 성경은 말씀합니다. 의인은 그 믿음으로 산다. 그 믿음으로… 이 믿음은 내 욕망이 아니고 내 소원이 아니고 내 신념이 아닙니다. 하나님께서 주시는 선물입니다. 하나님께서 주시는 마음입니다.

오늘본문의 배경은 이렇습니다. 유대나라와 이스라엘이 다 타락했습니다. 종교, 정치, 문화 할것없이 전부가 타락을 하고 죄악으로 가득찼기에 선지자의 신령한 눈으로 볼 때는 기가막힙니다. 멸망할 수밖에 없고, 멸망당할 수밖에 없고, 하나님의 진노와 심판이 임박한 것을 느끼게 됩니다. 그래서 그는 성문에 올라가서 부르짖습니다. '하나님, 어찌 이렇게 되는 것입니까? 어찌 이렇게 망하는 것입니까? 하나님께서 무엇을 하실 생각입니까?' 그렇게 울부짖습니다.

이 질문에 대하여 하나님께서 대답하십니다. '기다려라, 정한 때가 있나니. 그리고 의인은 그 믿음으로 말미암아 살리라. 무서운 심판이 있을 것이다. 당연히 있을 것이다. 그러나 이 심판을 넘어서 구원의 역사가 있고 밝은 아침이 있을 것이다. 메시야의 나라가 임할 것이다.' 말씀하십니다. 의인은 그 믿음으로 산다―그 믿음이 무엇입니까. 이것은 미래지향적입니다. 현실을 넘어서는 것입니다. 상황을 넘어서는 것이 믿음입니다. 오직 밝은 미래를, 저 높은 곳을 지향합니다. 그 소망 속에 믿음이 있습니다. 또한 그 믿음을 가지고 현실을 봅니다. 미래를 향하여 가는 오늘의 process도 그 깊은 속에 하나님의 뜻이 있음을 압니다. 회초리에 사랑이 있습니다. 진노 속에 긍휼이 있습니다. 혼미함 속에 하나님의 오묘한 경륜이 이루어져가고 있다는 말입니다. 그것을 보고 느끼며 사는 것이 믿음으로 사는 것입니다. 나아가서는 저 앞에 있는 약속을 지향합니다. 하나님의 약속, 하나님의 말씀을 통해서 주신 약속을 믿고 오늘을 사는 것입니다. 약속을 믿는 믿음, 이것은 성령으로 말미암은 소중한 선물입니다. 데이비드 리빙스턴이라고 하는 유명한 선교사가 있습니다. 그분이 아프리카 오지에 가서 많은 고생을 합니다. 선교역사에 대단히 소중한 인물입니다. 리빙스턴이 무려 16년 동안 모진 고생을 하고 잠시 고향을 방문했습니다. 그를 맞으러 나온 고향사람들은 리빙스턴을 보고 모두들 목놓아 울었습니다. 그가 너무나도 초라해졌습니다. 스물일곱 번이나 열병을 앓아서 죽을 뻔하였기 때문에 뼈만 남았습니다. 앙상하게 뼈가 드러난 그의 허약해진 몸을 보고 사람들은 울지 않을 수가 없었습니다. 그뿐아니라 사자한테 물려서 오른쪽팔 하나는 간신히 붙어 있을 뿐입니다. 이런 것을 보고 모두가 감격하여 눈물을 흘리고 그를 위로했습니다. 글래스고대학에 가서 젊은이들에게 강연을 했을 때 대학생들이 물어보았습니다. "선교사님, 그 어려운 고통을 어떻게 이길 수 있었습니까? 아프리카 그 오지에서, 외롭고 무서운 곳에서 어떻게 그 많은 시련을 이길 수가 있었습니까?" 그는 담담하게 대답했습니다. "볼지어다 내가 세상끝날까지 너희와 항상 함께 있으리라, 하신 그 말씀을 꽉 부여잡고 그 말씀을 믿고 살고 힘을 얻고 용기를 얻어서 오늘이 있다." 여러분, 약속을 믿습니다. 하나님의 약속을 믿는 그 믿음이 '그 믿음'인 것입니다. 그 믿음으로 오늘을 삽니다.

　오늘본문에 나타난 말씀은 신학적으로도 매우 중요한 말씀입니다. "의인은 그 믿음으로 말미암아 살리라." 이 말씀의 헬라어 원문이나 히브리어를 놓고 문법적으로 다시한번 생각해보면 두 가지로 해석이 됩니다. 하나는 믿음으로 말미암은 의인은 살리라, 하는 말씀이 되고, 의인은 믿음으로 살리라, 하는 말씀이 됩니다. '믿음으로'라고 하는 부사구 '에크 피스테오스'를 주어에 붙이느냐 동사에 붙이느냐에 따라서 뜻이 달라집니다. 우리는 이것을 알아야 합니다. 믿음으로 말미암은 의인은 살리라―그것은 교리입니다. 의인은 믿음으로 산다―이것은 윤리입니다. "의인은 그 믿음으로 말미암아 살리라"―기독교교리와 윤리가 통합된 대단히 중요한 딱 한마디의 복음요절입니다. 여기서 깊이 생각해야 합니다. '그 믿음'이란 무엇입니까. 믿음으로 산다는 말은 무슨 뜻입니까. 믿음으로 살아갈 때 그는 기다립니다. 믿기 때문에 기다립니다. 아무 불평 없이 기다립니다. 원망이 없습니다, 믿으니까. 반드시 약속이 이루어질 것을 믿으니까 여유도 있고 평안함도 있습니다. 지금은 이해가 되지 않습니다. 그러나 믿습니다. 믿음으로 알고 믿음으로 바라봅니다. 평안합니다. 특별히 3절에 말씀합니다. "정한 때가 있나니…" 하나님께서 정한 때가 있습니다. 내 마음대로 초조해하지 마십시오. 하나님께서 정하신 때가 있습니다. 우리도 아이들이 무엇을 달라고 하면 그냥 선뜻 내줄 수가 없습니다. 줄 수 있는 때가 있습니다. "기다려라." 기다려야 합니다. 그때에 가서야 그의 소원을 들어줄 수가 있는 것이지 아무때나 달란다고 아무거나 줄 수는 없는 것이 아닙니까. 하나님께서 정하신 때가 있습니다. 그것이 언제이든 때가 있는 것은 사실이니 믿고 기다릴 것입니다. 이 기다린다고 하는 믿음—하나님의 지혜와 하나님의 능력과 하나님의 사랑과 하나님의 경륜을 간절히 믿고 온유겸손하게 기다립니다. 또하나는 먼저 가본 미래에 사는 것입니다. 지금 내가 이 시점에 있지마는 먼저 가봅니다. 내가 지금 젊지마는 늙은 상태를 생각해봅니다. 내가 지금 여기에 있지마는 저기를 생각해봅니다. 사도 바울을 보십시오. '그리스도의 날에 너희가 나의 자랑이 되고 우리가 너희의 자랑이 되리라' 합니다(고후 1 : 14). 그는 편지마다 '그날에' '그리스도의 날에'를 계속 강조합니다. 그날이 반드시 있을 일이고, 그날을 생각하고 거기서부터 오늘을 생각합니다. 먼저 가보고, 그 미래에 의해서 오늘을 생각한다, 그 말입니다. 그러므로 믿음으로 사는 사람은 다른 사람이 못듣는 말을 듣습니다. 다른 사람이 못보는 것을 봅니다. 믿음으로 보기 때문입니다. 다른 사람이 느낄 수 없는 것을 느낍니다. 그러므로 사도 바울은 빌립보감옥에서 죽을 지경으로 매를 맞고도 정신을 차리면서 찬송을 불렀습니다. 그 신비한 기쁨은 아무나 헤아릴 수 있는 것이 아닙니다. 오직 그만이 알 수 있는 일입니다. 믿음을 가진 사람은 그만의 지식이 있습니다. 그만의 기쁨이 있습니다. 다른 사람이 듣지 못하는 음성을 듣고 삽니다. 들려집니다. 그것이 믿음입니다. 또한 이 믿음으로 살아갈 때 현실, 사건 하나하나가 다 의미가 있습니다. 버려진 사건이 없습니다. 내가 실수했든 성공을 했든, 잘했든 못했든, 누구를 만났든 어디에 있든, 모든 사건 하나하나가 다 의미가 있습니다. 오늘을 위해서 있은 일이고 다음을 위해서 있는 일입니다. 에스더서에 유명한 말씀이 있지 않습니까. 모르드개가 에스더에게 하는 말입니다(에 4 : 14). '네가 왕후가 된 것이 바로 이때를 위함이 아닌지 누가 알겠느냐.' 여러분, 순간순간이 다 소중한 의미를 가지게 되고, 하나님의 신실함을 체험하게 되고, 약속이 분할성취 되는 것을 경험하게 됩니다. 하나님의 사랑을 실천하면서 살아갑니다. 아메리칸인디언 추장 하나가 어느날 한가한 시간에 손자 손녀들을 앞에 죽 앉혀놓고 재미있는 이야기를 하고 있는데, 보니 어린아이들의 마음속에도 고민이 많은 것입니다. 갈등이 있는 것입니다. 그 고민하는 아이들을 보고 할아버지는 이렇게 말합니다. "사람의 마음속에는 언제나 늑대 두 마리가 있단다. 한 마리는 아주 악한 늑대로서 화를 잘내고 질투하고 시기하고 거만하고 거짓말하고 교만하다. 다른 한 마리의 늑대는 기뻐하고 평안하고 사랑하고 소망을 주고 인내하고 매우 온유 겸손한 복스러운 늑대다. 이 두 마리가 있어 항상 싸운단다." 항상 싸운다고 했더니 가만히 있던 아이들이 "맞아요. 내 마음에도 늑대 두 마리가 있어요"라고 말합니다. 한 아이가 묻기를 "할아버지, 할아버지의 마음속에도 늑대가 있나요?" 하니 "그럼, 두 마리가 있지"하고 대답합니다. 한 아이가 다시 물었습니다. "그런데 어느 늑대가 이겼나요? 두 마리가 싸워서 어느 놈이 이겼나요?" 할아버지가 빙그레 웃으면서 대답합니다. "내가 먹이를 주는 놈이 이겼지." 여러분, 여러분은 어느 늑대한테 먹이를 주십니까? 좋은 늑대한테 먹이를 주고 있습니까. 아니면 못된 늑대한테 관심을 두고 거기다 먹이를 주고 있습니까? 내가 먹이를 주는대로 그 늑대가 이긴다— 인디언추장이 썩 지혜로운 대답을 했습니다. 여러분, 분명하게 명심할 것입니다. 의심은 죄입니다. 그러나 사람들이 의심은 죄 아닌 줄 압니다. 의심이야 마음속에 언뜻 지나가는 것인데 무슨 죄가 될까, 하고 죄인 줄 몰라서 회개도 아니합니다. 의심이 쌓이고 쌓여서 모든 악의 근본이 됩니다. 에덴동산에서 지은 죄가 바로 의심이라고 하는 죄입니다. 그러므로 의심은 원죄의 속성입니다. original sin, 원죄의 속성이 의심입니다. 의심, 불신이 씨가 되어 모든 죄를 유발하는 것입니다. 이것을 잊지 말아야 합니다. 그러므로 우리는 바른 믿음을 세워야 합니다. 하나님의 심판을 믿고 진노를 믿고 그리고, 보십시오. 저 앞에 있는 구원을 믿고 약속을 믿고 나아가야 합니다. 아는 것이 있습니까? 아는대로 진실하십시오. 모르는 것이 있습니까? 믿고 따라가십시오. 보이는 것이 있습니까? 거기에 충성을 다하십시오. 보이지 않는 것이거든 믿고 순종하십시오. "의인은 그 믿음으로 말미암아 살리라." △

영접하는 자에게 주신 권세

참빛 곧 세상에 와서 각 사람에게 비취는 빛이 있었나니 그가 세상에 계셨으며 세상은 그로 말미암아 지은 바 되었으되 세상이 그를 알지 못하였고 자기 땅에 오매 자기 백성이 영접지 아니하였으나 영접하는 자 곧 그 이름을 믿는 자들에게는 하나님의 자녀가 되는 권세를 주셨으니 이는 혈통으로나 육정으로나 사람의 뜻으로 나지 아니하고 오직 하나님께로서 난 자들이니라 말씀이 육신이 되어 우리 가운데 거하시매 우리가 그 영광을 보니 아버지의 독생자의 영광이요 은혜와 진리가 충만하더라
(요한복음 1 : 9 - 14)

영접하는 자에게 주신 권세

어느날 늦은밤에 한 외판원이 자동차를 급히 몰고 어느 호텔 앞에 도착했습니다. 호텔에 들어가서 방을 하나 얻겠다고 했지만 안내원은 빈 방이 없다고 대답합니다. 빈 방이 없다는 말을 듣는 순간 이 외판원은 실망과 낙담으로 피곤이 한꺼번에 몰려오는 것을 느꼈습니다. 하루종일 여행을 하고 밤늦게 호텔에 와 쉬려고 했던 것입니다. 그는 지친 모습으로 호텔을 또 찾아 헤매게 되었습니다. 그래서 무거운 발걸음으로 그 호텔문을 나서려고 할 때였습니다. 로비에서 쉬고 있던 점잖은 신사 한 분이 다가와서 말합니다. "방이 없다고 하니 몹시 힘드시겠습니다. 나는 윌리엄이라고 하는 사람입니다." 신사는 자기소개와 함께 이렇게 말합니다. "이 늦은 시간에 여기저기 다녀봐도 방을 얻을 것같지 않고 몹시 피곤해보이니 이렇게 하시는 게 어떻겠습니까? 내가 지금 이 호텔에 묵고 있는데, 내 방은 twin-bed, 작은 침대가 둘이 놓여 있습니다. 내가 한 침대를 사용하고 한 침대는 비어 있습니다. 그러니 나와 함께 하룻밤 동숙을 하시면 어떻겠습니까?" 외판원은 이 뜻밖의 친절에 마치 세상이 바뀌는 것같은 느낌이 들었습니다. '이런 고마울 데가 있나. 이런 고마운 분이 있나.' 거절할 이유가 없었습니다. 감사 감격, 감지덕지, "그러지요"하고 그 분의 안내로 그 호텔방에 들어갔습니다. 짐을 내려놓고 하룻밤을 쉬었습니다. 새벽이 되었을 때 눈을 떠보니 벌써 이 점잖은 신사는 세수를 단정히 하고 단정하게 앉아서 성경을 읽고 있습니다. 그리고는 이 사람에게 말했습니다. "나는 예수믿는 사람이라서 아침 일찍 일어나 성경보고 기도하는 습관이 있습니다. 선생님도 나와 함께 기도

하고 성경읽고, 그렇게 할 수 없겠습니까?" 신세를 진 터라 싫다고 할 수 없었습니다. "아, 그러겠습니다." 급히 일어나 세수를 단정히 하고 앉았는데 그 신사가 성경을 죽 읽고나서 기도를 하는데, 나라를 위해서 대통령을 위해서 사회를 위해서 기도하고, 특별히 마주앉은 자신을 위해서도 간절히 기도해주는 것이었습니다. 이윽고 이 경건순서는 끝났습니다. "제가 한말씀 드려보겠는데…"하고 그 신사는 외판원의 손을 잡더니 하는 말이 "예수 그리스도를 영접할 마음이 없습니까?" 하는 것입니다. 이것도 거절할 수가 없었습니다. "그러겠습니다." "그러면 당신은 이제부터 내 친구요 내 형제입니다." 그리고 굳게 악수를 합니다. "감사합니다." 이렇게 하는 순간 이 외판원은 세상이 바뀌는 것을 느꼈습니다. '세상에 이런 고마운 분이 있나. 세상에 이런 사람도 있나.' 전혀 다른 세상을 보는 것같은 감격이 있었습니다. 바로 그 신사분이 뒤에 알고보니 윌리엄 제닝스 브라이언이라고 하는 당시 미국의 국무장관이었습니다. 이런 분을 호텔에서 우연히 만난 것입니다. 이 외판원은 이 감격으로 한평생을 살게 됩니다. 또하나의 말씀을 드리겠습니다. 한 스승이 제자들에게 물어보았습니다. "세상에는 밤이라는 것이 있고 낮이라는 것이 있다. 그런데 밤과 낮을 구분하는 증거가 무엇인가? 무엇으로 밤과 낮을 식별할 수가 있는가?" 한 제자가 대답합니다. "저기 오는 사람이 남자인지 여자인지 구분을 할 수 없을 때는 밤이고, 이 사람은 여자고 저 사람은 남자다, 라고 구분이 되면 낮입니다." "그도 그렇겠구나." 또 한 제자는 말합니다. "저기 동물이 서 있는데 저것이 말인지 소인지 알 수 없을 때가 밤이고 저것이 말이다, 소다, 구분이 되면 낮입니다." "그도 그렇겠구나." 또 한 제자는 말합니다. "멀리 서 있는 나무가 보리수인지 망고나무인지 모를 때는 밤이고, 저것이 무슨 나무다, 하고 알아볼 수 있으면 그것이 낮입니다." 스승은 빙그레 웃고 말이 없습니다. "선생님은 어떻게 생각하십니까?" "나는 그렇게 생각지 않네. 내 옆에 있는 사람이 원수인지 친구인지 모르면 그때가 밤이고, 이 사람은 분명히 내 친구다, 생각되면 그때가 바로 낮이지." 여러분, 어떻게 생각하십니까? 모든 사람이 반갑고, 모든 사람이 믿어지고 모든 사람에게 신뢰가 가고 '저들은 나를 사랑한다'라고 느껴지면 그때는 낮입니다. 세상사람 많지마는 다 원수다, 아무도 내 마음을 모른다, 내 뜻을 모른다, 나는 혼자다, 오로지 혼자다, 사막에 버려진 외로운 나그네다, 이렇게 생각된다면 당신은 지금 밤에 사는 것입니다. 내가 지금 밤에 있는 것입니까, 낮에 살아가고 있는 것입니까? 깊이 생각하여야 합니다. 사람이란 나와 함께한 자와의 관계에서 나를 평가하게 됩니다. 나의 나됨을 아는 데서부터 인생은 시작됩니다. 유명한 웅겔스마의 명제가 있습니다. 'To know self is to be known by another' 유명한 말입니다. 다른 사람과 나, 내 이웃과 나의 관계에서 생각을 해보십시오. 거기에 나라는 존재에 대한 평가가 있는 것입니다.

'예수를 믿는다'란 그리스도와 나와의 관계, 하나님과 나와의 관계입니다. 그리스도 안에 있는 나를 발견할 때, 그리고 그 크신 은총 속에 내가 있다는 것, 하나님은 아버지요 나는 자녀다, 이웃은 내 형제다, 라는 것을 알 때 그는 그리스도인인 것입니다. 오늘본문에는 특별히 하나님의 자녀 되는 권세에 대한 소중한 말씀이 있습니다. 하나님의 자녀가 된다(becoming), 그에 따라서 권세가 주어진다— 놀라운 말씀입니다. 오늘성경을 자세히 읽어보면 이것은 기독교적 교리의 핵심입니다. 오직 기독교만이 가지는 소중한 진리요 복음입니다. 하나님의 자녀 됨이란, 다른 말로 인간이 인간되는 것은 결코 내 선행이나 내 지식이나 내 의나 내 공로나 노력에 의해서가 아니고 중요한 것은 하나님의 나를 향한 말씀을 내가 어떻게 받아들이느냐에, 수용하느냐에 있다는 것입니다. receiving heart, 받아들이는 데 있습니다. 하나님의 자녀 됨을 내가 쟁취하는 것이 아니고 하나님께서 나를 위하여 오심을 내가 받아들이는 데 있다, 마음을 여는 데 있다는 것입니다. 인격도 그렇습니다. 그 인격이 출중한가 졸렬한가, 그릇이 큰 사람인가 작은 사람인가, 그런 능력이 있는가 없는가— 그 평가도 역시 그 사람의 acceptability, 수용능력에 있다는 것입니다. 별로 좋은 이야기는 아닙니다마는 제가 어느 대통령이라고는 말씀드리지 않겠습니다. 남북관계가 아주 긴장관계에 있어서 아무도 북한을 방문하지 못할 때, 오래전 이야기입니다. 그때 빌리 그레이엄 목사님이 특별하게 북한을 방문해서 '김일성 수령'을 만나고 돌아왔습니다. 돌아오는 길에 청와대에 들렀습니다. 대통령을 만나는 데 자, 대통령 입장에서 보면 얼마나 소중한 시간입니까. "나는 못가봤지만 목사님은 갔다오셨으니 다행입니다. 그래 어떻습디까? 뭐라고 하더이까? 그들의 생각이 어떠한 것같았습니까?" 이렇게 물어볼 만하지 않습니까. 그런데 유감스럽게도 30분 동안 대좌를 했는데도 시종 대통령 혼자만 말했습니다. 어쩌고저쩌고… 하도 유감스러운지라 같이 갔던 사람이 민망해서 혼났다고 합니다. 그렇게 면회를 끝내고 나와 차를 타고 가는데, 마음이 조마조마한 가운데서 빌리 그레이엄 목사님이 뭐라고 하나 보았더니 목사님은 씽긋 웃으면서 단 한 마디를 하더랍니다. "He talks too much." 이 얼마나 유감스러운 이야기입니까. 좀 귀를 기울였다면, 어떤지 뭘 좀 물어보았다면 빌리 그레이엄 목사님이 오죽이나 이야기를 잘했겠습니까. 잘도 설명했을 것이고 미국가서 한바탕 돌아다니면서 피아르를 했을 것인데 글쎄 "He talks too much."라는 평가가 고작이었다니요. 작은 그릇입니다. 이래서 이 나라가 어지러운 것입니다. 이걸 알아야 됩니다. 큰 그릇은 남의 말에 귀를 열어놓습니다. 많이 듣습니다. 넓게 듣습니다. 듣는다는 것이 무엇입니까. 마음이 열려 있다는 뜻입니다. 듣는다는 것은 무엇입니까. 남의 말을 명심하여 듣는다는 것입니다.

또한 듣는다, 영접한다, 하는 말은 믿어준다, 하는 말입니다. 일단 믿어주는 것입니다. 제가 신학대학에서 한 40여 년 강의를 했는데, 제가 강의를 할 때마다 첫시간에 꼭 주는 주의사항이 하나 있습니다. "내 강의에 질문은 없다. 강의 도중에는 질문을 하지 말아라. 의심하지도 말아라. 의심은 집에 가서 하라. 그리고 다음에 와서 질문하라. 강의를 듣는 중에 이렇게 의심하고 저렇게 생각하는 것은 학생 자신에게 손해다. 듣는 이 시간만은 전적으로 믿고 전적으로 받아들이라. accept totally. 그렇게 들어라. 그것이 공부하는 방법이다." 그렇게 이야기를 합니다. 사실입니다. 또한 오늘 이 시간 이 설교 듣는 것도 그렇습니다. 전적으로 가슴을 열고 그대로 들으면 좋습니다. 그저 우스운 이야기를 하면 웃고 슬픈 이야기를 하면 웁니다. 그러나 어떤 사람은 '나는 절대로 맘을 움직이지 못한다'하고 요지부동입니다. 불쌍하고 딱한 사람들입니다. 오늘본문을 보십시오. "영접하는 자 곧 그 이름을 믿는 자들에게는…" 영접한다는 것은 믿는다는 것이요 믿는다는 것은 영접한다는 것입니다. 인격을 어떻게 영접합니까. 대접을 한다고, 음식대접 한다고 대접입니까. 인격과 인격의 만남에서 영접이란 듣는 것이요 믿어주는 것이요 신뢰하는 것이요, 그리고 그의 말씀을 따르는 것입니다. 깊이 생각하여야 합니다. 홀만 헌터가 그린 유명한 그림이 있습니다.「세상의 빛」이라고 하는 그림입니다. 여러분도 카드에서나 서책에서 더러 보았을 것입니다. 그림에는 굳게 닫힌 대문이 있습니다. 오래도록 열어본 일이 없어서 문 아래에는 잡초가 우거졌습니다. 굳게 닫힌 문을 밖에서 등불을 들고 두드립니다. 노크하는 장면입니다. 그런데 자세히 보면 이 대문은 밖에 손잡이가 없습니다. 안에서 열지 않으면 들어가지 못합니다. 손잡이가 없는 문, 그 대문 밖에서 등불을 들고 두드리고, 기다리고 있습니다. '내가 문밖에서 두드리노니, 열면 내가 들어가 너는 나로 더불어 먹고 나는 너로 더불어 먹으리라.' 문 밖에서 두드립니다. 우리가 마음문을 열어야 합니다. 바로 그것이 성탄의 의미입니다. 이것은 곧 이해(理解)를 말하는 것입니다. 어떤 문으로 이해하느냐, 하는 것입니다. 예수님께서 제자들에게 물으십니다(마 16 : 15). "너희는 나를 누구라 하느냐?" 너는 나를 누구라 하느냐, 물으십니다. 여러분은 지금 주님을 누구라고 고백하십니까? 어디까지 이해하고 있습니까? 그를 누구로 고백하느냐에 따라서 나의 나됨이 결정되는 것입니다. 예수님을 의사로 생각하면 나는 환자요, 예수님을 기적의 사람으로 생각하면 나는 기적을 따르는 사람이고 요행을 바라는 사람입니다. 예수 그리스도를 말씀이 육신이 되어 우리 가운데 오신 하나님으로, 말씀으로 영접하는 순간 바로 내가 하나님의 자녀가 된다는 말씀입니다. 예수님을 어디까지 이해하고 어떤 분으로 고백하고 있느냐가 중요한 것입니다. 동시에 이제는 주님을 영접한다, 하는 순간에, 그를 스승으로 모시고 그를 주로 모시는 순간에 그에게 완전히 다가가는 것입니다. 그를 따르는 것입니다. 이것은 discipline입니다. 그의 커리큘럼을 따르는 것입니다. 그의 교과과정을 만족하게 여기고 따릅니다. 어디로 인도하든지, 사망의 음침한 골짜기로 인도할지라도 믿고 따릅니다. 납득이 가도 따르고 안가도 따르고 이해가 돼도 따르고 안되어도 따릅니다. 그 전적인 순종, 그것이 바로 주를 영접한다는 뜻입니다. 예수님의 제자들이 예수님을 옳게 영접하지 못했었습니다. 다 이해하지도 못했고 따르지 못했습니다. 뿐만아니라 주를 영접한다는 것은 그에게 자기의 운명을 맡긴다는 것입니다. 완전히 헌신하는 것입니다. total commitment입니다. 데이빗 A. 시먼스라고 하는 분이「Heal-ing Grace」라고 하는 그의 책에서 은혜의 장애물 세 가지를 말합니다. 은혜가 은혜되지 못하게 방해하는 것의 첫째가 자기의존입니다. 아직도 내 의, 내 노력, 내 어떤 것으로 인해서 무엇이 될 줄 압니다. 이 자기의존도가 높으면 결국 그리스도를 영접할 수가 없습니다. 은혜를 수용하지 못합니다. 또하나는 철저한 개인주의입니다. 개인주의자는 사랑을 수용하지 못합니다. 내가 남을 사랑하지 않기에 남이 나를 사랑한다는 것도 받아들이지 못합니다. 그럴 이유가 없다는 것입니다. 개인주의자는 엄청난 사랑을 수용하지 못합니다. 참으로 불쌍합니다. 셋째는 철저한 행동주의입니다. 자기경험에 집착합니다. 누가 어떤 새로운 이야기를 할 때 "다 해봤어. 다 지내봤어"합니다. 이것처럼 불행한 일이 없습니다. 내가 어디까지 경험한 것입니까. 내가 안다면 어디까지 아는 것입니까. 마는 자기경험을 절대화하고 더는 말을 들으려고 하지 않습니다. 그에게는 은혜가 없습니다. 이것을 잊지 말아야 합니다.

그래서 오늘성경은 말씀합니다. 주를 영접한다는 것은 곧 그의 이름을 믿는다는 뜻입니다. 그리고 "하나님께로서 난 자들이니라" 하였습니다. 이것은 영생과 중생을 말하는 것입니다. 하나님께서 말씀과 성령으로 함께하실 때만이 이 귀한 역사는 이루어질 수가 있습니다. 그리고 오늘 요한복음의 가장 핵심되는 말씀을 읽게 됩니다. "말씀이 육신이 되어 우리 가운데 거하시매 우리가 그 영광을 보니 아버지의 독생자의 영광이요 은혜와 진리가 충만하더라." 극치적인 고백입니다. 하나님의 영광을 보았습니다. 독생자의 영광을 보여주셨다는 말씀입니다. 그런가하면 은혜와 진리가 충만하더라, 합니다. 그리스도를 영접하는 순간에 은혜는 신앙적이고 진리는 철학적입니다. 신앙적 욕구와 철학적 욕구가 다 채워지는 것입니다. 우리의 감성과 의지, 지식 할것없이 그 모든 욕구가 만족하게 채워지는 순간이 충만입니다. 그래서 은혜와 진리가 충만하더라, 합니다. 사도 요한은 예수 그리스도를 알았습니다. 예수 그리스도를 영접하면서 고백합니다. "은혜와 진리가 충만하더라." 얼마나 놀라운 고백입니까. 그러나 성경을 읽어나가는 중에 참 유감스러운 일을 만납니다. 헤롯같은 왕은 예수님께서 오셨다는 소문을 듣고 낭상 죽이려고 덤빕니다. 왜? 그가 왕이 되면 내가 죽으니까. 내가 왕 되기 위해서 예수를 죽이려고 하는 그런 사람은 오늘도 있습니다. 내가 내 보좌를 내어놓아야 합니다. 완전히 내어놓고 그를 왕으로 영접합니다. 그것이 영접한다는 뜻입니다. 영접하는 순간 신비로운 역사가 이루어집니다. 새로운 세상이 전개됩니다. 탕자가 집으로 돌아옵니다. 돌아올 때 그는 그의 무자격함을 알고 있습니다. 전혀 아들의 자격이 없다는 것을 알고 뉘우치며 돌아왔습니다. 돌아와서 놀란 것은 아버지는 자신을 기다려주셨다는 것입니다. 아버지는 지금도 나를 사랑한다는 것입니다. 그 아버지의 엄청난 사랑에 감격하는 순간 그는 지난날을, 어두운 과거를 다 잊어버렸습니다. 그리고 아버지의 마음을 받아들이고 그 잔치에서 기쁨을 누립니다. 자기의 자녀됨을 확증하였습니다. 그것이 바로 자녀의 권세입니다. 거기에 내 존재가 있고 내 신분이 있고 내 가치관이 있으며, 거기서 하나님의 자녀 됨의 권세를 누리며 새로운 세상을 살아가게 되는 것입니다. △

악하고 게으른 종

　한 달란트 받았던 자도 와서 가로되 주여 당신은 굳은 사람이라 심지 않은 데서 거두고 헤치지 않은 데서 모으는 줄을 내가 알았으므로 두려워하여 나가서 당신의 달란트를 땅에 감추어 두었었나이다 보소서 당신의 것을 받으셨나이다 그 주인이 대답하여 가로되 악하고 게으른 종아 나는 심지 않은 데서 거두고 헤치지 않은 데서 모으는 줄로 네가 알았느냐 그러면 네가 마땅히 내 돈을 취리하는 자들에게나 두었다가 나로 돌아와서 내 본전과 변리를 받게 할 것이니라 하고 그에게서 그 한 달란트를 빼앗아 열 달란트 가진 자에게 주어라 무릇 있는 자는 받아 풍족하게 되고 없는 자는 그 있는 것까지 빼앗기리라 이 무익한 종을 바깥 어두운 데로 내어 쫓으라 거기서 슬피 울며 이를 갊이 있으리라 하니라

　　　　　　　　(마태복음 25 : 24 - 30)

악하고 게으른 종

　D. A. 벤턴이라고 하는 교수가 쓴 「How to Think Like a CEO」라고 하는 책이 근자에 베스트셀러로 얼마전부터 나돌고 있습니다. 우리말로는 「정상의 법칙」이라고 번역되었습니다. 어떻게 하면 CEO처럼, 세계를 주도하는 지도자처럼 생각할 수 있을까, 지도자들은 어떻게 생각하는가, 어떻게 생각하는 사람이 지도자가 되는가—이런 것을 말해주는 책입니다. 제가 이 책을 펴서 첫 페이지를 읽고 적이 놀랐습니다. 지도자가 되는 조건 첫째가 뭐냐면 연기력이다, 하는 것입니다. 영화배우나 탤런트같은 사람만이 아니라 모두가 이 세대를 살려면 연기력이 있어야 된다는 것입니다. 연기력, 연출력이 필요하다는 말씀입니다. 이를테면 반갑지 않은 사람을 만나도 아, 반갑습니다, 오랜만입니다, 이렇게 말할 수 있는 연출력이 있어야 합니다. 반갑지 않다고 해서 휙하고 돌아서는 유의 사람은 영 지도자가 될 수 없습니다. 그런 사람은 이 시대를 살만한 자격이 없습니다. 보십시오. 재미없는 이야기를 들으면서도 '아, 재미있다'하고 들어줘야 되는 것입니다. 남이 말을 하기 시작했는데 "그거 벌써 몇번째 들어본 이야기야. 그만해"하고 초쳐버리는 사람이 있습니다. 두고보십시오. 그 사람은 영영 밥먹기도 힘들 것입니다. 그저 좀 들어주면 안됩니까. 그것도 봉사인데. "아, 그렇구만요. 정말 재미있네요." 이런 반응을 보여야 한다는 것입니다. 그것이 연출력입니다. 재미있어서가 아닌 것입니다. 재미없어도 재미있다고 말하는 것입니다. 연출을 해야 합니다. 그뿐입니까. 우리가 음식을 대할 때도 그렇습니다. 맛이 좀 없는 음식일지라도 사랑하는 아내가 만들어주었으면, 또 특

별하게 한다고 요리책 보고 만들어주었으면 "아, 좋구만. 난생 이런 음식 처음 먹어보는구만." 그러고 먹어줄 것입니다. 그 한 끼 맛없게 먹었다고한들 탈이 나는 것도 아닌데 음식을 놓고 맛없다고, 돈만 없앴다고, 이런 것도 음식이냐고 타박을 준다든가 하는, 이런 남편 참 문제입니다. 그렇게도 연기력이 없어서야 무슨 구실인들 제대로 하겠습니까. 결혼식에 가서 신랑 신부를 볼 때 무조건 예쁘다고 하여야 됩니다. "참 이쁘다"하여야 됩니다. 신랑 신부 보고 예쁘다고 하는 거짓말은 죄가 안된다고 「탈무드」에 기록되어 있습니다. 그런데 거기까지 가서 진실한 사람이 있습니다. "아이고, 신랑이 뭐 저 모냥이야, 신부가 손해봤네…" 이따위 소리를 하는 것입니다. 똑똑한 것같으나 멍청한 것입니다. 그것을 알아야 합니다, 연기력. 그렇지 않습니까? 참으로 옳은 이야기라고 생각됩니다. 그런데 문제는 여기에 있습니다. 이렇게 연출을, 연기를 하다보면 나를 잃어버리는 수가 있습니다. 그래서는 안됩니다. 나 자신의 본질을 잃어버려서도 안되고 또한 나의 진실을 벗어나서도 안됩니다. 그러니까 연기력과 나의 진실과의 긴장관계에서 내가 얼마나 균형을 바로잡느냐가 나의 성공 여부를 좌우하는 것입니다. 두고두고 생각해보십시오.

　세계 최고의 인터넷서점인 아마존에서 장기 베스트셀러로 기록되고 있는 책에 인간경영에 대한 최고의 명작이라고 일컫는 책이 있습니다. 바로 「The Platinum Rule」이라고 하는 책입니다. golden rule이라는 말은 많이 하지만 platinum rule이라고 하는 말은 아직 생소한 말입니다. 황금률이라는 말은 들어봤지만 백금률, 이 말은 우리가 못들어봤습니다. 황금률이라는 것이 무엇입니까. 대접을 받고자 하는대로 남을 대접하라―그것입니다. 그 기본철학이 모든 사람의 욕구, 기본욕구는 같다는 것입니다. 같으므로 내가 대접받고자 하는대로 남을 대접하면 되는 것이다, 이것이 황금률입니다. 내가 싫으면 저도 싫을 것이고 내가 좋으면 저도 좋을 것이니 내가 칭찬받기를 원하면 남을 칭찬하라 하는 것, 황금률입니다. 모든 사람이 나에 대하여 입방아찧지 말고 침묵해주기를 바라거든 나도 말하지 말라―황금률입니다. 그러나, 백금률이란 그렇지 않습니다. 상대가 원하는 방식대로 그를 사랑하라는 것입니다. 왜요? 기본적으로 사람의 욕구와 성향이 저마다 다르기 때문입니다. 입맛이 다 다르고 취미가 다 다르고 가치관도 이상도 다 다르기 때문에 부득불 우리는 내 생각을 버리고 상대가 원하는대로 상대를 대하라, 하는 것입니다. 이것이 백금률입니다. 하기는 그렇습니다. 제가 인천에서 목회를 할 때입니다. 제가 27세에 목사가 되었습니다. 일찍 됐습니다. 그리고 그 판자집 많은 곳에서 심방을 다녔습니다. 하루에 평균 스물일곱 집을 심방했었습니다. 무척 힘들었습니다. 그런데 심방간 집에서 점심때가 되어 식사를 하게 되면 좌우간 나무꾼밥처럼 밥을 많이 주십니다. 그리고 말끝마다 많이 잡수세요, 많이 잡수세요, 합니다. 거기까지는 괜찮은 편입니다. 설상가상인 것은 밥을 한 반쯤 먹었는데 물을 확 부어주는 것입니다. '다 잡수시라'고요. 이건 정말 힘이 드는 일입니다. 그런가하면 그것도 좀 괜찮은 편입니다. 어떤 분은 자기가 먹던 숟가락를 앞치마에 쓱쓱 닦아 건네면서 "이걸로 잡수세요" 합니다. 그거 거절했다가는 큰일됩니다. 그런가하면 방금 점심먹고 다음집에 갔는데 거기서 또 막국수를 시켜와 권합니다. "이거 맛있는 거예요." 그러니 저인들 어떻게 하겠습니까. 죽기살기로 먹어야 합니다. 그런 일들이 있었습니다. 이 「백금률」이라는 책을 보다가 퍼뜩 그런 일들이 생각났습니다. 정말 그렇습니다. 자기수준에서, 자기성향에서 남을 대하면 이렇게 되는 것입니다. 상대방이 무엇을 좋아하는지, 그 수준과 그 입장과 그 욕구를 따라서 그 방법대로 내가 그를 사랑해야 되는 것입니다. 이것이 곧 백금률입니다. 이 백금률로만이 21세기를 살아갈 수 있다, 하는 내용의 책입니다. 사실로 그러합니다. 그러나 다른 사람이 좋아하는 대로 내가 그를 따른다고 할 때 기준은 어디에 있고 나는 어디로 가는 것입니까. 하나님의 뜻은 어디에 있는 것입니까. 바로 여기에 문제가 있는 것입니다. 그러므로 중심과 진리를 잘 붙잡고 이 백금률과의 긴장관계를 바로 찾아나가야 하겠다는 것입니다. 여러분, 성공의 평가기준이 어디에 있습니까? 지난 일 년 동안 얼마나 성공을 했습니까? 얼마나 배웠습니까? 그렇게 볼 것입니까? 이것이 성공이 아닙니다. 성공의 판단기준은 먼저 목적에 있습니다. 얼마나 목적을 향하여 직선적으로 살았는가? 목적에 합당한 일을 했는가? 얼마나 내 생의 궁극적 목적을 지향하고 바로 살았는가? 둘째는, 얼마나 자유했느냐에 있습니다. 돈을 많이 가졌더라도 그 돈 걱정하느라고 잠을 못잔다면 그 사람, 질대로 성공한 것이 아닙니다. 출세했다고해서, 출세해서 불안에 떨면 그 사람은 절대로 성공한 것이 아닙니다. 요컨대 자유입니다. 소유욕이나 질투나 시기나 욕망이나 남에게서 받는 평판(reputation) 다 털어버리고 훨훨 날아가듯이 내 영혼과 내 양심이 자유로워야 합니다. 얼마나 자유했습니까? 그것이 바로 성공의 기준입니다. 또하나, 내가 다른 사람에게 어떤 모습으로 나타났느냐에 있습니다. 나로 인하여 다른 사람이 얼마나 기쁨을 얻었습니까? 나로 인해서 내 가정이 얼마나 행복해졌습니까? 나라고 하는 존재가 다른 사람에게 얼마나 유익한 존재로, 덕을 끼치는 존재로 성숙했느냐, 그것을 물어야 합니다. 여러분, 물어보십시오. 내가 행복하냐고 묻지 마시고, 나로 인해서 내 남편이 금년에 얼마나 행복했나, 나로 인해서 내 아내가 얼마나 행복했나, 나로 인해서 내 자녀들이 얼마나 행복했나, 나로 인해서 교회가 얼마나 행복했나, 내가 어떤 역할을 하고 있었나—성공 여부가 여기에 있습니다. 나로 인해서 내 이웃에 있는 사람들이 얼마나 행복했으며 얼마나 그들이 스스로 복되다고 말하게 되었는가—판단하여야 될 것입니다.

　오늘본문에 보면, 한 달란트를 받았던 사람, 한 달란트를 도로 가져왔는데, 주님께서 이렇게 말씀하십니다. "악하고 게으른 종아." 게으르다는 사실은 인정을 하겠습니다. 그러나 악하다는 것은 좀 납득이 가지 않습니다. 세상에는 본전 잘라먹는 사람도 많고, 가지고 도망가지도 않았고, 본전 갖다 도로 내놨다, 이 말입니다. 그런데 왜 악하다고 하시는가, 이것입니다. 왜 주인은 그를 악하다고 했을까? 여기서 우리 깊이 이 말씀의 뜻을 살펴야 하겠습니다. 무릇 사람들은 최선이라는 허상에 속고 있고 속이고 있습니다. 가끔 우리는 이렇게 말합니다. "최선을 다했다.(I did my best.)" 정말 그렇습니까. 사람 앞에는 그것이 통할는지 몰라도 자기양심 앞에, 하나님 앞에 물어보십시오. 정말 최선을 다했는가? 아닙니다. 최선을 다했다고 속이지도 말고 속지도 마십시오. 스스로 속는 것입니다. 그 당시는 그것이 최선인 줄 알았습니다. 그 길밖에 없는 줄 알았습니다. 이제 와서 돌이켜 생각해보니 그게 아닌 것입니다. 얼마든지 길이 있었습니다. 얼마든지 기회가 있었습니다. 얼마든지 더 잘할 수 있었습니다. 그런데 그 당시에는 그것이 최선인 줄로 착각을 했습니다. 이것이 진실입니다. 오늘본문에 한 달란트를 가져왔던 사람이 문제가 됩니다. 왜 땅에 묻어놨을까? 심리적으로 많이들 생각합니다. 여기에는 분명히 심리학적 요인이 있다는 것입니다. 더욱이 사회학적으로 볼 중요한 의미가 여기에 있다는 것입니다. 다른 사람들에게는 다섯 달란트도 두 달란트도 주면서 내게는 왜 한 달란트냐—이것입니다. 이것이 마음에 안들었던 것입니다. 시기 질투 때문에 자기판단까지 흐려지게 된 것입니다. 예일대학의 피터 살로비(Peter Salovey)라고 하는 교수가 범죄를 연구한 결과 사람들이 짓는 범죄의 20%가 시기 질투로 인해서 온다고 했습니다. 여러분, 가만히 보십시오. 사업이 망가지는 것 뻔히 알면서도 그저 계속 잘못해 마지막에 크게 무너지고 맙니다. 왜요? 질투 때문입니다. 다른 사람 성공하는데 내가 무너질 수 있나, 다른 사람 공장 세우는데 내가 못세울 수 있나, 다른 사람 출세하는데 내가 못할 수 있나—알고보면 모든 망조가 이 시기 질투에 있는 것입니다. 나는 나입니다. 저가 백 달란트 받았건 내가 한 달란트 받았건 내게 주어진 한 달란트가 내게 중요한 것입니다. 그런데 사람들은 그것을 생각지 못하는 것입니다. 그레고리 화이트 (Grerory White)박사가 쓴 「Clinics of Jealousy」라고 하는 책이 있습니다. 대단히 재미있는 책입니다. 질투임상학입니다. 부부관계에 금이 가는 것, 사업에 실패하는 것, 인격이 망가지는 것, 전부가 질투 탓입니다. 사람이 잠을 못자는 것은 돈을 잃어버려서가 아닙니다. 돈 잃어버린 것보다 더 마음쓰이는 것은 사람들이 무엇이라고 말할까입니다. 시기 질투 때문입니다. 부부관계가 깨지는 것도, 이혼하는 것도 알고보면 모두 시기 질투에서 비롯된다는 것입니다. 오늘 이 사람이 한 달란트를 받았으면 한 달란트는 소중한 것입니다. 그뿐아니라 기회는 평등한 것입니다. 얼마를 받았든지 얼마를 가졌든지 이것은 하나님께서 내게 적당하게 주신 것입니다. 여러분은 이렇게 생각해보셨습니까? 내게 주신 바 물질과 건강과 지혜와 형편과 현실이 하나님께서 내게 적당하게 주신 것이다, 하나님은 공평하시다, 하나님은 내게 평등하게 역사하셨다, 그렇게 느끼십니까? 아니면 '하나님 참 마음에 안들어. 왜 저 사람에게는 다섯 달란트이고 나에게는 한 달란트냐' 하십니까? 그것이 마음에 안드는 것입니다. 영 불만인 것입니다. 그래서 문제가 되고, 그러는 동안에 소중한 한 달란트의 가치를 땅에 묻어두고 말았습니다. 또하나, 주인의 평가에 대한 불만이 있습니다. 왜 나를 작게 평가했느냐입니다. '왜 다른 사람에게 주신 재주를 내게는 안주셨는가? 다른 사람에게 주신 건강을 내게는 왜 안주시는가? 나는 최선을 다했는데…' 그렇습니까? 하나님의 하시는 역사에 이의를 제기하지 맙시다. 얼마를 받았든지 그 받은 바가 소중하다는 것을 알아야 됩니다. 이것을 부인하면 불신앙이 되는 것입니다. 또한 자기가 일 안하게 된 책임을 주인에게 돌리고 있습니다. 주인은 굳은 사람이라 심지 않은 데서 거두고 헤치지 않은 데서 모으는 줄 알았으므로 두려워하여 땅에 묻었다가 가져왔노라, 합니다. 책임을 주인에게 돌립니다. 내가 일 안한 것 주인 때문이요, 내가 일하고 싶지 않은 것도 주인 때문이라는 것입니다. 영 마음에 안들어, 그래 도로 가지고 왔다, 그런 얘기 아닙니까. 책임을 주인에게 돌리고 있습니다. 참으로 무서운 것입니다. 주인을 폭군 만들고 있습니다. 여러분, 사소한 나의 행위가 상대방을 나쁜 사람 만들 수 있다는 것을 알아야 합니다. 이 사람이 지금 두려워하고 있습니다. 불만스러워하고 있습니다. 그래서 아버지를, 주인을 나쁜 사람 만들고 있습니다. 탕자를 보십시오. 탕자는 밖에 나가서 허랑방탕 다 날려버리고, 얼마든지 돌아오고 싶었겠지만 못돌아왔습니다. 왜냐하면 아버지가 무서웠기 때문입니다. '아버지가 얼마나 엄하게 나를 책망하실까? 어떻게든 돈을 좀 벌어가지고야 가지 이 꼴로는 갈 수 없다.' 아마도 오랫동안 고민한 것같습니다. 정 죽을 지경이 되니까 손들고 돌아왔는데 보니 아버지가 이렇게 좋은 아버지일 수가 없습니다. '죽었다 살았고 잃었다 얻었노라.' 아들을 위하여 잔치를 하는 것입니다. 아마도 그 아들은 마음속이 매우 복잡했을 것 같습니다. 아버지에 대한 인식을 전환하는 시간입니다. 무서운 아버지인 줄 알았는데 오늘 보니 자비로우신 아버지입니다. 이 좋은 아버지의 품을 왜 내가 떠났던고? 아버지에 대한 인식을 확 바꾸어버리는 시간입니다. 그것이 바로 회개였습니다. 한 달란트 받았다가 그대로 가져온 이 사람을 주인이 과거에 어떻게 대했는지 모르겠습니다. "당신은 굳은 사람이라…" 이 말은 아버지를, 주인을 나쁜 분으로 만드는 것입니다. 폭군으로 만드는 시간입니다. 여러분, 혹 남편을 무서워합니까? 그러면 남편을 나쁜 사람 민드는 것입니다. 아내를 무서워합니까? 그러면 아내를 아주 나쁜 사람 만들고 있는 것입니다. 아내는(남편은) 결코 그러지 않을 것이라고, 설사 내가 실수를 해도 괜찮다고 말할 수 있어야 합니다. 자녀들이 어떻습니까? 부모님 앞에서 벌벌떨다보면 공부도 안되고 아무것도 되는 것이 없습니다. 우리 부모님은 너그러우신 분이요 자비로우신 분이라서 내게 실수가 있더라도 얼마든지 용서해주실 것이다—이렇게 좋은 부모님 만들어야지 이러다가는 부모님께 맞아죽는다, 해서는 안될 것입니다. 세상에 자식 때려죽이는 부모가 어디에 있습니까. 상대방을 나쁜 사람으로 만들기 때문에 오늘 '악한 종'이라고 그랬습니다. 어째서 나를 이렇게 나쁜 사람 만들려고 하느냐, 그 말씀입니다. 내가 언제 너를 그리 나쁘게 했더냐, 내가 언제 그렇게 무서운 사람이었더냐, 너는 악하다—이렇게 말씀하는 것입니다. 그리고 오늘 '악한 종'은 "두려워하여"라고 말합니다. 실패가 두렵고 징벌이 두렵고 책망이 두려워서 벌벌떨다가 마침내는 가지고 있던 것까지 빼앗기고 말았습니다. 실패를 두려워하는 자는 아무것도 할 수 없습니다. 토마스 에디슨이 유명한 발명왕이라는 것은 여러분이 잘 알고 있습니다. 그가 한 가지를 발명하는 데는 수백 번의 시행착오가 있었습니다. 하도 많이 실패하니까 한번은 조수가 물었습니다. "선생님, 도대체 얼마나, 몇천 번이나 실패하신 것입니까?" 에디슨은 대답합니다. "아니다. 난 실패를 한 적이 없다. 나는 실패한 것이 아니다. 성공할 수 없는 몇백 가지 방법을 발견했을 뿐이다." 이렇게 하면 안된다는 것을 깨달은 것일 뿐이다, 그런고로 그것은 발명이지 결코 실패가 아니었다, 실패는 반드시 성공을 지향하는 과정일 뿐이다, 한 것입니다. 이것을 잊지 말아야 합니다. 그런데 실패나 손해를 볼까봐 벌벌떨고 있는 이 두려워하는 종이 마땅치 않은 것입니다. 두려워하여 땅에 묻어놓았다가 가져온 것입니다. "악하고 게으른 종아." 이렇게 말씀합니다. 한 해를 다 보내면서 여러분 스스로 물어보십시오, 나는 얼마나 최선을 다했는지. 정말 최선을 다한 것이었습니까? 주인의 평가에 대해서 내가 얼마나 만족하게 여겼는가, 주인이 주신 기회에 대해서 얼마나 충실을 다했던가, 주께서 내게 두신 뜻에 대해서 얼마나 만족하고 감사하며 살아왔는가—주인을 믿고 주인의 은혜에 감사하며 살아갑니다. 한 달란트이건 반 달란트이건 그 마음이 중요한 것입니다. 만약에 이 종이 한 달란트 받아 가지고 나갔다가 그만 홀랑 날리고 빈 손으로 와서 꿇어엎디어 '주인이여, 용서하소서. 제가 이렇게 실수를 했습니다' 하였다면 주인은 뭐라고 했을 것 같습니까. 내가 믿는 주인은 다시 두 달란트를 주면서 '다시 하라'하고 기회를 주었을 것이라고 믿습니다. 여러분, 오늘 우리가 진실하게 정직하게 나 자신을 돌아봅시다. 감사하는 마음으로, 또다시 감사하는 마음으로 시작합시다. "착하고 충성된 종아"—바로 그 말씀을 들을 수 있게 말입니다. △

복 있는 자의 윤리

복 있는 사람은 악인의 꾀를 좇지 아니하며 죄인의 길에 서지 아니하며 오만한 자의 자리에 앉지 아니하고 오직 여호와의 율법을 즐거워하여 그 율법을 주야로 묵상하는 자로다 저는 시냇가에 심은 나무가 시절을 좇아 과실을 맺으며 그 잎사귀가 마르지 아니함 같으니 그 행사가 다 형통하리로다 악인은 그렇지 않음이여 오직 바람에 나는 겨와 같도다 그러므로 악인이 심판을 견디지 못하며 죄인이 의인의 회중에 들지 못하리로다 대저 의인의 길은 여호와께서 인정하시나 악인의 길은 망하리로다

(시편 1 : 1 - 6)

복 있는 자의 윤리

　성도 여러분, 금년 새해에 하나님의 축복이 여러분과 여러분 가정에 충만하시기를 바랍니다. 우리는 새해에 들어설 때마다 복에 대해서 생각하게 됩니다. 도대체 복이 무엇일까? 막연하게 복을 생각할 때가 많습니다. 마치 복권을 생각하듯이 말입니다. 몇백 원짜리 복권이 20억 원이 되면 복이라고 하겠지요. 그러나 20억을 받았던 사람이 쓴 글을 보니 그것은 복이 아니었다고 했습니다. 그 복권 때문에 망조가 들었기 때문입니다. 참 복이 무엇이겠습니까. 도박할 때와 같은 그런 의미의 복을 생각해서는 안될 것입니다. 어찌보면 그 사람의 교양과 그 신앙의 수준이라는 것은 그가 생각하고 그가 누리고 있는 복의 개념에 있다고 생각합니다. 우선 세 가지로 나누어 복을 이해하여야 합니다. 먼저 환경적인 복이 있습니다. 일기가 좋다든가 하는 생태학적인 복입니다. 주변환경, 경제, 정치, 문화 등 모든 내 주변에서 되어지는 일들은 환경적인 복입니다. 나는 나대로 있고 환경이 좋은 여건으로 전개될 때 그것을 복이라고 생각해서 일반적으로 그런 복을 기다립니다. 그러나 내가 복된 사람이 되지 못할 때 그것은 나와 아무 상관도 없습니다. 흔히 말하는 복이 오히려 화가 될 수도 있습니다. 또하나는 상태적인 복입니다. 나의 삶의 자세, 나의 건강상태를 말하는 것이기도 합니다. 참 소중한 것입니다. 그러나 그것마저도 참 복이라고 말하기 어려울 때가 있습니다. 참된 복은 존재적인 것입니다. 나의 존재의 영역, 존재의 그 권세가 커지면서 그리스도인의 존재가 될 때, 높은 존재의 위치에서 마치 비행기를 타고 높이 올라가면 세상이 전부 조그마하게 보이는 것처럼 세상사를 조그마하게 내려다보면서 살 수 있을 때, 초연하게 살 수 있을 때 그가 복된 사람입니다. 예수님의 말씀을 들어봅시다. 심령이 가난한 자는 복이 있나니 천국이 저희 것임이요, 의를 위하여 핍박을 받은 자는 복이 있나니 천국이 저희 것임이요… 모든 복의 근거는 천국에 있습니다. 그러므로 영원한 생명을 보장받고 사는 사람의 오늘의 생이 복된 것입니다. 그리고 순간순간마다 영원한 세계가 환하게 전망될 때, 환하게 바라보일 때, 그리고 비록 여기 살지마는 높은 세계의 그 영광을 느끼고 살 때 그 사람이 복된 사람입니다. 거기 진정한 복이 있습니다. 다시한번 생각해봅시다. 돈은 있는데 인격이 없습니다. 그것은 복이라고 할 수 없습니다. 지식은 있는데 덕이 없습니다. 많이 공부해서 무엇을 알기는 아는데 덕이 없어서 모든 인간관계가 좋지를 않습니다. 그러면 그 사람은 불행한 사람입니다. 권세는 있는데 지혜가 없습니다. 이것도 복이 못됩니다. 자식은 있는데 존경을 받지 못합니다. 자식은 많이 두었는데 그 자식들이 모두 부모를 원망합니다. 그렇다면 그 자식들이 어떻게 복이라 하겠습니까. 자식들로부터 존경받지 못하는 부모라면 그는 인생을 확실히 잘못살고 있는 것입니다. 건강은 있는데 명예가 없습니다. 그 굴욕적이고 부끄러운 생을 더 살아서 뭘 하겠다는 것입니까. 명예가 없는 건강, 아무 소용 없습니다. 절대로 장수가 복이 아닙니다. 명예가 함께할 때만이 장수가 복입니다. 만일 명예가 없다면 수즉욕(壽卽辱)입니다. 그것은 복이라 할 수 없습니다. 그러면 무엇이 복입니까.

하이럼 W. 스미스라고 하는 분이 「인생의 가장 소중한 것(What Matters Most)」이라는 책을 썼습니다. 이 책의 부제는 'The power of living your values'인데, 인생에 있어서 가장 복되고 소중한 것이 무엇일까, 그는 이렇게 설명하고 있습니다. 첫째는 자기자신을 아는 것입니다. 요즘 흔히 말하는대로 '주제파악'입니다. 자기가 자기를 모르는 것처럼 답답한 일이 없습니다. 요즘에 보니 몰라도 한참 몰랐던 사람이 있습니다. 그렇게도 자기를 모를 수가 없습니다. 모든 사람이 아니라고 하는데 저만 기라고 하다가 저도 망하고 남도 망치지 않습니까. 자기를 정직하게 똑바로 알아야 되는데 몰랐던 것입니다. 특별히, 내가 자유한가를 알아야 합니다. 내 생각이, 내 영혼이 자유한가, 혹 욕심에 사로잡히지는 않았는가, 내가 누군가를 미워하고 있지는 않는가, 내가 피해의식에 사로잡혀 있지는 않는가, 노예적 의식에 시달리고 있지는 않는가, 요새 유행하는 의학적 용어대로 우울증(이것은 불치병입니다)의 노예가 되지는 않았는가―이것을 똑바로 알아야 합니다. 내 정신세계가 정말 자유한지, 그리고 나 자신을 객관적으로 정직하게 볼 줄 아는 그것이 최우선입니다. 두 번째로, 자신에게 있어서 가장 소중한 것을 발견해나아가는 것이라고 했습니다. 하나님께서 모세에게 말씀하십니다. "네 손에 있는 것이 무엇이냐(출 4 : 2)?" 내 손에 있는 것, 그것이 소중한 줄 알아야 합니다. 여러분, 가만히 생각해보십시오. 소중한 것이 참 많았습니다. 아무것도 없는 줄 알았는데 지내고보니 참 소중한 것이 많았습니다. 그 때는 그게 소중한 줄 몰랐습니다. 이제서 후회할 때가 많습니다. 나는 특별히 젊은이들에게 늘 이런 이야기를 합니다. "여러분, 젊었다는 것이 얼마나 소중합니까?" 여기 젊음을 잃어버린 여러분은 생각해보십시오. 젊었다는 것 하나가 얼마나 중요합니까. 젊었다는 것 하나만으로도 하루종일 찬송을 불러도 끝이 없습니다. 그런데 말입니다. 젊은이들이 우리들보다 더 슬퍼합디다. 문제도 많고 눈물도 많습니다. 젊었다는 그 소중한 것 하나로 만족했으면 좋으련만. 제가 가끔 밤 11시쯤 되어 집에 갈 때 길에서 우리교회 청년들을 만날 때가 있습니다. 우 몰려오면서 "목사님 늦으셨네요. 안녕히 주무세요"하고 인사합니다. '밤중에 춥지 않느냐? 웬일이냐?' 그러면 "젊었잖아요!"합니다. 아, 그렇게 사람을 아주 골탕먹이더라고요. 우리는 젊었다―그것입니다. 그래서 이 밤중에 추워도 다닐 수 있다는 것이지요. 사실입니다. 소중한 것을 소중히 알아야 합니다. 내가 할 수 있는 것, 내게 주신 것, 나만이 할 수 있는 것, 나에게만 하나님께서 주신 것, 아주 소중하다는 것을 깨달아야 합니다. 그것을 모르면 불행한 사람이 됩니다. 세 번째로, 그 소중한 것을 삶에 구체적으로 반영하고 신념화할 수 있어야 합니다. 그래서 이것만 있으면 만족하고, 이것을 다할 때 행복하고… 다른 것은 바랄 것이 없습니다. 그래서 사명화해서 살 때 그는 행복한 사람입니다. 하나 더 있습니다. 그 소중한 것에 대한 시야를 넓혀야 합니다. 한 자리에 머무르지 않아야 합니다. 이 소중한 것을 통해서 하나님께서는 큰일을 하고자 하십니다. 그 세계를 바라보며 그 가치를 점점 더 넓혀가는 그런 생을 사는 것이 복된 것이다, 라고 말하고 있습니다.

오늘말씀에는 무엇을 가져야 복이 있다, 무엇을 알아야 복이 있다, 어떻게 사는 것이 복이다, 라고 말씀하지 않았습니다. 다만 "복 있는 사람은"이라고 말씀합니다. 그리고 성경을 잘 살펴보면, 복된 길과 복되지 못한 길, 선과 악을 완전히 나누어 말씀하고 있습니다. 물론 선한 자가 복이 있습니다. 그런데 선한 자로서 악한 자의 세상에서 어떻게 사느냐가 문제입니다. 물론 선한 자와 의인이 복 있습니다. 선하고 의롭게 살아야 복이 있겠는데, 문제는 이 사람이 악한 세상에서 어떤 모습으로 사느냐입니다. 한마디로 말해서 영향을 끼칠지언정 영향을 받지는 않습니다. 그가 복된 사람입니다. 소금은 모든 것에 영향을 끼쳐서 짜게 만듭니다. 그러나 자신의 짠맛은 변화하지 않습니다. 나침반은 어디에 가져다놓아도 북쪽을 가리킵니다. 사람에게 길을 열어줍니다. 그렇다고 나침반이 어디로 가는 것이 아닙니다. 이것을 분명히 알아야 합니다. 영향력이 중요한 것입니다. 요즘에 흔히 말하는 leadership이니 influence라고 하는 것, 중요한 것입니다. 그 속에 내 복된 모습이 있다는 말씀입니다. 킹 던컨이라고 하는 분이「더 좋은 세상을 만드는 영향의 법칙」이라고 하는 책을 썼습니다. 원제목은「The Amazing Law of Influence」입니다. 제가 왜 이렇게 책이름을 말하는지 아십니까? 책이름을 밝히지 않고 얘기해놓으면 당장 전화가 오기 때문입니다. "그 책이름이 뭐죠? 저자가 누구죠?" 그리해서 그 책을 사서 읽는 분들이 많습니다. 고마운 분들입니다. 그래서 정확하게 말씀드리는 것입니다. 사람은 어차피 영향을 받으면서, 끼치면서 살아갑니다. 그런 관계성 속에 사는데, 좋은 영향을 많이 끼치면서 살되 영향을 받는 쪽은 석나면 그 사람이 복된 사람입니다. 그러면 보십시오. 먼저는 나 자신을 바로 세워야 합니다. 내가 스스로 만족하지 못하고는 남을 만족시킬 수 없습니다. 내가 행복하지 못하고 남을 행복하게 할 수 없습니다. 나 자신부터가 건강하고 충실해야 한다는 말씀입니다. 그래서 제가 교인들에게 항상 하는 말이지만, 여러분이 가정을 행복하게 하고 싶다면, 스스로 행복하게 하고 싶다면 매일같이 이 한 마디를 세 번만 하십시오. 집에서 말입니다. 'I'm so happy because of you(나는 당신 때문에 행복합니다)'. 자녀들 교육 복잡할 것 하나도 없습니다. 교육학 몰라도 됩니다. 딱 한마디면 됩니다. '나는 너를 볼 때마다 행복하다.' 하루에 이 말 세 번만 하십시오. 그러면 교육은 저절로 됩니다. 그런데 어쩌면 못된 말만 골라서 하다니요. '너를 볼 때마다 한심하다.' 이래서 되겠습니까. 나 스스로 행복하지 않은데 누가 행복하겠습니까. 보십시오. 아이들도 부모가 행복한 것을 알고야 '아, 나로 인해서 부모님이 행복하구나'하면서 자신들도 행복해지는 것입니다. 간단하지 않습니까, 그 이치가. 그 관계입니다. 그러므로 나 스스로를 먼저 변화시켜서 온전해진 연후에 주변사람들에게 감동을 주어야 합니다. 어떻게 감동을 줍니까. 지식을 주는 것이 아닙니다. 잔소리를 하는 것이 아닙니다. 요새 젊은이들 말하는대로 feel을, 느낌을 주는 것입니다. 느낌을 주는 사람이 행복한 사람입니다. 느낌을 주면서 자신도 느끼는 것입니다. 그런데 이것을 우리는 말로 해결하려고 듭니다. 따지자고듭니다. 정말 질색입니다. 그러면 저도 죽고 나도 죽는 것입니다. 제발 따지지 마십시오. 은근하게 느낌을 주십시오. 그것이 복된 사람의 모습입니다. 그러려면 어떻게 해야 하느냐? 내가 먼저 감사하여야 합니다. 여러분, 감사하다는 사람 비난을 받는 것 보았습니까? 문제는 어디 있는고하니 원망하기 때문입니다. 나는 원망하면서 저들은 내게 감사하라고 한다면 감사하겠습니까. 나 먼저 감사할 것입니다. 그러할 때 이 말을 듣는 사람이 복되고, 그가 복될 때 내가 복되는 것입니다.

    오늘성경은 이 악한 세상에 사는 사람이 어떻게 해야 복이 되겠는가를 구체적으로 말씀하고 있습니다. 첫째, 악인의 꾀를 좇지 아니한다, 하였습니다. 원문대로 보면 악인의 길을 좇아가지 않는다는 말씀입니다. walks not, 가지 않는다는 말씀입니다. 악인의 길을 왜

갔을 것같습니까. 왜 악인인 줄 알면서 그 길을 따라갔겠습니까. 욕심이 있어서입니다. 속이는 자도 잘못됐지만 속는 자도 잘못됐습니다. 욕심 없이 속는 것 보았습니까. 누가 사기를 쳤습니다. 왜 사기를 당했습니까. 욕심이 있었기 때문입니다. 그래서 속은 것입니다. 악한 길에 잘못된 것을 알면서 갈 수밖에 없고 끌릴 수밖에 없도록 사는 사람, 뻔히 망할 길인 줄 알면서도 그 길을 따라갈 수밖에 없는 사람은 불행한 사람입니다. 또한 "죄인의 길에 서지 아니하며"라고 했습니다. 선다는 말은 망설인다는 말입니다. 갈까 말까, 망설이긴 뭘 망설입니까. 잘못된 길인 줄 알았으면 단호하게 관계를 끊어야지 무엇을 망설이고 있습니까. 바로 이 자세, 이 미온적인 자세가 불행의 이유입니다. 좀더 산뜻하게 관계를 끊었더라면 좋았을 것을 망설이다가 함께 어려움당하는 것을 볼 수 있습니다. 세 번째로 "오만한 자의 자리에 앉지 아니하고"라 하였습니다. 이것이 무슨 말씀입니까. 오만한 자가 연회를 하고 있습니다. 거기에 가서 얻어먹었습니다. 왜 같이 앉았습니까. 오만한 자가 오만을 떨고 있는데 거기에 같이 앉았습니다, 무엇을 듣겠다고? 이것이 문제입니다. 나는 신하고자 했고, 악과 타협하지 않는다고 하면서도 오만한 자의, 악인의 자리에 앉았던 것만으로도 운명이 바뀌는 것입니다. 여러분 많이 보시지 않습니까. 왜 거기에 앉았습니까. 듣기는 왜 들었습니까. 중국에 재미있는 이야기가 전해집니다. 나라가 좀 잘못될 때 허유(許由)라는 재상이 벼슬 버리고 낙향을 했습니다. 세상이 귀찮다고 다 접고 시골에 가서 농사를 하고 사는데, 임금이 그 사람을 좋게 보고 사람을 보내어 다시 돌아와 벼슬을 하라고 청했습니다. 그랬더니 그런 소리 들어 귀가 더러워졌다고 냇가에 가서 물로 귀를 씻었습니다.

세수는 안하고 귀만 씻었습니다. 지나가던 친구가 소한테 물 먹이려고 왔다가 그 모습을 보고 왜 자꾸 귀는 씻느냐고 물어보자 허유는 듣지 말아야 할 말을 들어서 씻는다, 했습니다. 그랬더니 소 물 먹이려고 왔던 사람이 물도 안먹이고 소를 그냥 끌고가는 것이었습니다. 그래서 재상이 왜 그냥 가느냐고 물으니 그 더러운 물을 소한테 먹일 수 없어서 그냥 간다는 대답이었습니다. 참 멋진 이야기 아닙니까. 듣지 말아야 할 말을 왜 들었습니까. 왜 그 자리에 앉았습니까, 칠칠찮게. 여기서 운명이 바뀐 것입니다. 그런가하면 오만한 자의 자리에 앉아서 무엇을 얻겠다는 것입니까. 이렇게 사는 사람은 불행한 사람입니다. 그러면 참으로 복된 사람은 어떤 사람이겠습니까. 그는 오직 여호와의 율법을 즐거워하는 사람입니다. 즐거워하는 것입니다. 하나님의 말씀을 듣는 것 즐거워합니다. 이 사람이 복된 사람입니다. 몇달 된 것도 같습니다마는 제가 말씀을 드렸는지 안드렸는지, 하도 여러 곳에서 말씀드리다보니 기억이 안납니다. 다시 하겠습니다. 어떤 사람이 꼭 자신은 지옥에 갈 것이라고 생각을 했는데, 정말 죽었습니다. 천국에 갔더니 베드로 사도가 앞을 막고 묻습니다. "너 지옥갈래 천당갈래?" 이런 고마울 데가 어디 있습니까. 자기 보고 선택하라, 하지 않습니까. 그래서 이 사람, 자비를 베푸실 바에는 좀더 베풀어서 천당과 지옥을 다 한 번씩 구경 좀 하게 해달라고 청했습니다. 베드로가 허락했습니다. 해서 천국에 갔더니 천사들이 앉아서 노래를 부르고 성도들이 흰옷을 입고 찬송을 부르는데, 한참 앉아 있자니 따분해 못견디겠더랍니다. 그래서 지옥에 가보았더니 거기에는 카지노도 있고 술집도 있고 아가씨도 많고 왁자지껄합니다. 그게 괜찮아보이는지라 베드로에게 "저는 아무래도 지옥체질인 것같으니 지옥에 가겠습니다" 하고 고했습니다. 베드로가 그러면 지옥에 가라, 했습니다. 그런데 지옥에 가고보니 아까 가본 곳이 아닙니다. 깊은 굴 속 뜨거운 데 들어가서 일을 하라는 것입니다. "지난번에 왔던 곳과 다른데요…" 했더니 천사가 설명하기를 그때에는 관광비자로 왔으나 이번에는 영주권으로 왔기 때문에 다르다, 하는 것입니다. 유행가 한마디 할까요? '천당은 아무나 가나…' 천당체질이어야 천당을 가지요. 안그렇습니까? 찬송부르기 싫은데 어떻게 천당가서 앉아 있겠습니까. 좋기는 술집만 좋으니, 이래서는 천당에 갖다놔도 못산다는 것입니다.

"여호와의 율법을 즐거워하여" — 하나님말씀 공부하는 것이 즐겁고 묵상하는 것이 즐겁고 사랑하는 것이 즐겁고 찬송하는 것이 즐겁고 예배하는 것이 즐겁고 깨닫는 것이 즐겁고 하나님말씀 준행하면서 즐거운 것, 이것이 바로 천당체질입니다. 또 "그 율법을 주야로 묵상하는 자로다" 하였습니다. 묵상은 명상입니다. meditation(명상), 대단히 중요한 것입니다. 집중적으로 생각하는 것입니다. 명상은 하나님의 말씀을 집중적으로 읽으면서 그 외의 일을 다 잊어버리는 것입니다. 억울한 마음도 분한 마음도 슬픈 마음도 다 잊어버려야 합니다. 오직 하나님의 말씀만 깊이, 집중적으로 생각합니다. 그러므로 모든 근심과 걱정이 다 사라집니다. 이 명상 속에서 영원한 세계가 환하게 전망됩니다. 그뿐아니라 하나님의 말씀을 깊이 명상하면 내가 소중해집니다. 내가 소중하다는 것을 알게 됩니다. 하나님께서는 나로 인하여 기뻐하고 나는 하나님으로 인하여 기뻐하는 것입니다. 내가 너를 사랑한다, 하는 말씀이 가까이가까이 들려오고, 그렇게 느껴지고 체험됩니다. 그러므로 여호와의 말씀을 명상, 묵상합니다. 이 사람이 복된 사람입니다. 여러분, 복 있는 자는 어디에 가도 복된 사람입니다. 성경이 말씀하는 복의 근원 아브라함, 이삭, 야곱, 요셉 보십시오. 다 나그네로 살았습니다. 비록 노예로 살아도 주인에게 신뢰받고, 비록 감옥에 살아도 죄수들에게 존경받고, 비록 한 평생 나그네로 살아도 모든 사람으로부터 높은 존경과 신뢰를 받았습니다. 복의 근원입니다. 악인의 세상에 사나 악의 영향을 받지 않습니다. 악으로부터 자유합니다. 그리고 오직 율법에 매여 살고, 그 매인 바를 기뻐하며 삽니다. 그리고 거룩한 영향을 끼치며 삽니다. influence, 대단히 중요한 것입니다. 나로 인해서 구원받은 사람, 나로 인해서 행복한 사람, 나로 인해서 기뻐하는 사람을 보면서 더불어 기뻐합니다. 이것이 복된 사람입니다. 저는 이런 교인이 우리 교회에 많이 있는 것을 감사하게 생각합니다. 의료봉사를 갔다온 분들 보니, 몽골에 갔다오고, 인도네시아에 갔다오고… 일 년에 몇차례없이 자기돈을 써가면서 갔다옵니다. 갔다온 사람들이 이야기합니다. 일 년 내내 목욕을 안하는 사람들이라서 만나면 비릿비릿한 냄새가 나는데, 먹은 것이 욱 올라온다고 합니다. 그런 냄새나는 환자를 봅니다. 생전 이를 한 번도 안닦아본 사람의 썩은 이를 끝내 치료합니다. 자, 이렇게 고생하고 돌아온 사람들입니다. 그분들은 이렇게 간증합니다. "내가 의사가 된 보람을 처음 느껴봤습니다." 한국에서 치료할 때는 내가 돈을 버는 것인지 환자를 치료하는 것인지 아리송하거든요. 깨끗한 봉사─내가 이것 때문에 의사가 되었다, 하는 행복을 느낀다고 합니다. 여러분, 금년에는 내가 행복하려고 애쓰지 마시고 그 누구에게 행복을 주십시오. 그 누구에게 행복의 영향을 끼치십시오. 그가 기뻐하는 모습을 보면서 내가 더불어 기뻐할 수 있는 그러한 복된 자의 길을 갑시다. 그 사람은 그 행사가 다 형통하리로다, 하였습니다. 복된 자가 되면 그의 행사는 형통하게 됩니다. △

부족함이 없으리로다

여호와는 나의 목자시니 내가 부족함이 없으리로다 그가 나를 푸른 초장에 누이시며 쉴 만한 물 가으로 인도하시는도다 내 영혼을 소생시키시고 자기 이름을 위하여 의의 길로 인도하시는도다 내가 사망의 음침한 골짜기로 다닐지라도 해를 두려워하지 않을 것은 주께서 나와 함께 하심이라 주의 지팡이와 막대기가 나를 안위하시나이다 주께서 내 원수의 목전에서 내게 상을 베푸시고 기름으로 내 머리에 바르셨으니 내 잔이 넘치나이다 나의 평생에 선하심과 인자하심이 정녕 나를 따르리니 내가 여호와의 집에 영원히 거하리로다

(시편 23 : 1 - 6)

부족함이 없으리로다

　올해는 우리나라 고래로 세(歲)를 손꼽는 데 쓰는 육십갑자(六十甲子)로 따질 때 그 스무째인 계미년(癸未年), 양띠해입니다. 흔히 '양의 해'라고도 말합니다. 때맞추어 오늘은 양과 목자에 대해서 우리 함께 상고하고 하나님의 말씀을 들으려고 오늘본문을 읽었습니다. 우리가 스스로 생각해봅시다. 오늘이 나의 마지막날이라면, 내가 임종을 맞았다면 나는 어느 성경구절을 읽을 것입니까? 또는 옆에 있는 분에게 어느 성경을 읽어달라고 부탁을 드리겠습니까? 성경 66권을 다 읽을 수는 없을 것입니다. 내가 평소 제일 좋아하던 성경을 외우기도 하고 읽기도 하겠지만, 아주 절박한 시간에, 그때는 어느 말씀을 읽겠습니까? 기독교 2천 년 역사를 보면 많은 성도들, 훌륭한 믿음의 선배들이 세상을 떠나면서 저마다 자기가 좋아하던 성경, 또 그 시간에 적절하다고 생각하는 성경구절을 읽기도 하고 외우기도 하고 읽어달라고 부탁하는 것을 볼 수 있는데, 그 중에서도 가장 많이 마지막으로 읽으며 외우며 들으며 세상을 떠난 성경이 오늘본문인 시편 23편입니다. 그런 면에서 의미가 심각합니다. 이 성경을 우리는 다시한번 생각할 필요가 있습니다. 그리고 가장 많이 부른 찬송, 맨마지막으로 가장 많이 듣고 부르고 또 들으면서 가는 찬송이 '만세반석 열리니 내가 들어갑니다…'하는 188장 찬송이고, 두 번째가 '나같은 죄인 살리신…'하는 405장 찬송입니다. 이런 순서로 통계를 보여서 우리에게 무언가를 말해주고 있습니다. 미국의 기독교출판협회가 주는 기독교작가 금상이라고 하는 상이 있습니다. 이 상을 두 번이나 받은 베스트 셀러 작가가 있습니다. 맥스 루케이

도라고 하는 분입니다. 그분이 쓴 책에 「Traveling Light」라고 하는 책이 있습니다. 「가벼운 여행」이라고 번역할까요. 가벼운 여행길 ― 그런 뜻이겠는데 '시편 23편을 들고 떠나는 영혼의 순례'라고 부제가 붙어 있습니다. 하나님 없이 사는 사람들, 하나님 없이 현대를 사는 사람들은 모름지기 시편 23편을 이렇게 읽을 것이다, 라고 나름의 현대인 version을 내어놓았습니다. 말하자면 하나님이 없이 사는 현대인이 읽는 시편 23편은 이러할 것이다, 하는 것입니다. 제가 한 번 이 현대판으로 읽어볼 것이니 들어보십시오. '나의 목자는 나 자신이니 내가 언제나 부족하리로다. 내가 이 백화점에서 저 쇼핑 센터로, 이 병원에서 저 요양원으로 안식을 찾아 헤매고다니나 결코 안식을 얻지 못하리로다. 내가 사망의 음침한 골짜기를 기어다니며 안절부절못하는도다. 구충제에서부터 전선에 이르기까지 모든것을 두려워하며 어머니의 치마꼬리를 붙잡고늘어지기 시작하리로다. 매주 열리는 직원회의에 들어갈 때마다 적들이 나를 둘러쌀 것이며, 집에 들어간다 해도 (가족은 물론) 하찮은 금붕어까지 찌푸린 얼굴로 나를 맞을 것이다. 내가 강력진통제로 두통에 찌든 머리에 기름을 부으니 독한 술이 내 잔에 넘치나이다. 내 평생에 정녕 고통과 불행이 나를 따르리니 죽는 날까지 나 자신에 대한 회의 속에 영원히 거하리로다.' 어떻습니까? 하나님 없는 사람의 시편 23편입니다. 오늘 우리는 "여호와는 나의 목자"라고 하는 말씀으로 시작되는 다윗의 시를 봅니다. '우리 목자'가 아닙니다. '나의 목자'입니다. 창조주 되시며 전능하신 하나님께서 나의 목자십니다. 나는 그의 양입니다. 나는 그의 어린 양이고 그는 나의 목자라고, 아주 간결하게, 선명하게, 확실하게 고백하고 있습니다. 특히 저자인 다윗은 목동출신입니다. 그 자신이 본래 목자였기 때문에 양들이 어떻게 사는지를 잘 알았습니다. 알고 있습니다. "여호와는 나의 목자시니 내가 부족함이 없으리로다." 이 말씀은 영어번역이 더 마음에 듭니다. "The Lord is my shepherd, I shall not want." 여호와께서 나의 목자시니 나는 아무것도 바랄 것이 없습니다. 더 바랄 것이 없습니다. 바랄 것이 없는 바로 그것이 신앙입니다. 우리는 왜 이렇게 바라는 것이 많은지요. 기도만 했다하면 끝이 없습니다. 다른 것은 말하지 않겠습니다. 가끔 식사기도를 좀 하라고 해보면 식사때는 식사기도만 하면 되는데 어떤 분은 입만 열면 남북통일에서부터 주저리주저리, 밥이 다 식도록 막 쏟아냅니다. 그래서 제가 볼 때 마음속에 얼마나 소원이 많았으면 저렇게 입만 열었다하면 끝이 없나 싶습니다. 왜 그렇게 소원이 많습니까. '나는 소원이 없습니다.' 어떻습니까? 한번 그렇게 말할 수 있겠습니까? 여호와는 나의 목자시니 나는 소원이 없습니다. I want nothing. 바랄 것이 없습니다. 얼마나 좋습니까. 바로 그것이 신앙고백입니다. 제가 이스라엘이나 중동지역, 호주, 뉴질랜드 등지를 다닐 때는 목장을 많이 봅니다. 성경에 많이 나와서 그런지 양은 유달리 친근하게 느껴집니다. 가다가 목장 앞에 차를 세우고 한 30여 분씩 양을 보기도 하고 사진도 찍고 또 목자에게 물어보기도 하는데, 들어보면 양과 목자의 관계가 상상도 할 수 없이 아름답습니다. 특히 여름 한창 더울 때 이스라엘을 가보십시오. 그 들판이 온통 노랗습니다. 풀이 전부 말라서 녹색이라고는 찾아볼 수가 없습니다. 바싹 마른 풀만 있는데 자세히 멀리서 보면 산에 온통 오선지를 그려놓은 것처럼 줄들이 죽죽 나 있습니다. 이 줄들이 무엇이겠습니까. 양이 너무 순해서 가령 300여 마리 되는 양을 놓고 목자가 그 중의 하나를 붙들고 '가자' 하고 앞서면 다른 양들이 한 마리 한 마리, 그 뒤를 한 줄로 뒤따라가는 것입니다. 꼭 한 줄로. 그렇게 한 번만 지나가면 그 마른 풀밭에 길이 생기는 것입니다. 양들은 곁길로 가지 않습니다. 그대로 그 발자국을 따라서 가는 것입니다, 양 300마리가. 자, 보십시오. 여느 짐승처럼 목을 매었습니까 코를 꿰었습니까 다리를 묶었습니까. 그냥 내버려두었는데 목자가 가는대로 줄을 서서 죽 따라가는 것입니다. 그 양들을 볼 때 그들을 이끄는 목자가 부럽기도 하고 존경스럽기도 했습니다. 왠지 아십니까? 제 이름이 목사거든요. 목사라는 말이 목자라는 말입니다. 우리 교인들이 다 저 양들과 같았으면 얼마나 좋을까—그 생각을 합니다. 양들은 곁길로 가지 않습니다. 그런데 우리교인들은 곁길로 곧잘 가거든요. 또 '과외수업'을 하고 옵니다, 어디 가서. 이상한 말 듣고 와서 저한테 질문을 합니다. 그런 때는 질문에 대답하기가 싫습니다. 누가 그런 데 가라고 했습니까. 누가 그런 거 들으라고 했습니까. 왜 쓸데없는 과외수업은 해서 말썽입니까. 이것은 좋은 양이 못되는 것입니다. 착한 양은 목자만 의지하고 목자만 따라갑니다. 뿐만아니라 양들은 서로 사이가 좋습니다. 뉴질랜드에 가서 보니 커다란 목장에 양들이 한 곳에 모여 있지 않고 여기저기 퍼져서 있습니다. 꼭 바둑판의 돌처럼 듬성듬성 흩어진 채 한가로이 풀뜯는 것을 볼 수 있습니다. 왜 그런가 했더니, 양은 착해서 여기에 좋은 풀이 있을 때에 다른 양이 있으면 저도 먹겠다고 끼어들어 싸우고 그러지 않는다고 합니다. 풀이라고 하는 것이 아무래도 어떤 곳에서는 좋고 양이 많기도 하겠는데 너는 그리 가도 나는 이리 간다, 하고 다 퍼져서 있습니다. 그 모습이 하도 아름다워서 한참 구경하고 사진을 찍어왔습니다. 그렇게 착합니다. 사실 양은 좀 어리석습니다. 좀 미련하기도 하고 무방비 상태입니다. 약합니다. 그러나 목자와 함께 있기 때문에 다른 어느 짐승보다도 평안합니다. 그것이 목자요 양입니다. 그래서 오늘성경말씀에 보면 목자는 양을 먹인다, 했습니다. 이것을 이렇게 읊고 있습니다. "푸른 초장에 누이시며…" 상상을 해보십시오. 양들은 먹을 만큼 먹고나면 푸른 초장에 눕습니다. 떡 누워서 새김질을 합니다. 소나 양은 앉아서 이미 먹었던 것을 토해내어 다시 씹은 후에 다시 위로 집어넣습니다. 꿈벅꿈벅, 요새 젊은사람들 껌씹듯이 씹고 앉아 있는 것을 보면 그 모습은 만족 그것입니다. 더 바랄 것이 없습니다. 푸른 초장에 누이시니까. 푸른 초장에서 풀을 뜯고 되새김질을 하며 떡 앉아 있는 그 양은 더 바랄 것이 없습니다. 왜요? 목자가 인도하기 때문입니다. 목자가 먹이기 때문입니다. 그들이 무엇이 필요한지, 무엇을 먹어야 할지, 어느 때에 먹어야 할지, 어떻게 먹어야 할지, 목자가 다 알고 있습니다. 양이 양을 아는 것보다 목자가 양을 더 잘 알고 있습니다. 그것을 양이 알고 있습니다. 선한 길로 인도하겠지. 여기서 풀 다 없어지면 또다시 어니돈가 인도하겠지. 다 알고 있습니다. 다 믿고 있습니다. 모든 필요충족이 목자로부터 온다는 것을 알고 있습니다. 그래서 안심합니다. 또한 목자가 선한 길로 인도합니다. 인도한다, 하는 말이 아주 중요합니다. 우리가 하나님 앞에 기도할 때도 알게 해주십시오, 깨닫게 해주십시오, 어찌어찌 해주십시오… 기도하는 것이 많은데 대체로 달라는 말입니다. 주십시오, 주세요, 주십시오… 어떤 사람들은 '돈만 주십시오, 사업은 제가 하겠습니다' 하는 사람들도 있고 '건강만 주시면 제가 알아서 하겠습니다' 하는 청구서들도 많습니다. 기도 중에 가장 좋은 기도가 '인도

해주십시오' 하는 것입니다. 이것은 나의 선택과 판단능력을 반납하는 것입니다. '당신께서 알아서 하십시오, 나는 따라서 가겠습니다, 인도하십시오.' 목자는 양을 설득하지 않습니다. 양에게 무슨 설명을 하는 것도 아닙니다. 목자가 먼저 가면 양이 따를 뿐입니다. 인도합니다. 목적지도 그가 알고 목표도 그가 알고 방향도 그가 알고 마지막 종착지점도 목자가 알고 인도할 뿐입니다. 저들은 묵묵히 목자를 따를 뿐입니다. 오늘성경에서 말씀합니다. '목자되신 여호와께서 지팡이와 막대기로 나를 안위하시나이다.' 지팡이라는 것은 그림에서 보는 것처럼 아주 깁니다. 길고 끝이 구부러져 있습니다. 이것을 무엇에 쓰느냐하면 양이 실족하여 구렁에 빠지든가 하면 그 지팡이를 내려서 양 목에 걸고 끌어 구원을 하는 것입니다. 구원의 지팡이입니다. 막대기는 어떤 짐승이 양을 해치려고 따라올 때 목자가 그 짐승과 싸우는 데 쓰는 무기입니다. 그런가하면 때로 양이 곁길로 가려하면 그 막대기로 바르게 인도하기도 합니다. 징계하기도 합니다. "지팡이와 막대기로 나를 안위하시나이다." 그러므로 나는 안심합니다. 평안합니다. 그가 잘 알고 있으므로 나는 그저 따를 뿐입니다. 또한 내 영혼을 소생시키신다고 말씀합니다. 목자는 양들이 피곤한 것도 압니다. 햇볕에 지치는 것도 압니다. 배고픈 것도 알고, 때로 쓰러지려 할 때도, 목마른 것도 압니다. 양은 저 스스로 물이 있는 곳을 찾아가지 못합니다. 답답하고 괴로워도 그냥 기다립니다. 그러면 목자가 알아서 쉴만한 물가로 인도합니다. 쉴만한 물가로 인도하여 그 영혼을 소생케 합니다. 시원하게 해줍니다. 그러므로 이제 할 일이 무엇입니까. 목자 입장에서는 그러하고, 양의 입장에서는 목자를 따르는 것입니다. 전적으로 믿고 따르는 것입니다. 그의 선하심을 알고 그의 사랑도 알고 그의 능력도 알고 지혜도 알고, 나아가서는 운명을 맡기고 따르는 것입니다. 목자와 운명을 같이합니다. 선한 목자는 양을 위하여 목숨을 버립니다. 어떤 데서는 목자가 양과 함께 자는 것을 볼 수 있습니다. 그 목장을 떠나지 않습니다. 거기에 자리하고 누워서 잡니다. 그렇게 양을 지킵니다. 둥글게 우리를 만들고 그 속에 양들을 몰아넣고 문에 떡 가로누워서 잠을 잡니다. 양이 그 목자를 타넘어가지 않습니다. 아침에 목자가 일어나면 따라 나오는 것입니다. 너무나도 아름다운 그런 정경을 볼 수 있습니다. 전적으로 믿고—믿음이 중요합니다. 신뢰가 중요합니다.

믿고, 그리고 단순한 마음으로 따라야 합니다. 걱정할 것도 없고 염려할 것도 없고 죽거나살거나 따르는 것입니다. 2002년도에 베스트셀러 작가들의 주된 관심사가 무엇이었냐하면 '느림'이었습니다. '느림'이 화두였습니다. 너무 서두른다, 말도 천천히 하고 음식도 천천히 먹어야 하겠다, 생각도 천천히 하여야 하겠다—느림입니다. 느리게, 느리게—그것이 화두였습니다. 그런데 올 2003년의 화두는 무엇인가하면 '단순함'입니다. 'simple' 즉 simple mind입니다. 벌써 오래전부터 신학에서는 simplicity라는 것을 중요하게 주제로 삼아왔는데 오늘도 사람들이 이제부터는 행복하려면 단순하게 살아야 하겠다고 하는 것입니다. 그래서 요즘 베스트셀러로 나돌고 있는 책 가운데 베르너 티키 퀴스텐마허라고 하는 분이 쓴 책이 있습니다. 「Simplify your life」입니다. 우리말로는 「단순하게 살아라」라고 번역되어 있습니다. 단순하게—이 현대를 살려면, 이 복잡한 세상을 살지만 마음은 단순해야 합니다. 당신은 단순하게 살아야 건강하고, 능력이 있고 지혜가 있는 사람이 되겠다, 성공적인 사람이 되겠다,

하는 것입니다. 그런데 단순에는 비결이 있습니다. 단순을 지향할 뿐더러 이것을 가능케 하기 위해서는 많은 것을 버려야 합니다. 많은 것을 버리면서 단순해질 수 있다는 것입니다. 그것을 함께 설명해나갑니다. 예컨대 물건에 대해서도 단순화하여야 하겠습니다. 여러분의 집에 있는 물건들, 버릴 것이 너무 많습니다. 보아하니 다 쓸것도 아니고 다 입을 것도 아닙니다. 그런 것을 움켜잡고 있다가 나중에 죽으면 어떻게 하겠다는 것입니까. 살림 좀 줄입시다. 이분의 이야기는 모든 사람이 보통 120%를 가지고 있다는 것입니다. 100%면 되겠지만, 아닙니다. 75%만 가지라는 것입니다. 조금 모자라게 사는 것이 좋습니다. 어떤 집에 가서 응접실을 보면 표창장이다 감사패다 해서 즐비하게 진열해놓았습니다. 귀신이라도 나올 것같습니다. 얼마나 갖다 늘어놓았는지… 이래가지고야 단순한 마음을 가질 수 있겠습니까. 다 치워버립시다. 그까짓 감사장, 감사패, 표창장, 다 없애버립시다. 그리고 단순하게 삽시다, 우리. 살림을 단순하게 하는 것입니다. 또 재정상태도 단순하게 하라, 했습니다. 이 말은 어려운 말입니다. 빚지지 말라는 것입니다. 빚을 져가면서 사업을 확대하려 하지 말아라, 그저 자연스럽게 평범하게 주어지는대로 할 것이다, 했습니다. 무리하게 빚을 끌어다가… 그것이 바로 복잡하게 사는 것입니다. 내게 주어지는대로, 분복대로 살아가는 것입니다. 무슨 일을 하든지 빚져가면서 하지 마십시오. 전에 미국에 가면 그런 것 많이 볼 수 있었습니다. 도착하자마자 "목사님, 우리집에 한번 와봐주세요"하고 졸라서 가보면, 집이 좋습니다. 들어보니 30년을 두고 집값을 물어나가야 한다고 합니다. 30년빚을 지고 집을 사놓고는 내외가 얼굴이 노래져 있습니다, 빚갚느라고. 도대체가 원… 이게 자기네집이 되기도 전에 죽습니다. 이게 무슨 짓입니까. 세상에 집과 땅에 이렇듯 집착하는 백성은 우리밖에 없습니다. 그래서 뭐하겠다는 것입니까. 있는 사람도 다 툭툭 털어버리고 조그마한 집에 가서 살면 얼마나 편하고 좋습니까. 무엇 때문에 이 짓을 하는 것입니까. 그래놓고 그걸 나한테 자랑하는가본데 내가 그 속내를 모릅니까, 다 알지. 안속습니다. 하나도 부럽지 않습니다. 보십시오. 재산관리 단순하게 하는 것입니다. 또, 시간을 단순화하여야 한다, 했습니다. 무슨 말인가 하면 해야 할 일과 안해야 할 일이 있는만큼 이제는 해서는 아니될 일에는 가까이 가지 마십시오. 만날까 말까, 하는 사람은 만나지 마십시오. 할까 말까, 하는 일은 하지 마십시오. 꼭 해야 할 일만, 반드시 해야 할 일만 할 것입니다. 그것이 단순한 것입니다. 쓸데없는 일에, 이 모임 저 모임에 자꾸 좇아다니면 인격이 조각나고 맙니다. 단순하게입니다. 또 건강에 대해서도 단순해야 합니다. 몸도 군더더기없어야 합니다. 왜 그렇게 필요없는 것이 많습니까. 먹는 것도 꼭 필요한 것만 먹었으면 좋으련만 쓸데없이 간식은 많이 해서 문제입니다. 꼭 필요한 만큼만 좀 소식(小食)을 해야 합니다. 그런가하면 잘 먹으려 하지 말고 웃으면서 먹으라고 합니다. 질적인 것이 더 중요합니다. 그리고 꼭 필요한 것을 먹어야 합니다. 제가 결혼주례를 할 때마다 다짐주는 주의사항이 하나 있습니다. "절대로 밥투정 하지 말아라." 보면 대체로 건강하지 못한 사람은 편식합니다. "그저 어머니가 주는 것은 다 먹어. 밥상위에 오른 것은 다 먹어." 저는 아주 철저하게 훈련을 받았습니다. 만일 조금이라도 한마디 투정을 했다하면 그날은 굶는 날입니다. 엄격하게 훈련을 받았습니다. 다 먹었습니다, 쓴 것도 짠 것도. 그저 사랑으로 주시는 것은 다 먹어야 합니다. 이것이 단순한 것입니다. 그런데 잘못 돼서 "먹고 싶니?" "먹기 싫으면 말아라"한다면 그것은 망조입니다. 그 운명을 삐뚤어지게 합니다. 단순하게, 늘 감사하는 마음으로― 이것은 정말 중요합니다. 이스라엘사람들은 식사 매너가 몇가지 되지 않습니다. 꼭 세 가지나 네 가지밖에 되지 않습니다. 우리는 산해진미, 한 상에 해산물에서부터 소, 말, 돼지…까지 다 차려야 상이 되는 줄 알지만 절대 그렇지 않습니다. 저들은 요일별로 바꿉니다. 오늘은 생선, 내일은 채소, 하고 꼭 몇가지만 놓는데 이것은 어머니 마음대로입니다. 어느 누구도 거기 대고 잔소리하지 못합니다. 이것이 이스라엘사람들의 신조입니다. 밥투정은 절대로 안됩니다. 또한 관계를 단순하게 하라, 했습니다. 이제는 사람 만날 때 생각 좀 하십시오. 불필요한 관계 끌려가다가는 시험에 빠집니다. 또하나 있습니다. 재미있는 것이 있습니다. 배우자관계를 단순화하라고 했습니다. 이제는 죽을 때까지 같이 갈 사람하고만 사귀고 복잡한 관계는 끊으라는 것입니다. 배우자관계도 단순화하라는 것입니다. 외국사람이 쓴 것이라 재미있습니다. 그렇습니다. 특히 자신에 대하여 단순화하라, 했습니다. 내가 누구냐? 나는 어떤 사람으로 살며 어떤 사람으로 남을 것인가? 어떤 사람으로 기억될 것인가? 초점을 맞추고 단순하게 살라는 것입니다.

　모름지기 우리는 착한 양으로서 목자를 단순한 마음으로 따라가야 합니다. 그리고 목자와 함께 만족할 것입니다. 목자와 함께 행복할 것입니다. 사망의 음침한 골짜기로 다닐지라도 피해를 두려워하지 않습니다. 왜입니까? 목자가 함께하시기 때문입니다. 이 사망의 음침한 골짜기를 지나 저쪽에 happy end가 있기 때문입니다. 저쪽에는 푸른 초장이 있다는 것을 믿고 단순하게 따라갈 것입니다. "내 원수의 목전에서 내게 상을 베푸시고…" 이것은 개선잔치를 말씀함입니다. 싸움을 이긴 다음에 상을 배설하고 축하하는 것을 말합니다. 우리 모두 선한 양으로 선한 목자를 단순한 마음으로 따라가고 믿고 살아갈 것입니다. "나의 평생에 신하심과 인자하심이 정녕 나를 따르리니 내가 여호와의 집에 영원히 거하리로다." 이것이 우리의 마지막말이 되어야 할 것입니다. △

자유케 하는 율법

누구든지 도를 듣고 행하지 아니하면 그는 거울로 자기의 생긴 얼굴을 보는 사람과 같으니 제 자신을 보고 가서 그 모양이 어떠한 것을 곧 잊어버리거니와 자유하게 하는 온전한 율법을 들여다보고 있는 자는 듣고 잊어버리는 자가 아니요 실행하는 자니 이 사람이 그 행하는 일에 복을 받으리라 누구든지 스스로 경건하다 생각하며 자기 혀를 재갈 먹이지 아니하고 자기 마음을 속이면 이 사람의 경건은 헛것이라 하나님 아버지 앞에서 정결하고 더러움이 없는 경건은 곧 고아와 과부를 그 환난 중에 돌아보고 또 자기를 지켜 세속에 물들지 아니하는 이것이니라

(야고보서 1 : 23 - 27)

자유케 하는 율법

청바지차림의 한 신사가 은행의 출입문을 열고 들어섰습니다. 그는 사업상 새로운 일을 구상하고 은행측과 의논하려고 찾아왔지마는 마침 담당직원이 외근 중이라서 만날 수가 없었습니다. 해당부서에 상담해줄 지점장도 제자리에 없었습니다. 그래서 한 시간 동안이나 앉아서 기다렸습니다마는 여전히 상담해줄 사람은 나타나지 않았습니다. "다음날 다시 오시면 어떻겠습니까?"라고 여직원이 말합니다. "그렇게 하지요. 그것이 좋겠습니다. 내일 다시 오겠습니다." 그리고 자리를 뜨면서 여직원에게 자동차주차권 확인도장을 좀 찍어달라고 부탁을 했습니다. 그러나 여직원은 정중하게, 단호하게 거절하는 것입니다. "선생님은 여기 와서 저금이나 인출같은 볼일을 본 것도 아니고 아무것도 하신 일이 없기 때문에 찍어드릴 수 없습니다. 이것은 은행의 방침이고 규칙입니다." 신사는 몹시 마음이 상했습니다. 다음날 다시 온 그는 자기계좌의 150만 불을 모두 인출해갔습니다. 그는 IBM회장이었던 존 에이커스라고 하는 유명한 사람이었습니다. 이렇게 융통성이 없는, 법이 무엇인지를 모르는 은행과 거래하지 않겠다, 하고 돈을 다 찾아가버렸습니다. 여러분, 법이 무엇입니까. 방침이 무엇입니까. 규칙이 무엇입니까. 누구를 위한 규칙이고 무엇을 위한 법입니까. 좀더 성숙한 입장에서 생각을 해야 되지 않겠습니까. 여러분이 자동차를 운전하십니까? 운전하면서 무슨 생각을 하십니까? 우리 앞에 신호등이 있습니다. 어떤 때는 너무 많다 싶을 만큼 신호등이 많습니다. 빨간불 파란불 노란불이 번갈아 켜지고 꺼집니다. 그 앞에 서서 무슨 생각을 하십니까? '저 신호등 참으로 고맙다.' 그리 생각하십니까? 아니면 '저것은 왜 있어서 남의 길을 가로막나?' 이렇게 생각하십니까? 저기에 서 있는 경찰을 보면서 이 더운 날, 이 추운 날 저렇게 나와서 우리를 위하여 수고하시는구나, 참 고맙다고, 일일이 인사는 못해도 고맙다, 하는 그런 마음입니까? 아니면 '저 양반은 왜 저기 서서 남을 못가게 만드나' 하는 마음입니까? 법을 통해서 자유를 느낍니까, 아니면 속박을 느낍니까? 그것은 내 마음에 달렸습니다. 당신은 어느 쪽입니까? 그것이 바로 당신의 수준입니다. 그것이 당신의 인간됨이라는 것을 잊지 말아야 합니다. 갈라디아서 5장 1절에 "그리스도께서 우리로 자유케 하려고 자유를 주셨으니 그러므로 굳세게 서서 다시는 종의 멍에를 메지 말라" 하였습니다. 그리스도인이 누구입니까. 그리스도인은 자유인입니다. 인간은 그가 누리는 자유 만큼의 영역을 사는 법입니다. 자유 만큼의 인격을 사는 것입니다. 자, 얼마나 자유를 느끼고 있습니까? 저 신호등을 보면서 자유를 느낍니까, 속박을 느낍니까? 경찰서 앞을 지나갈 때 자유를 느낍니까, 두려움을 느낍니까? 그것이 당신이라는 것을 알아야 합니다. 중생(重生)이라는 말이 있습니다. 중생이란 원문으로 '겐네세 아노센'이라는 말인데 '위로부터 났다' 하는 뜻입니다. 'born from above'라고 직역할 수 있습니다. 위로부터 출생을 합니다. 즉 하나님의 자녀로 출생을 합니다. 중생하기 전에는 그는 노예입니다. 불평불만의 사람입니다. 만사가 짜증스럽습니다. 살고 싶지 않습니다. 고마운 것도 없습니다. 사람도 원망하고 하나님도 원망합니다. 이 사람이 노예입니다. 노예적 속성의 사람입니다. 구원받은 사람은 하나님의 자녀입니다. 천지를 창조하신 분은 하나님이십니다. 만물을 다스리시는 분도 하나님이십니다. 역사의 주관

자도 하나님이십니다. 모순된 것같으나 현실을 주관하시는 분도 하나님이십니다. 나는 그 하나님의 아들입니다. 그러므로 나는 행복합니다. 나는 자유롭습니다. 그것이 그리스도인입니다. 세브란스병원에 원목(院牧)으로 오래 있은 제 동기동창 친구가 있습니다. 그분이 제게 아주 자세하게 말해준 실화입니다. 연세대학교에 한 학생이 있었는데 아주 '데모꾼'이었습니다. 공부는 안하고 밤낮 거리에 나가서 데모하는 데 앞장서고 감옥에 들락날락하고 학생회장도 한 학생이라고 합니다. 그저 학교도 세상도 정치도 누구도 다 원망하고 불평하는 체질의 학생이었는데 어느 때 몸이 좋지 않아서 병원에 갔더니 위암이라는 것입니다. 그는 돈이 없었지만 그 젊음이 너무 아까워서 의사들이 자신들의 돈을 모아서 수술을 했다고 합니다. 수술을 하고보니 암세포가 이미 꽉찼습니다. 속수무책이었습니다. 그대로 봉하고 말았습니다. 그리고 그 청년에게 말하기를 "자네는 잘 살면 6개월 살 걸세. 뜻있게 살기를 바라네" 하였습니다. 병원에서 나설 때 친구들의 부축을 받으면서 병원문을 나서는데 이 학생이 문간에서 그대로 바닥에 무릎을 꿇고 얼굴을 하늘로 향하더니 "하늘이 이렇게 푸르고 아름다운 줄 미처 몰랐다. 산다는 것이 이렇게 아름다운 일인 줄 미처 몰랐다. 하나님, 1년만 더 살게 해주세요. 좀 보람있게 살고 싶습니다" 하고 말하더라는 것입니다. 그리고 친구들의 손에 이끌려 병원언덕을 내려왔다고 합니다. 여러분은 하늘을 푸르게 보십니까, 어둡게 보십니까? 여러분이 보는 세상은 어떤 세상입니까? 모든 역사가 복잡하고 불확실하고 불안한 것같아도 중생한 사람에게는 그렇게 아름다울 수가 없습니다. 하루하루 사는 것 자체가 이렇게 복될 수가 없는 것입니다. 이렇게 자유할 수가 없습니다.

그래서 오늘성경은 이렇게 말씀합니다. 자유케 하는 율법이라고. 2장 12절에 "자유의 율법"이라고 하였습니다. 신학적으로 보면 대단히 중요한 말씀입니다. 자유케 하는 율법, 자유의 율법 놀라운 진리입니다. 이 세상에는 법이 있습니다. 하나님의 법이 있고 양심의 법이 있고 도덕법이 있고 국법이 있고 규칙이 있고 규례가 있습니다. 이 법은 있어야 됩니다. 있어야 질서가 있고 있어야 우리가 자유합니다. 그런데 이 법을 통해서 내가 자유를 얻느냐 아니면 속박을 느끼느냐, 이 법을 통해서 무한한 미래를 전망할 수 있느냐 아니면 감옥에 갇힌 것같은 고통을 느끼고 사느냐, 그것은 당신의 마음입니다. 이것을 잊지 말아야 합니다. 그럼 어떻게 하면 자유케 하는 율법을 향유할 수 있을까요. 먼저는 율법의 속성을 알아야 합니다. 율법의 본래적 의미를 알아야 합니다. 요한복음 8장 32절에 보면 예수님 말씀하십니다. "진리를 알지니 진리가 너희를 자유케 하리라." 진리를 아는 순간, 진리의 본뜻, 깊은 뜻을 아는 순간 내 영혼은 자유한 것입니다. 진리를 알면 진리가 나를 자유케 합니다. 율법의 본뜻이 무엇입니까. 율법을 느끼고 율법을 사랑하고 율법을 믿음으로 아는 것입니다. 그 뜻을, 그 깊은 뜻을 아는 것입니다. 하나님께서 율법을 왜 주셨습니까. 그 본래의 의의가 무엇입니까. 예수님께서는 참 귀하게 말씀하십니다(막 2 : 27). '안식일이 사람을 위해 있느냐, 사람이 안식일을 위해있느냐?' 이는 엄청난 질문입니다. 말을 바꾸면 율법이 사람을 위해 있느냐 사람이 율법을 위해 있느냐입니다. 하나님께서 우리에게 율법을 주셨습니다. 많은 규례를 주셨습니다. 규칙을 주시고 법을 주셨을 때 이것은 우리를 위하여 주신 것입니다. 우리가 행복하라고 주신 것입니다. 그 본래적 의미를 알아야 합니다. 종교개혁자 마르틴 루터가 그의 「대요리문답」속에서 해석하는 십계명 해석을 저는 사랑합니다. 너무도 충격적이고 아름다운 해석입니다. 중간의 몇말씀만 드립니다. '살인하지 말라 그것이 무엇인가? 우리의 하나밖에 없는 생명을 보호하시는 하나님의 사랑이다. 간음하지 말라 우리의 순결을 지켜주시는 하나님의 사랑이다. 도적질하지 말라 우리의 사유재산을 지켜주시는 하나님의 사랑이다. 거짓증거 하지 말라 이것은 우리의 인격을 지켜주시는 하나님의 사랑이다…' 여러분, 거짓말을 할 때는 통쾌할지 모르지만, 속으면 몹시 괴롭습니다. 인격이 무너지는 것이기 때문입니다. 그런 가슴아픈 일이 없게 하기 위해서 거짓증거 하지 말라, 하십니다. 모두가 거짓증거를 하지 않으면 우리의 인격이 얼마나 아름답게 지켜져나가겠습니까. 이것 사랑 아닙니까. 그러므로 율법은 사랑이다, 사랑을 위해서 내게 주신 바다, 하는 것을 깨달아야 합니다. 그 깊은 뜻을 알면 율법을 사랑하게 됩니다. 율법을 알고 율법의 뜻을 배우는 것만이 아니라 율법을 사랑하게 됩니다. 왜? 사랑으로 주신 것이기 때문입니다. 하나님의 말씀을 사랑하게 됩니다. 하나님의 윤리를 사랑하게 됩니다. 믿음으로 사랑하게 됩니다. 보십시오. 하나님께서 율법을 주실 때 애굽에 있는 사람들에게 주신 것이 아닙니다. 이것은 종교개혁신학에 있어서는 굉장히 중요한 논리입니다. 애굽에 있는 사람들에게 주시고 이것을 지키면 구원한다, 하는 이야기가 아닙니다. 열 가지 재앙과 큰 능력을 통해서 이스라엘백성을 애굽에서 건지셨습니다. 건져서, 구원하여 홍해를 건너오게 하시고 광야에 갖다놓고 말씀하십니다. '나는 너희를 애굽에서 구해낸 여호와 하나님이라. 그러므로 율법을 지켜라.' 구원의 조건으로 주신 것이 아닙니다. 구원받았으니 지켜라, 그리하여 자유하라, 그리하여 행복하라, 하는 것이 율법의 근본뜻입니다. 얼마나 놀라운 일입니까. 그러므로 율법을 사랑해야 합니다. 어떤 어린아이가 학교다니기 전에는 마음대로 뛰어놀다가 초등학교 들어가서 1학년, 2학년 다니다보니 속박을 이만저만 느끼는 것이 아닙니다. 시간 지켜야지 일찍 일어나야지… 그러다 겨울방학이 되었습니다. '살았다. 이제는 늦잠 좀 자야지. 밤늦게까지 돌아다니다가 들어와 늦잠을 자도 된다.' 이렇게 생각을 했습니다. 그런데 웬걸요. 아버지가 보통때보다 더 일찍 깨우는 것입니다. "일어나거라. 산책 나가자." 데리고 나가는 것입니다. 졸려죽겠는데 끌고나가는 것입니다. "잘 생각해보아라. 어느 동물이 늦잠을 자느냐. 참새도 일찍 일어나고 소나 닭도 일찍 일어나고 모든 동물이 부지런하여 살았느니라. 어서 일어나거라." 아침마다 깨우는 것입니다. 죽을지경입니다. 아버지는 말합니다. "바이오리듬이 깨지면 안된다. 한평생을 통해서 일이 있건없건 일찍 일어나야 한다. 일어나." 데리고 아침마다 산책을 합니다. 아버지가 원망스럽습니다. '뭐 이런 아버지가 있나?' 여러분, 이 아이가 몇살이 되어야 아버지에 대해 고마워할 수 있겠습니까. 언제 철이 나서 '우리 아버지는 훌륭하다. 참으로 고마운 분이다. 그분의 자식이 된 것이 행복하다'라고 생각할 수 있을 것같습니까. 언제 철이 나겠습니까. 하나님께서 우리에게 말씀하시는 모든 말씀이 다 그와 같은 것입니다. 이래라, 저래라, 많은 규례가 무엇을 말하는 것입니까. 누구를 위한 것입니까. 그런데 아직 불평스럽습니까? 원망스럽습니까? 언제가야 철날 것입니까? 이것을 알아야 합니다. 모든 율법은 바로 우리 자신을 위한 것입니다. 그러므로 그것을 사랑합니다.

나아가서는 지켜 행하여야 합니다. 오늘본문에 "그 행하는 일에 복을 받으리라"하였습니다. "행하는 일에" 그렇습니다. 행하여야 합니다. 행하면서 깨닫고 행하면서 자유의 법을 이해하게 된다는 말씀입니다. 중국사람들의 속담에 이런 말이 있습니다. '가르치라, 곧 잊어버릴 것이다. 보여주라, 본을 보이라, 기억하게 될 것이다. 참여시켜라, 동참하게 하라, 행동하게 하라, 그러면 이해하게 될 것이다.' 공부를 아무리 많이 해도 소용없습니다. 스스로 경험하는 것 만큼만 압니다. 내가 경험하지 않은 것은 아무 의미가 없습니다. 요새는 이 것이다 저것이다, 컴퓨터다 뭐다, 해서 많이들 배우기는 하는데 세상에 무식합니다. 왜요? 경험한 것이 없기 때문입니다. 몸으로 부딪쳐야 하는데, 실제경험을 통해서 배우는데 그 산 교육이 없습니다. 말만 많고 생각만 많습니다. 그것은 아무 의미가 없는 것입니다. 헬라인철학자 아리스토텔레스는 그의 「윤리학」이라는 책에서 선을 두 가지로 말합니다. 하나는 지성적인 선입니다. 공부하는 것. 이스라엘사람들의 6대 덕목 중에서도 첫째가 공부입니다. 사람으로 태어났으면 공부를 해야 합니다. 공부 안하는 것이 죄입니다. 여러 가지 의미를 내포합니다. 가르치고 공부하는 것이 제일의 덕입니다. 두 번째 덕목은 도덕적인 선입니다. 그것은 바로 행하는 것입니다. 보십시오. 건물을 지어야 건축가입니다. 하프를 연주해야 하프연주가입니다. 피아노를 쳐야 피아니스트입니다. 이제 말씀드립니다. 피아노를 치는 사람만이 피아노의 소리를 알아봅니다. 우리교회의 피아노가 세계에서 제일 좋은 것입니다. 스타인웨이. 피아노가 무엇인지 모르면 그저 피아노 중의 하나라고 생각할지 모르나 이것은 예사 피아노가 아닙니다. 때때로 연주가들이 나한테 와서 나를 괴롭힙니다.

"목사님, 제가 연주회를 하게 되었는데 저 피아노 한번 쳐보면 안되겠습니까? 꼭 쳐보게 해주십시오." "안됩니다. 왜요? 교회물건을 누구에게 줍니까. 피아노 많은데 아무거나 치시지요." "아닙니다. 저것 한번 꼭 쳐보아야 하겠습니다." 이렇게 조르는 것입니다. 여러분, 피아니스트라야 피아노를 알아봅니다. 피아노를 치는 사람만이 피아노 소리를 알아봅니다. 그와도 같습니다. 율법을 준행하는 사람만이 율법을 압니다. 사랑하라 할 때 사랑한 사람만이 사랑을 압니다. 희생하라 할 때 희생한 사람만이 희생을 압니다. 십자가를 져라 십자가를 져본 사람만이 십자가의 능력을 압니다. 보십시오. 하나님의 말씀, 그 깊은 뜻, 그 율법 속에 있는 깊은 사랑을 깨달아야 합니다. 어느날 한 율법사가 예수님께 질문을 했습니다. "율법 중에 어느 계명이 크니이까(마 22 : 36)?" 예수님 대답하십니다. "네 마음을 다하고 목숨을 다하고 뜻을 다하여 주 너의 하나님을 사랑하라 하셨으니 이것이 크고 첫째되는 계명이요 둘째는 그와 같으니 네 이웃을 네 몸과 같이 사랑하라 하셨으니…(마 22 : 37-39)" 사랑입니다. 살인하지 말라, 간음하지 말라, 도적질하지 말라… 하는 십계명과 사랑하라, 하는 말씀이 같은 것으로 들려옵니까? 예수님께서는 분명히 하나라고 하십니다. 계명을 보면서 사랑을 알아야 합니다. 아가페를 이해하여야 하는 것입니다. 그것은 하나입니다. 오직 사랑하는 자만이 사랑하라, 하는 말씀의 뜻을 압니다. 그리고 감격합니다. 미워하는 자와 불평하는 자와 불순종하는 자는 영영 율법을 모릅니다. 율법을 통해서 두려움만을 느낍니다. 저주와 절망을 느낍니다. 그러나 하나님의 사람은 율법을 통해서 사랑과 자유를 느낍니다. 베스트 셀러 작가인 지그 지글러라는 사람이 쓴「정상에서 만납시다」라는 책에서는 사람들이 법지키기를 싫어하는 세 가지 이유를 들고 있습니다. 첫째는 부정적인 생각입니다. 지켜보려고 해도 지켜지지 못할 것, 맹세해보아도 소용이 없는 것, 되는대로 살자, 하는 부정적인 자세입니다. 둘째는 망설임입니다. 오늘은 말고 내일부터 하자, 다음에 하지, 다음에… 그러면서 한세상 다 살았습니다. 세 번째는 두려움입니다. 이 말씀을 지켰을 때 오는 후속결과는 무엇인가, 유익인가 불이익인가, 그것을 생각합니다. 말씀에 따라 사는 사람은 말씀에 자기생명을 위탁하는 것입니다. 선하게 살고 의롭게 살고 사랑하고, 그 다음에 되는 세상에 대해서는 묻지 마십시오. 죽든살든 그것은 하나님의 책임입니다. 말씀대로 산 데 대해서는 하나님께서 책임지시는 것입니다. 바로 여기서 자유를 느끼게 됩니다. 아무런 근심도 걱정도 없습니다. 사람이 알아주든 몰라주든 하나님의 말씀대로 살고 모든 공포와 불안으로부터 온전히 자유할 수 있는 것입니다.

언젠가 한번 이스라엘 랍비가 한국을 방문했습니다. 어느 목사님이 그분에게 질문을 했습니다. "이스라엘사람들은 그렇게도 안식일을 지키느라 고생을 하더군요." 그렇습니다. 24시간 지켜야 되는 것이지만 실수를 할까봐 25시간을 지킵니다. 금요일저녁부터 토요일저녁까지 25시간을 꼼짝못하고, all stop하고 안식일을 지킵니다. 그러니 얼마나 힘들겠느냐고, 장사도 못하고 가지도 못하고 오지도 못하고… 그렇게 질문을 했더니, 랍비가 껄껄 웃으면서 대답합니다. "힘들다는 것은 큰 오해입니다. 저는 그 반대로 생각합니다. 저는 안식일이 없다면 어떻게 살까, 하고 생각합니다. 저는 일주일에 두 번밖에는 식사를 하지 못합니다. 새벽부터 밤까지 바쁩니다. 이렇게 돌아가다가 안식일이 되면, 땡하면 그 다음에는 전화도 안하고 안받고 신문도 안보고 텔레비전도 보지 않고, **all stop**하고 편안하게 아이들과 같이 식사하고 회당에 갔다와서 또 아이들과 같이 하루를 지냅니다. 이 안식일이 없다면 내가 어떻게 살겠습니까. 안식일을 주신 하나님께 늘 감사합니다." 질문한 쪽이 판정패입니다. 한 대 얻어맞은 것입니다. 여러분, 주일을 어떻게 지키십니까? 하나님의 날을 어떻게 지키십니까? 감사하면서 지켜야 합니다. 자유케 하는 율법, 나를 행복하게 하는 율법, 사랑으로 충만한 율법을 지켜나가면서 하나님의 말씀 속에 있는 무한한 자유를 향유하는 것이 참그리스도인의 모습입니다. △

항상 잔치하는 집

음부와 유명도 여호와의 앞에 드러나거든 하물며 인생의 마음이리요 거만한 자는 견책 받기를 좋아하지 아니하며 지혜 있는 자에게로 가지도 아니하느니라 마음의 즐거움은 얼굴을 빛나게 하여도 마음의 근심은 심령을 상하게 하느니라 명철한 자의 마음은 지식을 요구하고 미련한 자의 입은 미련한 것을 즐기느니라 고난 받는 자는 그 날이 다 험악하나 마음이 즐거운 자는 항상 잔치하느니라 가산이 적어도 여호와를 경외하는 것이 크게 부하고 번뇌하는 것보다 나으니라 여간 채소를 먹으며 서로 사랑하는 것이 살진 소를 먹으며 서로 미워하는 것보다 나으니라 분을 쉽게 내는 자는 다툼을 일으켜도 노하기를 더디 하는 자는 시비를 그치게 하느니라 게으른 자의 길은 가시울타리 같으나 정직한 자의 길은 대로니라 지혜로운 아들은 아비를 즐겁게 하여도 미련한 자는 어미를 업신여기느니라 무지한 자는 미련한 것을 즐겨하여도 명철한 자는 그 길을 바르게 하느니라 의논이 없으면 경영이 파하고 모사가 많으면 경영이 성립하느니라

(잠언 15 : 11 - 22)

항상 잔치하는 집

성도 여러분, 다같이 한번 깊이 생각해봅시다. 복과 행복은 뜻이 같지 않습니다. 우리는 지금 상당한 복을 누리고 있습니다. 그러나 행복지수는 형편이 없습니다. 어쩌면 모든 여건에서 가장 복스럽지 못한 생을 사는 나라이지마는 방글라데시가 행복지수로는 세계 제일입니다. 그러니까 '복되다'하는 것과 행복지수는 결코 비례하지 않습니다. 융숭한 음식은 복이라고 하겠지요. 그러나 입맛이 좋아서 맛있게 먹을 수 있는 것은 행복에 속합니다. 저는 언젠가 어떤 책에서 읽은 것이 생각날 때가 있습니다. 사람의 몸이 좋아지지 않되 특히 간장이 나빠지면 남들은 다 맛있다고 하는 음식도 그 냄새가 들어올 때 이미 먹었던 것까지 다 올라온다고 합니다. 얼마나 힘이 든지, 세상에 이렇게 입맛을 잃어버리고 살려니까 참 고역스럽다, 살기 위해서 먹긴 먹어야 하는데 먹는다는 것이 이렇게 힘들 수가 없다, 라고 쓴 글이었습니다. 그러니까 음식은 복이지만 입맛은 행복이다, 그 말입니다. 행복과 복이 함께 가는 것은 아니더라고요. 좋은 집이나 좋은 침대, 이것은 복이겠지요. 그렇지만 그 집에서 웃음이 넘쳐나는 것은 행복에 속하는 것입니다. 아무리 좋은 집에 살고 좋은 침상을 가졌더라도 단잠을 자는 것, 그것은 또다른 복입니다. 그것은 성경이 증거하는 것입니다. "그 사랑하시는 자에게는 잠을 주시는도다(시 127 : 2)." 집이 좋으냐 나쁘냐가 문제되지 않습니다. 어디서나 단잠을 자는 것, 그것은 행복입니다. 건강은 복이지만 단잠은 행복에 속하는 것입니다. 보십시오. 자식은 복입니다. 그러나 그 자식으로 인해서 기쁨을 얻는 것, 또한 자식으로부터 존경을 받을 수 있는 것, 그것은 행복에 속합니다. 자식이 있다고 다 기쁨을 얻는 것이 아니기 때문입니다. 그러므로 행복에 문제가 있다는 것입니다. 버트란드 러셀의 「행복의 정복」이라고 하는 책에 나오는 말입니다. '행복해지려면 음식이다 집이다 건강이다 사랑이다 성취다, 그리고 소속집단으로부터 존경을 받는다, 하는 외적인 여건들도 중요하지만 이에 앞서 자기집착으로부터 벗어날 수 있는 그 마음이 먼저 중요하다, 자기집착으로부터 벗어나서 애정과 선한 생활을 가지지 않고는 절대로 행복할 수 없다.' 이렇게 말하고 있습니다. 여러분, 의무라고 하는 것은 일에서는 매우 유용하고 중요한 것이지만 인간관계에서는 매우 불쾌한 것입니다. 한 남편과 한 아내가 가정을 이루어 삽니다. 그러면 만날 때마다 새로워야 합니다. 매일같이 사랑을 새롭게 고백하며 살아야 합니다. 사랑은 현재적이어야 합니다. 그런데 이것이 의무로 바뀌어, 결혼했으니 살아야지, 자식도 있으니 살아야지, 지금까지 살았으니 마저 살아야지, 하는 것이라면 기막힌 것입니다. 가정생활이 의무로, 의무사항으로 바뀌는 순간 그 인생 완전히 망가지는 것입니다. 자녀도 그렇지 않습니까. 자녀가 귀하고 아름다워서 감사하는 마음으로 자녀를 사랑하고 뒷바라지하는 것이지, 이것을 어떻게 하나, 낳았으니 키워야지, 하는 것이라면, 이렇게 의무로 바뀐다면 이것처럼 무거운 십자가가 어디에 있겠습니까. 직장도 그렇습니다. 거기서 삶의 보람을 얻고 기쁨을 얻어야 하는데 그렇지 못하고, 먹고살아야 하니, 살아야겠으니 일해야지, 하고 의무적으로 직장생활이 되어진다면 그것은 직장이 아니라 감옥입니다. 참으로 힘든 일입니다. 특별히 인간관계가 의무로 바뀔 때는 삶 자체의 의미가 추락합니다. 앤서니 드 멜로라고 하는 분이 쓴 「Called to Love」

라고 하는 책에서는 '행복이라는 것은 가까이 있다. 언제나 충분히 행복할 수 있는데도 불구하고 행복을 느끼지 못하는 것은 잘못된 집착 때문이다'라고 했습니다. 쇼펜하우어의 말에도 이런 말이 있습니다. '어떤 사람의 인생이든 무슨 일이 일어나느냐 하는 것보다 더 중요한 것은 그 사람이 그것을 어떻게 느끼고 어떻게 받아들이느냐 하는 것이다.' 어떻게 느끼느냐, 그것이 문제라는 것입니다. 확실히 환경을 바꾸어서 행복이 오리라고 생각하지마는 결코 그렇지 않습니다. 요새는 그래서 직장도 바꾸어보고, 사람도 바꾸어보고, 어떤 사람들은 아내도 바꾸어보고 하지마는 그렇게 해보아도 마찬가지입니다. 그것이 복이라고 할 때는 있을지 몰라도 행복은 아니더라고요. 행복은 자기자신의 것이었습니다. 드 멜로는 구체적으로 말합니다. '집착을 버리지 않고는 절대로 행복할 수 없다. 먼저 소유를 통해서 행복해질 수 있다고 하는 의존감정을 버려야 한다. 돈이 있어야 행복할 것이다, 더 가져야 행복할 것이다, 하며 돈에 의존하고 있다면, 소유에 의해서 행복이 올 것이다, 한다면 그것은 끝도 없다. 이런 집착을 버려야 한다. 의존감정에 집착되면 사랑도 인간관계도 인격도 다 망가지고 마는 것이다.' 이렇게 말하고 있습니다. 여러분, 여러분은 여러분의 행복이 어디에 의존되어 있다고 생각하십니까? 바로 그것으로부터 완전히 벗어나지 않고는 영영 행복할 길이 없습니다. 또 한가지는 지금의 여건만으로도 충분히 행복하다는 것입니다. 하나님께서는 항상 우리에게 충분한 행복의 여건을 주셨습니다. 그런데 사람들은 행복할 수 있는 순간에 이상한 생각을 합니다. 행여라도 이 행복이 깨어지면 어떻게 하나, 이 여건이 그만 바뀌면 어떻게 하나, 하고 걱정을 합니다. 있는 것들을 잃어버릴지도 모른다는 두려움 때문에 행복이 없다는 것입니다. 어떤 남자가 아주 예쁜 여자를 만나서 죽어라 쫓아다닌 끝에 사랑을 받아내어 결혼을 했습니다. 결혼하고도 보니 그녀가 너무도 아름답습니다. 아무리 보아도 예쁜 것입니다. 잠자는 모습도 예쁩니다. 걱정이 생겼습니다. '이 여자가 바람을 피우면 어쩌나?' 직장에 나가서도 마음이 편치 않습니다. '저 여자 무사한가?' 자, 이 사람 행복하겠습니까. 또, 아주 예쁜 아이들이 있습니다. 얼마나 예쁩니까. 그대로 행복하면 되겠는데, 이 아이가 병들면 어쩌나, 죽으면 어쩌나, 나를 떠나면 어쩌나… 이런 생각을 하는 것이라면 결코 행복하지 않습니다. 바로 이러한 불안감 때문에 사람은 행복해지지 못한다는 것입니다. 또하나 있습니다. 들판에 피는 꽃, 그리고 그 꽃향기를 아름답게 느낄 수만 있다면 행복하다고 합니다. 여기에 지금 꽃꽂이를 해놓았습니다. 이 꽃꽂이를 한 사람, 정성을 다했습니다. 이것을 해놓고 나만 보겠다고 생각하지 않았습니다. 더 많은 사람들에게 보이겠다고 생각했습니다. 들에 핀 꽃을 보면서 나만 보겠다고 꺾어서 주머니에 넣는 사람은 없습니다. 그것은 그내로 두고 보아야 합니다. 나만 아니라 모든 사람이 함께 보아야 합니다. 함께 향기를 느껴야 하는 것입니다. 그런 사람은 행복합니다. 나만의 것으로 만들려 하고 나만 먹으려 하고, 나만 손에 쥐려 하고 내 마음대로 하려 하면 안됩니다. 거기서부터 벗어나야만 행복할 수 있는 것입니다.

오늘본문에 보면 참으로 아름다운 말씀이 있습니다. "항상 잔치하느니라." 잔치란 기쁨의 극치입니다. 행복의 극치입니다. 그런데 항상 잔치한다 하니 얼마나 행복한 집입니까. 요샛말로는 날마다 파티를 한다는 것입니다. 매일같이 즐거운 파티가 이어지는 그런 행복한 사람은 어떤 사람일까요? 여러분, 잔치라는 것은 엄격히 말하면 사람의 문제입니다. 인간의 문제입니다. 물질의 문제가 아닙니다. 심지어는 음식의 문제도 아닙니다. 사람, 좋은 사람이 모여야 행복하고, 그래서 잔치가 되는 것입니다. 잔치란 사람입니다. 여러분이 아시는대로 제가 결혼주례를 많이 하지 않습니까. 결혼주례를 하려고 올라가다 밖을 내다보니 마당에다 화환을 죽 수십 개 늘어놓았기에 아마도 돈많은 집인가보다, 오늘은 손님이 많겠다, 생각하고 들어갔는데 예식장에는 손님이 별로 없습니다. 이런 경우 혼주들이 저를 보고 인사를 할 때 어떤 분은 겸연쩍고 민망해서 이렇게까지 말합니다. "목사님, 제가 부덕해서 손님이 적게 왔습니다." 사실이 그렇습니다. 밖에는 서성거리는 사람이 많은데 정작 식장에는 들어가보니 그 큰 예배실에 하객이 너무도 적어서 주례하기도 재미가 없더라고요. 왜 그럴 것같습니까. 이것은 잔치가 아니기 때문입니다. 잔치는 손님이 많아야 잔치입니다. 음식이 부족할 만큼 손님이 많아야 합니다. 와글와글해야 합니다. 시끌시끌해야 잔치지 사람 없는데 무슨 잔치입니까. 사람들이 다 좋은 마음으로 모여서 서로 친교하고 사랑하고 이야기를 나누어야 이것이 잔치가 되는 것입니다. 또한 즐거운 마음들이 있어야 합니다. 여러분, 잔칫집에 가거든 조심하십시오. 잔칫집에 가서는 어떤 어려움이 있더라도 그 시간만은 반갑습니다, 잘 있었습니까… 이런 좋은 말, 덕담만 해야 합니다. 그 시간에 가서, 누가 어떻대, 누가 이혼했대, 누가 죽었대… 이런 말을 해서는 안됩니다. 그런 소리 하는 것 아닙니다. 더욱이 신랑 신부를 향해서는 듣기좋은 말만 해야 합니다. 아, 신랑 참 의젓하다, 신부가 참 예쁘다… 이런 소리만 해야 합니다. 그런데 어떤 사람은, 아이고 신부가 밑졌다, 어떻다… 이런 소리를 합니다. 여러분, 결혼식에 가서 신랑신부를 좀 덜 예쁘더라도 칭찬하는 것은 죄가 안된다고「탈무드」에도 기록되어 있습니다. 무조건 칭찬해야 합니다. 신랑 아주 훌륭하다, 신부 작아서 아담하고, 커서 늘씬하고, 넉넉해서 좋다… 이렇게, 오로지 덕담만, 잔칫집에서는 덕담만 해야 합니다. 특별히 여러분이 식사를 할 때도 그렇습니다. 우리교인들도 제가 자꾸 붙들고 이야기를 해서 이제는 많이 오리엔테이션이 되어가는 것같습니다. 식사를 할 때는 절대로 교회이야기나 정치이야기 하지 말라고, 그때 앉아서 나라가 어떻고… 이렇게 이야기해서 입맛 다 떨어지게 해서는 안된다고, 그 시간에는 재미있는 이야기만 하라고 했더니 요새는 우리 장로님들이 "나는 오늘 준비해온 것이 없는데…" 이러십니다. 준비해 가지고 다니셔야 합니다. 재미있는 이야기를 꽃피우며 먹어야 잔치고 음식이지, 그 시간에 심각한 이야기 하려고 오는 사람, 반갑지 않습니다. 여러분이 가정에서도 식사시간에만은 절대로 딴얘기 하면 안됩니다. 그 시간에 모처럼 만났다고 잔소리를 하고 공부 제 내로 해라, 연애 잘돼가느냐 어떠냐… 별소리를 다하면 아이들이 화가 나서 숟가락 내던지고 나가버리지 않습니까.(지금 듣고 웃는 사람들은 다 경험이 있어서 그렇습니다.) 이래서 되겠습니까. 잠깐의 식사도 적어도 잔치입니다. 잔치는 잔치답게 덕담을 하고 칭찬을 하고 즐거워해야 합니다. 제가 어제 책을 하나 선물받았는데, 보니 칭찬을 하면 고래도 춤춘다, 했습니다. 서로 칭찬하고 존경하고 사랑을 나누어야 이것이 잔치라는 것입니다. 그 속에는 사랑만이 있고 덕담만이 있어야 합니다. 그래서 17절에 이렇게 말씀하고 있지 않습니까. "여간 채소를 먹으며 서로 사랑하는 것이 살진 소를 먹으며 서로 미워하는 것보다 나으니라." 음식의 문제가 아닙니다. 사랑의 문제입니다. 한 장을 넘겨서 17장 1절에 보면 "마른 떡 한 조각만 있고도 화목하는 것이 육선이 집에 가득하고 다투는 것보다 나으니라"하였습니다. 음식이 문제가 아닙니다. 화목하고 사랑하면 이것이 잔치입니다.

또한 특별히 13절에 보니 '얼굴을 빛나게 한다'하였습니다. 잔치하는 사람의 얼굴은 빛이 나야 합니다. 하나님 앞에 예배하는 얼굴도 빛이 나야 합니다. 찬송하는 사람의 얼굴도 빛이 나야 합니다. 얼굴을 어떻게 빛나게 하는가? 마음에 은혜가 있으면 얼굴이 빛날 수밖에 없습니다. 그것이 바로 잔치입니다. 빛나는 사람들끼리 모여야 잔치지 모여서 시비하고 질투하고 울고 싸우고 한다면 그것이 무슨 잔치입니까. 잔치는 이렇게 항상 기쁨에서 출발해야 합니다. 세상에서 가장 불행한 사람이 누구입니까. 하나님이 믿어지지 않는 사람입니다. 아무리 믿으려 해도 믿어지지 않습니다. 그것보다 더 불행한 사람은 하나님은 믿어지지 않는데 지옥은 믿어지는 사람입니다. 나는 틀림없이 지옥에 갈 것이다, 하는 이 사람이 불행한 사람입니다. 그리고 항상 앞이 보이지 않습니다. 소망이 없습니다. 밤낮 죽겠다는 소리만 합니다, 죽지도 못하면서. 그게 문제라는 것입니다. 이런 사람이 불행한 사람입니다. 오늘 성경은 "가산이 적어도 여호와를 경외하는 것이…"하고 말씀합니다. 하나님을 경외하고 서로 사랑하는, 그것이 잔치입니다. 하나님을 경외하는 사람들이 진실한 가운데서 온유 겸손한 마음으로 모여서 주님을 찬양할 때 그것이 잔치하는 것입니다. 적어도 하나님을 경외하는 사람은 경외하는 자에게 주시는 하나님께 대한 지식이 있습니다. 신앙고백이 있습니다. 저는 신학서적에서 읽은 말 한마디를 자주 상기합니다. 'God's Love is concreted in His wrath.' 하나님의 사랑은 그의 진노 속에서 구체화된다—얼마나 중요한 말입니까. 하나님께서 우리를 사랑하십니다. 하나님을 경외할 때 하나님께 대한 지식을 얻고 신학적인 지식을 얻습니다. 하나님께서 우리를 사랑하십니다. 진노 속에서 사랑하십니다. 징계 속에서 사랑하십니다. 고난 속에서도 사랑하십니다. 어떤 집의 어린 두 형제가 서로 다툽니다. 형이 동생 보고 말합니다. "네가 그렇게 못되게 놀면 아버지가 너를 사랑하지 않아." 동생이 뜨끔했습니다. 그때 옆방에서 문을 확 열고 아버지가 나왔습니다. "무슨 소리냐. 너희가 착하게 살면 나는 기쁜 마음으로 너희를 사랑하고 너희가 말썽을 부리면 나는 아픈 마음으로 너희를 사랑한단다. 사랑하는 것은 틀림없단다." 순간 동생은 뛰쳐나가면서 큰소리 칩니다. "거봐!" 내가 아무리 잘못한다해도 아버지가 나를 사랑하는 것은 틀림이 없다, 이것입니다. 그것이 좋은 아들입니다. 이것을 알아야 합니다. 하나님을 경외하여 하나님의 사랑을 깊이 느끼고, 새삼 느끼고, 내일내일 새롭게 깨닫고 간증을 하고, 그리고 사랑이 넘칠 때 바로 그 사람이 진정한 의미에서 매일같이 잔치하는 사람입니다. 이런 사람은 잠언 10장 27절에 말씀하는 그런 사람입니다. "여호와를 경외하면 장수하느니라." 얼굴에 빛이 있고 항상 잔치하는 마음으로 살면 당연히 장수하지 않겠습니까. 마음이 즐거운 자는 감사하는 사람입니다. 기뻐하는 사람입니다. 항상 잔치합니다. 여기서도 저기서도, 오늘도 내일도, 가난하거나 부하거나, 건강하거나 병들거나 막론하고 그는 항상 잔치하는 마음으로 살아간다는 말씀입니다. 한국 교회사에 나오는 우리 옛날 목사님들은 비유로 쉽게 교리를 설명하기도 했습니다. '불교는 마치 초상집과 같다. 유교는 마치 제삿집과 같다. 기독교는 잔칫집과 같다.' 누가 예수님을 잘믿느냐고요? 잘웃는 사람이 잘믿는 것입니다. 얼굴이 빛이 날 정도로 환하게, 잔칫집에 가서 즐기는 것같은 그런 마음으로 사는 것입니다. 그 사람이 잘믿는 사람입니다.

이제 음력 정초가 됩니다. 우리는 복에 대해서 말하고, 복받으라 하고, 복을 비는 이야기가 많습니다. 여러분, 그 많은 날 복을 생각했습니다마는 이제 묻고 싶은 것은 얼마나 행복하냐입니다. 복된 여건을 생각하지 말고 행복을 생각하시기 바랍니다. 행복한 자의 그 행복의 뜻이 어디 있느냐를 생각합시다. 하나님을 경외하고 사랑하고 그리고 화목할 때에 잔치하는 마음으로 한평생을 살아갈 것입니다. △

먼저 할 일 먼저 하라 ①

그러므로 내가 너희에게 이르노니 목숨을 위하여 무엇을 먹을까 무엇을 마실까 몸을 위하여 무엇을 입을까 염려하지 말라 목숨이 음식보다 중하지 아니하며 몸이 의복보다 중하지 아니하냐 공중의 새를 보라 심지도 않고 거두지도 않고 창고에 모아들이지도 아니하되 너희 천부께서 기르시나니 너희는 이것들보다 귀하지 아니하냐 너희 중에 누가 염려함으로 그 키를 한 자나 더할 수 있느냐 또 너희가 어찌 의복을 위하여 염려하느냐 들의 백합화가 어떻게 자라는가 생각하여 보라 수고도 아니하고 길쌈도 아니하느니라 그러나 내가 너희에게 말하노니 솔로몬의 모든 영광으로도 입은 것이 이 꽃 하나만 같지 못하였느니라 오늘 있다가 내일 아궁이에 던지우는 들풀도 하나님이 이렇게 입히시거든 하물며 너희일까보냐 믿음이 적은 자들아 그러므로 염려하여 이르기를 무엇을 먹을까 무엇을 마실까 무엇을 입을까 하지 말라 이는 다 이방인들이 구하는 것이라 너희 천부께서 이 모든 것이 너희에게 있어야 할 줄을 아시느니라 너희는 먼저 그의 나라와 그의 의를 구하라 그리하면 이 모든 것을 너희에게 더하시리라 그러므로 내일 일을 위하여 염려하지 말라 내일 일은 내일 염려할 것이요 한 날 괴로움은 그 날에 족하니라

(마태복음 6 : 25 - 34)

먼저 할 일 먼저 하라①

　　E. M. 그레이 교수가 쓴 「The Common Denominator of Success」라고 하는 책이 있습니다. 우리말로 옮기면 「성공의 공통분모」라고 하겠습니다. 성공적으로 산 사람들의 생애와 그 삶의 철학, 그리고 업적들을 자세하게 분석하고 성공한 사람들의 성공비결에 공통분모가 없을까, 공통점이 무엇일까를 연구해서 이렇게 결론은 짓고 있습니다. 첫째는, 열심히 일했습니다. 그렇습니다. 게으른 자에게는 성공이 있을 수 없습니다. 정열을 다하여 열심히 일했습니다. 그 뜻이 무엇인가하면 그 일을 즐겼다는 것입니다. 그 일을 통해서 뭘 얻겠다는 것이 아니라 그 일 자체를 즐기고 있었습니다. 그리고 거기에 정열을 쏟았습니다. 이런 사람들이 공통으로 성공을 했습니다. 두 번째는, 아무래도 인간의 힘만 가지고는 되지 않습니다. 이 저자의 말대로는 운이 좀 따랐습니다. 역시 운이 따라야 한다는 이야기입니다. 세 번째는, 하나같이 인간관계가 좋았습니다. 누구를 미워하고 누구를 좋아하고 누구하고 틀리고 누구하고 원수지고 누구를 비방하고… 이래서는 안됩니다. 이런 사람에게는 성공이 없습니다. 성공하는 사람들은 하나같이 인간관계가 원만하고 좋았다는 것입니다. 이런 세 가지 특징이 있는데, 이 분이 말하는 것은 여기에 그치지 않습니다. 그 세 가지보다 더 중요한 것, 근본적인 것이 무엇인가하면 성공한 그 사람들은 하나같이 소중한 것을 먼저 하는 습관을 가졌다는 것입니다. 좋고 나쁘고, 이롭고 해롭고… 그것이 중요한 게 아닙니다. 내가 얼마를 버느냐 못버느냐, 여기에 집착하지 않았습니다. 중요한 것은 그 일이 얼마나 소중한 일이냐, 우리 모두를 위해서 얼마

나 중요한 일이냐였습니다. 중요한 일, 소중한 일이라고 하는 것을 알고 거기에 정력을 쏟았습니다. 우선순위를 정했습니다. 그 우선순위를 따라 계획을 세웠습니다. 그리고 그 우선순위대로 실천을 했습니다. 그것이 특징입니다. 여러분도 잘 아시지만 스티븐 코비라고 하는 분이 있습니다. 「Seven Habits of Effective People」이라고 하는 아주 유명한 책을 써서 알려지고 한국에도 두 번이나 와서 특강을 한 일이 있습니다. 베스트 셀러 저자로 많이 알려진 분입니다. 이 코비 박사의 또하나의 알려진 저서가 있습니다. 「First Thing First(소중한 것을 먼저 하라)」입니다. 이 책에서 그는 이런 결론을 내립니다. '일반적으로 사람들은 긴급한 것을 먼저 하면서 소중한 것을 잃어버린다.' 그렇습니다. 긴급한 것. 무엇인가 급하다고만 생각을 합니다. 그러면서 중요한 것을 잃어버립니다. 급할수록 다시한번 생각해야 합니다. 중요한 것이 무엇인가. 그런데 급한 것만 서두르고 소중한 것을 잃어버리는, 그런 허점이 우리 인간에게 있다, 라고 말합니다. 성숙한 인간, 미숙한 인간을 구분합니다. 성숙한 인간이란 전체를 볼 줄 아는 사람입니다. 나무를 보는 사람은 숲을 못봅니다. 숲이라고 하는 전체를 볼 수 있어야 합니다. 산을 올라갔다가 조난을 당했다고 합시다. 내가 길을 잃어버렸습니다. 그러면 자꾸 산 아래로 아래로 내려만 가면 되느냐? 안됩니다. 등산전문가들은 '길을 잃었거든 올라가라. 가장 높은 곳으로 올라가서 저 밑을 한눈에 훤히 내려다보고 내가 가야 할 방향을 정한 다음에 내려가라'했습니다. 조난은 이렇게 해결하는 것이라고 이야기합니다. 그렇습니다. 성숙한 사람은 부분보다 전체를 봅니다. 그런데 미숙한 사람은 언제나 부분을 봅니다. 작은 것을 보고 큰일을 망치는 것입니다. 또한 성숙한 사람은 보다 멀리 봅니다. 눈앞의 현실을 보는 것이 아니라 다음, 다음, 다음, 몇차원 높여서 멀리 보는 것입니다.

여러분 잘 아시는 여호수아와 갈렙, 가나안땅을 정탐하고 와서 하는 말이 무엇입니까. '젖과 꿀이 흐르는 땅이요 하나님이 주신 땅이다'하였습니다(민 13-14장). 믿음으로 본 것입니다, 믿음으로. 그러나 같이 갔던 다른 사람들은 현실만 보았습니다. '불가능하다. 그 사람들 앞에 서니 우리들은 메뚜기같더라.' 이렇게 망조가 들었습니다. 보다 멀리 하나님의 약속을 바라보는 시각을 가져야 하는데 현실만 생각합니다. 바로 소인배의 모습이었습니다. 또한 성숙한 사람은 하나님의 뜻을 생각하고 하나님께서 무엇을 원하시는지, 하나님께서 여기서 어떻게 되기를 원하시는지를 생각합니다. 그런데 미숙한 사람은 자기일만 생각합니다. 하나님의 뜻이고뭐고 할 것 없고 나 살아야겠다, 라고 생각합니다. 그래 결국은 나도 살지 못하고 모든것을 망가뜨립니다. 이것을 알아야 합니다. 우리는 항상 보다 크게, 보다 넓게, 보다 멀리, 그리고 전체를 보아야 합니다. 하나님의 뜻을 먼저 생각하여야 합니다. 먼저 할 일 먼저 할 수 있는 지혜가 있습니다. 어떻게 하면 먼저 할 수 있을까? 먼저 목적지향적으로 살아야 합니다. 내 생의 목적이 무엇인가, 인생의 목적이 무엇인가, 항상 물어야 합니다. 묻고, 그 목적을 향해서 일직선적으로 그 목적을 지향하는 삶을 살아야 합니다. 목적에 위배되는, 달리 돌아가는 생을 살아서는 안됩니다. 그리고 동시에 의미창조적으로 살아야 합니다. 적어도 그 일을 위해서는 내가 목숨을 걸 만큼, 그만큼 확실하게 살아야 합니다. 우스운 이야기입니다마는 제가 1974년쯤 겪은 일인 것같습니다. 미국에서 공부하면서 주일날 목사님이 안계시는 교회에 가서 설교를 했습니다. 몇주일 안내받아서 설교를 하고나니 점심시간에 집사님들끼리 모여서 숙덕숙덕하더니 돈을 모아서 자동차 한 대를 사주는 거입니다. "목사님, 이 차를 타고 내왕을 하시는 것이 좋을 것같습니다. 우리가 모시러 가기도 번거롭고요. 그렇게 합시다." 이렇게 고마울 데가 어디 있겠습니까. 감사하다고 했습니다. 그 다음 주일에 그 차를 몰고 교회마당에 척 들어섰습니다. 그랬더니 집사님들과 장로님들이 눈을 휘둥그래 뜨고 달려나옵니다. "아니, 여기까지가 어떤 길인데 손수 운전하고 오신 것입니까. 목사님 계신 곳에서 여기까지 오는 Pasadena Freeway에서 옛날에 제임스 딘이 교통사고로 죽었어요. 그 위험한 길을 지나서 어떻게 여기까지 오셨습니까?" 그래서 제가 웃으면서 대답한 말이 있습니다. "교회로 오는 길이니까 왔지요. 교회를 향하여 가는 길이니 가다 죽어도 좋다, 하는 마음으로 온 것입니다. 놀러가는 길이었다면 못왔지요. 가다 죽으면 안되지 않습니까." 이래서는 안되지, 하는 일들은 하지 마십시오. 이대로 죽어도 좋다, 하는 일만 하여야 합니다. 이것이 먼저 하는 일 먼저 하는 지혜입니다. 목숨을 걸만한 그런 의미의 일을 먼저 하라, 이것입니다. 또한 쉬운 일을 하라는 것입니다. 하나님께서 이미 하도록 은사를 주신 일은 쉽습니다. 가능한 것을 가능케 해야 합니다. 닫힌 문 두드릴 것 없습니다. 열린 문으로 들어가면 됩니다. 하나님께서 나에게 하게끔 하신 일이 있습니다. 그런데 어리석은 사람은 꼭 이렇게 말합니다. 할 수 없는 일은 못해서 못하고 할 수 있는 일은 시시해서 안한다고. 결국 다 못하는 것입니다. 못하는 것은 그대로 두십시오. 누군가가 할 것입니다. 내게 맡겨진 일, 가장 쉬운 일, 확실한 일, 거기에 하나님의 효과적 은사가 있는 것입니다. 그것을 할 것입니다. 또한 나는 나의 일을 해야 합니다. 남의 일 간섭하지 마십시오. 그거 신경쓰지 마십시오. 오늘도 내가 할 일만 내가 합니다. 부부간에도 아내는 남편 보고 이래라저래라 하지 마십시오. 내가 아내이면 아내일만 하는 것입니다. 남편은 남편대로 두십시오. 남편은 남편일만 하십시오. 심지어는 자녀교육까지도 그렇습니다. 자녀들 보고 이래라저래라 하지 마십시오. 당신일만 똑똑히 하십시오. 아이들은 저절로 클 것입니다. 내가 할 일, 이것만 내가 열심히 하는 것입니다. 그것이 곧 지혜의 지름길입니다. 어차피 다 알 것도 없고 다 알아야 할 이유도 없습니다. 다 할 수도 없고 다 가질 수도 없습니다. 다만 나에게 맡겨진 일, 오늘 맡겨주신 일만 알고 거기에 충성과 진실을 다하여야 한다는 말씀입니다.

오늘본문에 보면 인간의 기본적인 욕구를 잘 설명해줍니다. 무엇을 먹을까 무엇을 마실까 무엇을 입을까, 걱정입니다. 우리, 그것 때문에 고생하지 않습니까. 그러나 오늘본문에는 그 해결의 길이 걱정하는 데 있지 않다는 것입니다. 그러면 어떻게 해야 할까요? 그의 나라와 그의 의를 먼저 구하라, 하십니다. 먹을 것, 입을 것도 중요하지만 그것은 하나님께서 알고 계십니다. 내게 필요한 것이라는 것을 하나님께서 다 알고 계십니다. 그러므로 구할 필요가 없습니다. 문제는 하나님께서 주셔야 받는 것이 아닙니까. 하나님께서 누구에게 주시느냐, 누구에게 이 모든것을 넉넉히 주시느냐하면 그의 나라와 그의 의를 먼저 구하는 사람에게 주십니다. 먼저 구할 때 이 모든 것을 주신다고 하십니다. 그의 나라와 그의 의입니다. 하나님의 나라요 그리스도의 의를 먼저 이루어야 그 다음에 내 소원을 이룰 수 있다는 것입니다. 먼저 할 일 먼저 하는, 그 순서가 바로되어야 합니다. 그 순서가, 우선순위가 바로될 때 하나님께서는 넘치도록 주신다는 것입니다. 이것이 오늘본문에 나타난 해결책입니다. 마태복음 16장을 보면 베드로가 예수님 앞에서 신앙고백을 합니다. "주는 그리스도시요 살아계신 하나님의 아들이시니이다." 귀한 고백을 할 때 예수님께서는 만족하게 여기시고 '내가 네게 천국열쇠를 주겠다. 너는 베드로다. 그 신앙 위에 내가 교회를 세우리라.' 큰 복을 허락하십니다. 베드로가 기분이 좋았습니다. 그러나 예수님께서 십자가 지신다는 말씀을 하시니 '안됩니다'하고 말리지 않습니까. 그때 예수님께서는 냉정하시게도, 정말 예수님답지 않게 냉정하시게도 "사단아 내 뒤로 물러가라"하고 질타하십니다. 사랑하는 제자를 가차없이 '사단'이라고 부르십니다. "너는 나를 넘어지게 하는 자로다 네가 하나님의 일을 생각지 아니하고 도리어 사람의 일을 생각하는도다." 너는 사단이다, 하십니다. 너는 나를 넘어지게 하는 자로다—얼마나 강한 말씀입니까. 왜 그러셨을 것같습니까. 하나님께서는 분명히 베드로에게 천국열쇠를 주셨습니다. 영광도 주셨습니다. 능력도 주셨습니다. 권세도 주셨습니다. 그러나 먼저 십자가를 져야 합니다. 베드로는 십자가 없는 영광을 바랐습니다. 고난이 없는 영광을 바랐습니다. 먼저 십자가를 지라시는 것입니다. 예수님께서 겟세마네동산에서 기도하십니다. 주님의 마음이, 뜻이 어디에 있는지 우리는 알 수 없으나 "나의 뜻대로 마옵시고"라고 기도하십니다. 그 '나의 뜻'이 무엇인지 한없이 궁금합니다. 그러나 한 가지 아는 것은 분명히 십자가를 안지시겠다고 하는 것은 아니라는 것입니다. 다른 방법으로, 내일이 아니고 다른 시간에… 혹 그런 뜻이 아닌가 생각을 합니다. 아무튼 하나님의 뜻 앞에 섰습니다. 이제 예수님께서 결론을 내리십니다. "내 뜻대로 마옵시고 아버지의 뜻대로…" 무슨 말씀입니까. 내 뜻은 뒤에 두고 '아버지의 뜻부터 먼저 이루십시오' 하신 후 십자가를 지신 것입니다. 겟세마네동산에서 내려오실 때 아버지께서 내게 지우시는 십자가를 내가 지지 않겠느냐, 아버지께서 내게 주신 잔을 내가 마시지 아니하겠느냐, 아버지께서 아들에게 주시는 잔을 내가 마시지 않겠느냐—먼저 이것부터 마시고, 그리고 십자가를 지심으로해서 부활의 영광을 얻고 만왕의 왕이 되시고 만주의 주가 되십니다. 먼저 십자가를—잊지 말아야 합니다. 예수님께서 친히 제자들에게 말씀하십니다. '나를 따르려거든, 내 제자가 되려거든 자기를 부인하고 자기십자가를 지고 나를 좇을 것이니라.' 십자가를 지고 따라가야 합니다. 요새사람들은 십자가목걸이를 하고 따라가려고 합니다. 십자가에 내가 매달려야 하는데 십자가를 또 지고 돌아다니는 것입니다, 내 멋대로. 십자가는 죽음입니다. 엄청난 희생입니다. 내 뜻대로 마시고 아버지의 뜻대로—그러고야, 그의 나라와 그의 의를 먼저 이루고야 이 모든것을 더하시는 것입니다. 먼저는 하나님의 나라, 그리스도로 인하여 이루어지고 성령으로 인하여 이루어지고 말씀으로 인하여 이루어지고 교회로 인하여 이루어지는 하나님의 나라, 그 성격을 분명히 알아야 하겠습니다. 하나님의 나라, 그 다음에는 나로 인한 하나님의 나라를 생각해야 합니다. 그 하나님의 나라를 위하여 내가 무엇을 할 것인가? 내가 그 하나님의 나라를 영접해야 하고, 내가 그 하나님의 나라 안에 살아야 하고, 나와 하나님의 나라, 나로 인한 하나님의 나라의 속성을 생각해야 하겠습니다.

어떤 사람이 하나님 앞에 간절히 소원을 아뢰었는데 하나님께서 기도응답 해주시기를 내가 너에게 세 가지 소원만 들어주겠다고 하셨습니다. 이런 고마울 데가 어디 있습니까. 한 가지도 고마운데 세 가지를 들어주시겠다니. 그래서 곰곰이 생각하다가 모든 사람으로부터 사랑받는 사람이 되게 해달라고 기도를 드렸습니다. 했더니 모든 사람이, 모든 여자가 사랑을 하는데, 모든 사람에게 사랑을 받고 존경을 받는데, 그러다보니 귀찮아 못견디겠는 것입니다. 사랑공세에 지쳐서 죽게 되었습니다. 그래서 하나님 앞에 할수없이 두 번째 카드를 내놓았습니다. '하나님, 여기서 구원해주십시오.' 그래서 이제 모면을 했습니다. 이렇게 두 가지 카드를 소모하고 마지막으로 이제 무슨 소원을 아뢸까, 뭐라고 기도할까, 아무리 생각해도 알 수가 없습니다. 그래서 하나님 앞에 이렇게 기도를 했다고 합니다. '하나님, 무엇을 기도해야 할지 가르쳐주십시오.' 그랬더니 하나님께서 응답해주시는데 "내가 만일에 너라면 '사랑의 능력을 주십시오'라고 기도를 하겠다. '모든 사람을 사랑하게 해주십시오. 원수까지도 사랑할 수 있는 능력을 주십시오.' 두 번째는 '솔로몬 왕처럼 지혜로운 마음을 주십시오. 하나님의 음성을 잘 들을 수 있는 그런 마음을 주십시오.' 세 번째는 '범사에 진실하고 충성되게 해주십시오'라고 기도하겠다." 이 사람이 조용히 생각하다가 '아멘'하였다고 합니다. 여러분, 하나님나라를 앞에 놓고 내가 할 일이 무엇입니까. 그의 나라와 그의 의를 구하는 것입니다. 특별히 앞으로 임하는 종말론적인 하나님의 나라, 예수님의 재림과 함께 이루어지는 그 위대한 나라를 앞에 바라보면서 나는 지금 어떤 모습으로 살아가야 합니까. 어떻게 섬겨야 합니까. 이것이 우선순위라는 말입니다. 이것을 먼저 생각해야 한다는 말입니다. 오늘이 나의 마지막날이라면 나는 어떤 모습으로 서겠습니까. 이것을 먼저 생각하여야 합니다. (그의 나라와 그의 의를) '구하라'하는 말 '제테요'는 특별한 말입니다. 히브리어적 개념으로는 기도한다는 뜻이요 목적삼는다는 뜻이요 온정력을 다 기울여 힘쓴다는 뜻입니다. 영어로는 'seek'라고 번역합니다. 힘쓰는 것입니다. 그의 나라와 그의 의를 구하여 전심전력 힘쓰는 것입니다. 그리할 때 이 모든것을 주신다, 이렇게 말씀하십니다. 사는 것, 먹는 것, 입는 것, 이 모든것— '타우타 판타'를 주신다는 것입니다. 그가 주셔야 받을 수 있습니다. 내가 할 일 내가 하고, 내가 그의 나라와 그의 의를 구할 때 그는 그의 일을 하십니다. 주시고자 하는 마음은 간절하십니다. 내가 그의 나라와 그의 의를 구하지 아니하므로 주실 수 없는 것입니다. 그렇습니다. 우선순위가 바로되어야 뒤에 성공이 옵니다. "너희는 먼저 그의 나라와 그의 의를 구하라 그리하면 이 모든것을 너희에게 더하시리라." △

먼저 할 일 먼저 하라②

　옛 사람에게 말한 바 살인치 말라 누구든지 살인하면 심판을 받게 되리라 하였다는 것을 너희가 들었으나 나는 너희에게 이르노니 형제에게 노하는 자마다 심판을 받게 되고 형제를 대하여 라가라 하는 자는 공회에 잡히게 되고 미련한 놈이라 하는 자는 지옥 불에 들어가게 되리라 그러므로 예물을 제단에 드리다가 거기서 네 형제에게 원망들을 만한 일이 있는 줄 생각나거든 예물을 제단 앞에 두고 먼저 가서 형제와 화목하고 그 후에 와서 예물을 드리라 너를 송사하는 자와 함께 길에 있을 때에 급히 사화하라 그 송사하는 자가 너를 재판관에게 내어 주고 재판관이 관예에게 내어 주어 옥에 가둘까 염려하라 진실로 네게 이르노니 네가 호리라도 남김이 없이 다 갚기 전에는 결단코 거기서 나오지 못하리라
　　　　　(마태복음 5. 21 - 26)

먼저 할 일 먼저 하라②

어렸을 적 시간이 날 때마다 할아버지를 붙잡고 옛날이야기 해달라고 졸랐습니다. 할아버지도 밑천이 있는지라 가끔은 이야기한 것 또 하고 또 하셨습니다. 이미 들은 이야기가 시작되면 나는 중도에 그거 몇번 들은 것이니 다른 거 해달라고 했습니다. 그러면 할아버지는 "좋은 이야기는 들을수록 좋은 것이다" 하셨습니다. 그때 들은 이야기를 하나 하겠습니다. 옛날옛적 어느 고을에 의좋은 형제가 있었습니다. 너무나 사이가 좋아서 의좋기로 사방에 소문난 형제였습니다. 하루는 이 둘이 함께 길을 가고 있었습니다. 가다가 발부리에 채이는 돌이 있어 보니 특별한 돌같아보여서 그것을 동생이 주워서 잘 보니 금덩이였습니다. 주먹만한 금덩이를 얻은 것입니다. 노다지를 얻어 너무도 좋아 기뻐할 때 형이 손을 내밉니다. "그거 나 좀 보자." 형이 그걸 들고 이리저리 만져보면서 하는 말이 "자, 이만하면 우리는 이제 고생은 면한 것같다. 이것이면 우리 둘이 다 한평생 먹고 살 만큼 재산이 될 수 있을 것같다." 형이 이렇게 말하자 동생은 슬그머니 불안해졌습니다. "그거 나좀 봅시다." 금덩이는 다시 동생에게 넘어갔습니다. 좀 있다가 형이 다시 "그거 나좀 보자"하고… 이 금덩이는 동생에게 넘어갔다 형에게 넘어갔다 했습니다. 가다가 강을 만났습니다. 나룻배를 타고 건너가는데 형이 어느 순간 그 금덩이를 물속에 텀벙 집어던지고 말았습니다. 동생은 펄쩍뜁니다. "아니, 그건 내가 주웠으니 내 것인데 왜 형이 물에다 던지는 거요?" 그때 형이 말했습니다. "그 금덩이가 내 손에 있을 때는 욕심이 생기고 네 손에 있을 때는 미움이 생기더라. 우리 둘이가 생각할 때마다 볼 때마다 그렇게 서로 사랑해왔는데 그 금덩이가 우리 사이를 이렇게 만들었다. 그래서 물에 던졌다."

　화목이 좋은 줄은 압니다. 그러나 화목을 깨뜨리는 요인이 무엇인지는 모릅니다. 무엇 때문에 화목하지 못합니까. 무엇이 작용해서 그렇게 서로 미워하고 살아야 됩니까. 불화의 원인을 진실하게 정직하게 과감하게 물속에 던져넣어야 하는 것입니다. 이것을 끊어야 비로소 참된 화해가 이루어지는 것입니다. 욕심과 시기 질투를 그대로 놔두고 '악수' 한다고 화해가 됩니까. 같이 간다고 화해가 됩니까. 한평생을 같이 살아도 그러면 남남입니다. 화해가 없습니다. 잠언 17장 1절에 말씀합니다. "마른 떡 한 조각만 있고도 화목하는 것이 육선이 집에 가득하고 다투는 것보다 나으니라." 부(富)보다 화목이 먼저다—확실하게 증거하고 있습니다. 공산주의의 기본철학인 변증법적 유물론이라는 것을 아실 것입니다. 이것은 공산주의를 만들었고 온세계를 어지럽혔습니다마는 지금도 이 변증법적 유물론 사상이 세상을 어지럽히고 있는 것입니다. 이 변증법적 유물사상은 다윈의 진화론에 근거합니다. 그는 농물이 사는 것, 동물의 생활 속에서 이 철학을 발견했습니다. 동물로부터 배우고 사회로 옮겨서 사람도 마찬가지의 동물이다. 결국 사회는 변증법적으로 발전한다 어쩐다 했습니다. 간단한 것입니다. 이 주장에 많은 사람이 미혹당하고 세상이 무서워진 것입니다. 다시말하면 생존경쟁, struggle for existence, 살아남기 위해 싸운다, 모두가 살기 위해 싸운다, 하는 것입니다. 내가 살기 위해 남을 죽여야 한다, 저가 죽어야 내가 산다, 아니, 죽여야 내가 산다, 하는 것이니 이 얼마나 무서운 이야기입니까. 내가 살기 위해 저를 죽여야 하고, 어쩌면 저가 죽어줘야 내가 산다, 하는 이론입니다. 어항 속에 금붕어 두 마리가 있었답니다. 하나는 크고 하나는 작은데, 그 주인은 지혜로운 사람이라서 그것들한테 먹이를 많이 주지 않았습니다. 많이 주면 안되기 때문입니다. 조금씩 주는데 큰 금붕어가 생각하기를 '저놈이 없으면 나 혼자 먹고 내가 배부를 텐데… 저놈하고 나눠 먹으니까 내가 배고파서 어디 견디겠나'하였습니다. 그래서 어느날 큰 금붕어는 작은 금붕어를 물어죽였습니다. 그래 이제는 주인이 주는 먹이를 나 혼자서 먹을 것이다, 했는데 작은 물고기가 죽어서 썩고, 썩어서 냄새를 발하고 독을 발한 것입니다. 그 물을 먹고 큰 금붕어도 결국 죽고 말았답니다. 저가 죽으면 나도 죽는다는 것을 몰랐습니다. 우리가 이것을 알아야 합니다. 때로 우리는 남을 낮추면 내가 높아지는 것으로 착각을 합니다. 어리석은 생각입니다. 여러분, 부부간에 어떻게 지내십니까? 남편을 깎아내리면 내가 올라갑니까. 우리네 어머니들은 이런 실수 많이 합니다. 아이들이 말썽피우고 뭘 좀 잘못하면 "용케 니 애비 닮았다" 합니다. 또 아버지는 "네 엄마를 닮지 말아라" 하기도 합니다. 상대방을 깎아내리면 내가 올라가는 줄로 알고 있지만 이는 동반자살입니다. 같이 내려가는 것입니다. 그러면 어찌해야 하겠습니까. 제대로 살려면 밉든곱든 상대방을 올려야 됩니다. 남편을 높여야 아내도 올라갑니다. 아내를 높여야 남편도 삽니다. 이것이 중요합니다. 가정교육의 기본입니다. 상대방을 높이면 다같이 올라갑니다. 깎아내리면 다 떨어지고 맙니다. 성경은 말씀합니다, 저가 살아야 내가 산다고. 제가 간혹 북녘땅에 갈 때마다 그곳 사람들은 묘한 심정으로 저를 대합니다. 저는 주러 갔고 저들은 받지 않습니까. 많거나적거나 아무튼 나는 주는 입장이고 저들은 받는 입장인지라 조금씩 부끄러워합니다. "무엇하러 또 오셨습니까?" 이렇게 이야기합니다. 그럴 때마다 제가 한마디 합니다. "무슨 대단한 성자가 되어서 당신들을 도우러 왔다고 생각지 마세요. 그게 아닙니다. 당신들은 우리가 망해야 살 줄 알지만 나는 다릅니다. 당신들이 살아야 우리도 삽니다. 당신들을 살려야 우리도 삽니다. 그래서 나 살자고 온 것입니다." 이렇게 위로해보기도 합니다.

성경은 분명히 말씀합니다. 저를 살리고야 내가 살 수 있는 것입니다. 이것이 복음이고 이것이 진리입니다. 오늘말씀에 먼저 화목하라, 하십니다. 먼저—이는 헬라말로 '프로토스'이고 영어로는 first입니다. 첫째입니다. 이것은 시간적으로 먼저라는 것이 아니고 그 속성적으로 근본이요 먼저, 첫번째라는 말입니다. 모든것보다 최우선, 그런 의미의 첫째입니다. 무엇보다 '먼저' 화목하라고 말씀하십니다. 무엇보다? 하나님 앞에 제사를 드리는 것 그보다도 먼저, 기도하는 것 그보다도 먼저, 예배하는 것 그보다 먼저 화목하라, 하십니다. 화목이 먼저입니다. 화목 없는 예배, 화목 없는 제사, 화목 없는 기도, 소용 없다, 그런 말씀입니다. 그러면 화목의 근본뜻을 생각해봅시다. 화목을 대단한 선행인 양 착각하지 마십시오. 화목이라는 것은 기본입니다. 화목을 무슨 덕목인 양 착각하지 마십시오. 화목은 존재의식입니다. 보십시오. 여기 성경에 "형제들"이라고 말씀하십니다. 아델포스, 형제라는 말이 강조되고 있습니다. 특별히 초대교회에서는 우리 예수믿는 사람의 별명이 '형제'입니다. 예수믿는 그 순간부터 다 형제자매입니다. 아래위도 없습니다. 남자여자도 없습니다. 모두가 형제입니다. 사도행전에 보면 아주 형제라는 말로 못박고 있습니다. 이것은 기독교인을 말하는 것입니다. 보십시오. 형제라는 것이 무엇입니까. 한 아버지에 두 아들이 있습니다. 형제입니다. 한 아버지입니다. 한 아버지의 한 자녀들이라는 말입니다. 피는 물보다 진합니다. 이것은 숙명적인 것입니다. 내가 만들어내는 것이 아닙니다. 그렇게 태어난 것입니다. 본질적인 것입니다. 그렇게 태어나서 형제가 된 것입니다. 무슨 이권이 걸려 있는 것도 아니고 좋고나쁜 것이 있어서 그리된 것이 아닙니다. 뿌리가 형제를 만든 것입니다. 존재의 문제라는 말씀입니다. 형제입니다. 그래서 기쁨도 하나요 또 형제이기 때문에 슬픔도 하나요 저가 살면 나도 살고 저가 기쁘면 나도 기쁩니다. 저가 아프면 나도 아픕니다. 이것은 숙명적인 것입니다. 그런데 우리는 예수 그리스도로 말미암아 구원을 받았습니다. 예수의 피로 구원을 받았기에 똑같이 하나님을 아버지로 우리는 모두 형제입니다. 하나님의 자녀입니다. 그래서 형제라는 말씀입니다. 유명한 독일의 젊은 신학자였던 본훼퍼의 이런 기록이 있습니다. '그 형제가 하는 말을 더이상 들을 수 없는 사람에게는 얼마 가지 아니하여 하나님의 말씀도 들려지지 않을 때가 올 것이다.' 잘 들어두십시오. 형제와 불화해서 이제 형제의 말을 듣지 않습니다. 안듣기로 작심했습니다. 그래서 머지않아 하나님의 음성도 들려오지 않을 거라는 것입니다. 이것을 잊지 말아야 합니다. 93세가 된 유명한 교수 피터 드러커의 말에 이런 말이 있습니다. 지도자의 첫 성품, 첫 속성은? 지도자가 되는 사람은 어떤 사람인가? 그는 이렇게 말합니다. 다른 사람과 함께 즐길 수 있는 능력을 가진 사람, 다른 사람을 기쁘게 하고 그 기쁨을 공유하는 것이, 다른 사람을 섬기고 다른 사람을 높이고 그 기쁨을 내가 함께하는 것이, 이것이 지도자의 제1 조건이라고 했습니다. 참으로 그렇습니다. 우리가 형제와 화해하지 못하면 근본운명이 빗나가는 것이고, 아버지의 마음을 슬프게 할 때 나는 이미 자녀가 아닙니다. 형제관계가 깨질 때 하나님 앞에 나는 벌써 하나님의 자녀됨을 상실한다는 것을 알아야 합니다. 그래서 오늘본문에 말씀하십니다.

그 다음으로 생각할 것은, 그러면 어떻게 하면 깨지는 것이냐입니다. 오늘 여기에 말씀하십니다. 형제에 대하여 분노하고, 라가라 하고, 미련한 놈이라고 하는 이 세 가지로써입니다. 얼핏보면 보통으로 있는 일입니다. 미친놈이라고도 하고, 망할자식이라고도 하고 이 문둥아, 라고도 합니다. 흔히 쓰는 말같은데 이스라엘사람들은 그렇지 않습니다. 이스라엘사람들은 말을 중요하게 여깁니다. 말이 축복이 되고 저주가 되기 때문입니다. 민수기에 보면 이런 말씀이 있습니다. 하나님의 백성이 하나님을 원망할 때 '내 귀에 들리는대로 행하리라. 너희 시체가 광야에 엎드러질 것이니라(민 14 : 28 - 29).' 말조심하라, 이것입니다. 한순간의 말, 그 말 그대로가 문제가 됩니다. 예수님께서도 말씀하시기를 아무 생각 없이 한 부당한 말 한마디가 하늘나라 하나님 앞에서 심판을 받게 될 것이라고 하였습니다. 말을 중요하게 여깁니다. 화를 낸다, 그건 내가 심판주가 되는 것이요 내가 아버지를 대신 하는 짓입니다. 나는 형제입니다. 그런데 내가 높은 위치에 서서 화를 내고 있는 것입니다. 이것이 잘못된 것입니다. 또한 '라가'라고 하는 말은 히브리말입니다. 이것은 이제 너는 구제불능이다, 라는 말입니다. 이제 너는 선한 일과는 관계가 없는 사람이 되었구나, 요샛말로는 배냇병신이다, 라는 말입니다. 아주 고치지 못할, 영영 구제불능한 사람이 됐다고 하는 욕설입니다. 이것은 절망하는 욕설입니다. 이것은 인격살인입니다. 그런가

하면 '미련한 놈아'라고 하는 말은 우리가 흔히 쓰는 말인데 이런 말 해서는 안된다는 것입니다. 이스라엘사람들은 축복을 지혜라고 생각합니다. 지혜의 반대가 미련함입니다. 미련하면 곧 망하는 것입니다. 그러므로 '미련한 자'란 이제 끝난 자라는 말입니다. 명예의 끝을 말하는 것입니다. 명예 살해행위입니다. 이렇게 상대방을 심판해버릴 때, 형제를 심판해버릴 때 '지옥불에 들어가게 되리라'고 강하게 말씀하십니다. 그것은 살인행위, 사람을 죽인 것과 마찬가지요 명예를 죽이고, 인격을 죽이고, 운명을 죽여버리는 것이기 때문입니다. 이런 말 한마디가 사람을 죽이고 있지 않습니까.

그런데 문제가 있습니다. 이렇게 해놓고 돌아섰는데, 뒤에 보니 이 사람이 마음이 아프고 괴로워하고 있습니다. 그리고 내가 이 상태로 하나님 앞에 제사드리러 가고 있는 것입니다. 하였더니, 이것이 문제가 됩니다. 내가 남을 원망하는 것도 죄이지만 원망을 듣는 것도 죄입니다. 나는 잘했다고 하겠지요. 그러나 아닙니다. 나는 정당하다고 하겠지요. 정당하고 안하고가 문제되지 않습니다. 저가 마음아파하고 있는 한 당신은 제사를 드릴 수 없습니다. 이것이 오늘 성경에 주시는 주제의 말씀입니다. 그래서 어떻게 하라 하십니까. 얼마나 귀하게 말씀하십니까. 히브리서 12장 14절에서 "모든 사람으로 더불어 화평함과 거룩함을 좇으라 이것이 없이는 아무도 주를 보지 못하리라"하였습니다. 화평이 없이는 아무도 주를 보지 못하리라—중국에 선교사로 가서 일하는 분들의 선교수기가 많은데 그 중에 이런 설교가 있습니다. '만일 누구를 미워하면서 하나님 앞에 나아간다면 마치 유리벽에 쌓여 있는 것과도 같다.' 유리벽이니 볼 수는 있어도 들을 수는 없습니다. 예배할 수는 있어도 아무것도 들리지 않습니다. 그렇습니다. 누구를 미워하고 원망을 듣는 동안은 내 마음에 아무런 주의 음성도 들리지 않고 기도응답도 없는 것입니다. 그것을 알아야 합니다. 그래서 오늘 예수님께서 말씀하시는 것은 먼저 제물을 제단 앞에 두고 가서 형제와 화목하고 와서 드리라, 하는 것입니다. 아주 구체적이고 강한 말씀입니다. 화목이 먼저이기 때문입니다. 화목이 제사보다 먼저라는 것을 알았으면 제물은 놔두고 가라—기다리라가 아닙니다. '가라'입니다. 우리는 화평을 기다릴 때가 많습니다. '저가 잘못했다고 하면 용서하지, 저가 찾아오면 맞아주지.' 그런 정도로 의가 된다고 착각합니다. 아닙니다. 아주 적극적입니다. '너는 가라. 가서 화목하고 다시 와서 예물을 드리라.' 예수님께서 마가복음 9장 50절에 말씀하십니다. "너희 속에 소금을 두고 서로 화목하라." 소금에 대해서는 특히 우리네 주부들이 잘 압니다. 뻣뻣한 배추라도 거기 소금 한줌 쳐주면 누글누글해집니다. 교만한 것도 소금 팍 치면 겸손해집니다. 소금이 부드럽게 합니다. 온유하게 하고 고르게 합니다. 그런데 문제가 있습니다. 소금은 녹아 없어져야 한다는 것입니다. 이것은 진리입니다. 본질의 변화는 없으나 형체는 간데온데없습니다. 그리할 때 화목하는 것입니다. 화목하려면 많은 손해가 옵니다. 형체가 없어져야 합니다. 나라는 존재가 없어져야 합니다. 내 명예고뭐고가 없습니다. 그리고야 화목할 수 있습니다. 또한 에베소서 2장 14절을 보면 사도 바울은 말씀합니다. '예수께서는 우리의 화평이신지라 둘로 하나를 만드사…' 예수님 오셔서 십자가를 지셨습니다. 무엇을 말하는 것입니까. 십자가로 둘을 하나로 화목하게 하셨습니다. 십자가가 없이는 하나됨이 없다, 그 말씀입니다. 깊이 생각하여야 되겠습니다. 구약에 돌아가봅시다. 야곱이 에서와 불화하였습니다. 따져 말하자면 야곱은 할말이 있는 사람입니다. 정당하게 거래를 했거든요. 나는 잘못한 것이 없다, 라고 말할 수 있습니다. 그래도 안됩니다. 그는 20년 동안 헤어져 원수로 지내다가 얍복강변에서 기도하고, 얍복강변을 건너가서 그 형님과 20년 만에 만납니다. 원수로 만나는 것이 아니라 형제로 만납니다. 끌어 안고 입을 맞출 때 그는 이렇게 고백합니다. '형님의 얼굴을 보니 내가 하나님의 얼굴을 보는 것같습니다.' 형님과 화해할 때, 20년 헤어졌다가 화해할 때 그는 하늘이 열리는 경험을 했습니다. 이것을 알아야 합니다. 제사, 예배, 기도, 다 중요하지만 아닙니다. 이보다 먼저 화목할 것입니다. 먼저 할 일 먼저 해야 할 것입니다. 그리고 기도하고, 그리고 예배하고, 그리고 찬송할 것입니다. 화목케 하는 자는 복이 있나니 하나님의 아들이라 일컬음을 받게 될 것입니다. △

먼저 할 일 먼저 하라 ③

비판을 받지 아니하려거든 비판하지 말라 너희의 비판하는 그 비판으로 너희가 비판을 받을 것이요 너희의 헤아리는 그 헤아림으로 너희가 헤아림을 받을 것이니라 어찌하여 형제의 눈 속에 있는 티는 보고 네 눈 속에 있는 들보는 깨닫지 못하느냐 보라 네 눈 속에 들보가 있는데 어찌하여 형제에게 말하기를 나로 네 눈 속에 있는 티를 빼게 하라 하겠느냐 외식하는 자여 먼저 네 눈 속에서 들보를 빼어라 그 후에야 밝히 보고 형제의 눈 속에서 티를 빼리라

(마태복음 7 : 1 - 5)

먼저 할 일 먼저 하라③

여러분이 익히 아시는 스티븐 코비 박사의 저서 「Seven Habits of Higher Effective People」이라고 하는 책은 벌써 수년 동안을 비소설계에서 세계적인 베스트 셀러로 수많은 사람들에게 읽히고 감동을 주고 있는 책입니다. 우리말로는 「성공하는 사람들의 일곱 가지 습관」이라고 번역됩니다. 이 책에서 주로 강조하고 있는 것은 성공하는 사람들은 어떤 사람들인가입니다. 첫째, 주도적인 사람들이다, 하였습니다. 주도적이란 내 책임은 내가 진다는 것입니다. 내 책임을 남에게 돌리지 않고 또한 남의 책임도 내가 지는 것입니다. 주도권이라는 것입니다. 주도적 성격을 가진 사람들입니다. 둘째, 목표가 분명합니다. 뚜렷한 목적의식을 가지고 살아갑니다. 셋째, 소중한 것을 먼저 합니다. 어차피 다 할 수 없으니까 소중한 것부터 먼저 하는 그런 지혜를 가지고 있는 사람들입니다. 넷째, 상호이익을 추구합니다. 나만 유익하게 하려고 하지 않습니다. 예를 들어 장사를 한다면, 나도 이롭고 저도 이롭고, win-win으로 통하는 것이지 나는 이익을 보고 남에게는 손해를 주고, 그렇게 하는 사람은 성공하지 못합니다. 무슨 말을 하더라도, 사소한 행동도 win-win으로 통합니다. 나도 좋게 너도 좋게입니다. 나만 좋고 너는 희생해라, 하는 사람은 성공할 수가 없습니다. 다섯째, 경청을 먼저 하고 그 다음에 설명을 합니다. 보면 대체로 남의 말을 잘 안듣습니다. 자기말만 옳다고 합니다. 조금 더 깊이, 충분히 듣는 것부터 먼저 한다, 이것이 특징입니다. 여섯째, 시너지(Synergy)를 활용한다, 했습니다. 혼자의 힘이 아니고 공동상승작용, 시너지를 잘 활용하는 지혜를 가지고 있습니다. 그 다음에 심신을 단련한다, 몸도 마음도 건강해야 성공할 수 있다, 하였습니다. 여기서 깊이 생각하고 싶은 것은 바로 먼저 소중한 것부터 먼저 하라, 먼저 하라, 먼저 할 일을 먼저 한다, 하는 것입니다. 그것이 특징입니다. 먼저 듣는다, 먼저 내가 할 일부터, 내 책임부터 먼저 다한다—그것이 책 전체에 흐르는 맥락이 되겠습니다. 예수님께서 십자가를 지시고 골고다언덕을 향해 가실 때 얼마나 힘드셨습니까. 그 무거운 십자가를 지고 가실 뿐만 아니라 간간이 로마군인이 마구 내려치는 매를 맞으며, 쓰러져쓰러져가면서 가십니다. 이 어려운 고난의 길에서 예수님께서 한마디 말씀을 하셨습니다. 그때의 유일한 말씀입니다. 울면서 따라오는 예루살렘사람들을 바라보시고 "예루살렘의 딸들아 나를 위하여 울지 말고 너희와 너희 자녀를 위하여 울라" 하십니다(눅 23 : 28). 그 시간에도 예수님께서는 당신을 생각지 않으시고 뒤에 따르는 불쌍한 우리백성을 생각하십니다. 너와 네 자녀를 위해서 울라—이렇게 말씀하십니다. 예수를 십자가에 못박는 사람들의 그 받을 저주가 얼마나 무섭습니까. 많은 사람들이 느끼고 이야기하는 것처럼 그 후로 이스리엘백성은 2000년 동안 말할수없는 고난을 당합니다. 예수를 십자가에 못박은 그 백성으로 말입니다. 그런가하면 그 후손들이 얼마나 많은 고난을 겪고 있습니까. 예수님과 함께 십자가에 죽어야 할 사람들이 죽지 못하고 뒤따라가면서 기껏 울고 있더라는 것입니다. 이 나약한 제자들을 향해서 말씀하십니다. 고난에 동참하지 못하는 이 감상주의자들을 향해서 말씀하십니다. 네가 받을 고난과 네 자손들이 받을 저주를 생각하라—이것이 주님의 말씀입니다.

본문의 총주제는 비판하지 말라, 하는 것입니다. 비판하지 말라

―여기에 큰 뜻이 세 가지가 있습니다. 첫째는 비판이라는 것이 무엇인가이고, 둘째는 비판하는 자가 누구인가, 누가 비판을 할 수 있는가이며, 셋째는 비판을 받는 자는 누구인가, 그 대상에 대해서 말씀하시는 것입니다. 여러분도 익히 들었을 것입니다. 유명한 헬라의 신화에 나오는 이야기입니다. '프로크루스테스(Procroustes)의 침대'라고 하는 신화입니다. '프로크루스테스라고 하는 장대하고 날쌔고 교활한 강도가 아테네로 향하는 요로의 길목에 제 철침대를 가져다놓고 거기에 가는 사람 오는 사람을 붙잡아 뉘어봐서 몸이 침대보다 크면 잘라내고 침대보다 작으면 두들겨늘여서 죽입니다. 제 철침대를 놓고 이것을 잣대로 사람을 평가하는 것입니다. 커도 죽이고 작아도 죽이고. 그런 못된 강도가 있었다―이야기는 그것뿐입니다. 오늘도 사람들이 자신의 잣대로 남을 재기 일쑤입니다. 그것이 자신의 잣대라는 것을 잊지 말아야 합니다. 흔히들 말하기를 "객관적으로" "객관적으로" 하지만 다 거짓말입니다. 객관이라는 말까지 주관입니다. 그것을 알아야 합니다. 「인생백미(人生百味)」라고 하는 책에 아주 재미있는 내용이 있어서 몇개 소개합니다. 손님을 대접할 때 내가 손님을 집에 모셔서 대접할 때는 "나는 사람들을 좋아해서 선심을 써서 이렇게 하노라"하고, 다른 사람이 손님을 대접하면 "저사람 집자랑 하느라고 저런다"라고 말합니다. 내 아이가 음악을 공부하겠다고 음악을 선택하면 "이 아이는 아주 절대음감이 있어서, 소질이 있어서 음악을 시킨다"하고, 남의 집 아이가 음악을 공부한다고 하면, 저것은 허영이라고, 잘못가고 있다고 말합니다. 내가 선거에 출마할 때는 사회를 위해서 민족을 위해서 출마한다고 떠들고 남이 출마할 때는 저 사람 불순한 목적이 있다, 합니다. 내가 승진할

때는 내 능력의 결과로 승진했다 하고 남이 승진하는 것을 보면 줄을 잘 서서라고 말합니다. 내가 새 집을 마련하면 부득이 그럴 수밖에 없는 필요가 있었다 하고 남이 새 집을 마련하면 주제넘게 허세를 부린다고 말합니다. 내가 여행을 할 때는 견문을 넓히기 위해서 하노라, 하고 남이 여행을 하면 면세품 쇼핑하러 갔다, 한다고 합니다. 이것 보십시오. 똑같은 사건인데 이렇게 자기관점에서 보면 이야기가 달라집니다. 마음속에 스스로도 모르는 사이에 엄청난 악이 뿌리박고 있어서 이같은 비평을 하는 것입니다. 이같은 비방을 하면 그 인격이 어들어갑니다.

오늘본문에 비판하지 말라, 하십니다. 헬라말 원문은 '메 크리네테'인데 '크리노(비판)'는 일반적인 용어가 아닙니다. 재판정에서 재판장이 판결봉을 두드리며 판정을 내리는 그 판결을 말합니다. 이런 판결을 내릴 때 문제는 이것입니다. 누가 판결을 내릴 수 있습니까. 누가 남을 판단할 수가 있습니까. 내가 남을 판단하는 순간 내가 심판주가 되는 것입니다. 내가 재판장이 되는 것입니다. 아니, 내가 하나님을 대신하는 것이 된다는 것을 잊지 말아야 합니다. 이는 무서운 것입니다. 보십시오. 구약성경 민수기 20장에 읽을 때마다 참 마음이 아픈 장면이 나옵니다. 저는 그때마다 늘 마음이 괴롭습니다. 왜 그렇겠습니까. 모세 120세입니다. 그가 민족을 위해서 하나님의 백성을 인도하느라고 40년 동안 얼마나 고생을 했습니까. 그런 그가 가나안에는 못들어갑니다. 요단강을 건너 가나안에 못들어가고 비스가 산 언덕에서 가나안을 멀리 바라보고 느보 산에서 죽고 맙니다. 차라리 그가 120세되어서 기진맥진하여 죽었다, 라고 기록되었더라면 마음이 덜 아프겠습니다. 그러나 성경에는 그렇지 않습니다.

하나님께서 이렇게 말씀하십니다. "너희가 나를 믿지 아니하고 이스라엘자손의 목전에 나의 거룩함을 나타내지 아니한고로…(민 20 : 12)" 세 가지 죄목을 딱 드시고 '너희는 가나안에 못들어간다' 하십니다. 모세가 이렇게 되었습니다. 종말이 이렇게 되었습니다. 어찌 그럴 수가 있습니까. 무슨 죄가 있었느냐고요? 보십시오. 이스라엘 백성이 하나님을 원망했습니다. 물이 없다고 원망하고 갈 길이 멀다고 원망하고 마음에 안든다고 하나님을 원망하다가 모세를 원망하고 모세를 죽이겠다고까지 했습니다. 모세가 화가 났습니다. 화가 난 순간에 확 돌아버렸습니다. 신앙에서 떠납니다. 그리고 무서운 말을 합니다. "패역한 너희여!" 이것이 심판입니다. '소망 없는 백성아!' 함입니다. 소망 없는 백성이라고 외칠 때 하나님께서 하신 말씀입니다. '이 사람아, 내 백성 내가 심판하지 네가 왜 심판하느냐. 네가 무엇인데 심판하느냐. 너는 나의 거룩함을 드러내지 아니하였느니라. 나를 믿지 아니하였느니라.' 그대로 심판하십니다. 이것을 잊지 말아야 합니다. 이 뿐이 아닙니다. 모세가 실수한 적이, 구스 여자를 취한 적이 있습니다. 그랬더니 모세의 형 아론과 모세를 업어 키운 누나 미리암이 모세를 사정없이 몰아세웁니다. 모세의 누나요 형이니 또 쉽게 말하게 되거든요. 하나님의 종 모세가 이럴 수 있느냐고 나오는대로 비방을 하는 것입니다. 이를 보고 하나님께서 말씀하십니다. 민수기 12장 8절입니다. "너희가 어찌하여 내 종 모세를 비방하기를 두려워 아니하느냐." 내 종 모세를 비방하기를 두려워하지 않느냐—바로 내려치십니다. 미리암이 문둥병에 걸렸습니다. 이것이 성경입니다. 모름지기 바른 믿음을 가져야 합니다. 내가 누구입니까. 오늘본문에 예수님께서 말씀하시기를 비판하지 말라, 하십니다.

왜? 너도 비판을 받아야 하기 때문이다, 하십니다. 나도 하나님 앞에서 심판을 받아야 하기 때문입니다. 모세가 실수했습니다. 시편 106편 33절에 보면 모세가 하나님 앞에서 망령되이 말하였다고 했습니다. 망령되이 말을 했습니다. 말 한 마디 잘못했습니다. 무슨 무익한 말을 하든지 하나님 앞에서 심판을 받을 것이라고 예수님께서 말씀하십니다. 그러므로 이렇게 심판하는 말 함부로 하는 것이 아닙니다. 말을 잘못하는 것, 이것이 잘못입니다. 그 다음으로 2절에 보면 "너희의 비판하는 그 비판으로 너희가 비판을 받을 것이요" 하고 말씀하십니다. 남을 심판하면 나도 심판을 받습니다. 남을 비방하면 나도 비방을 받습니다. 저주하면 내가 저주를 받습니다. 참 이상한 것이 아닙니까. 우리가 살아오면서 많이 경험하지 않았습니까. 남 넘어지는 것을 보고 웃어보십시오. 꼭 그 다음에 가서는 내가 넘어집니다, 꼭 그 자리에서 정확하게. 어쩌면 이것이 우리가 경험하는 신앙생활입니다. 감히 누가 남을 심판할 수 있겠습니까. '사막의 교부'들이 남긴 말이 있습니다. 옛날에 경건하게 살려고 하는 분들이 사막에 들어가서 이 세상과 단절하고 거룩하고 경건하게 깨끗한 영혼으로 살다가 주님 앞에 가려고 한 공동체가 있었습니다. 거기에 사막의 교부라고 하는 지도자들이 있었습니다. 이들이 경건하게 하나님 앞에서 산 그 생활, 사막수도원 생활들이 기록으로 남아 있습니다. 지금도 그 수도원은 있습니다. 그 기록에 보면 그 수도사들이 지켜야 할 여러 가지 규칙 중에 깊이 생각해야 할 부분이 있습니다. 첫째가 뭐냐하면 남을 비판하지 말라는 것입니다. 비판은 절대로 하지 말라는 것입니다. 너도 죄인이요 너도 비판을 받을 것이므로 너 자신을 살피고 남을 비판하지 말라—이것을 제1조로 내세우는 규칙입니다. 두 번째는 말을 하지 말라는 것입니다. 그 기록 중에는 너무도 엄청난 얘기가 있습니다. 2년에 한 마디만 하라, 한 것입니다. 그래서 평생 세 마디 하고 죽은 사람도 있더라고요. 말하지 말라, 할말이 있으면 명상과 기도로 새기라, 한 것입니다. 비방할 말이 있습니까? 명상과 기도로 다 소화하십시오. 그 영혼이 깨끗해져야 하나님 앞에 바로서는 수도사가 될 수 있다는 것입니다. '말하지 말라. 일절 말하지 말라.' 사실 또 그렇습니다. 한마디 했다가 그 다음에 그 말이, 자기가 한 말이 옳다고 하다보니 더 말이 많아지고, 정당화하다보니 말에서 말을 낳아서 나중에는 스스로도 무슨 말을 했는지 모릅니다. 이렇게 되는 것입니다. 말을 조심해야 합니다. 아니, 말하지 말 것입니다. 그것이 신앙생활입니다. 오로지 명상과 기도로 다 소화해버릴 것입니다. 하나님께 맡기십시오. 그래서 예수님말씀에 비판하지 말라, 심판하지 말라, 하십니다.

또 그 다음에는 '형제'라고 했습니다. 형제, 그는 내가 사랑해야 할 사람입니다. 그를 비판하면 그가 아프고, 그가 아프면 나도 아픕니다. 그가 눈물흘리면 내 눈에 피가 납니다. 형제라는 것을 잊지 말아야 합니다. 형제를 비판하는 순간 형제관계가 끊어집니다. 형제관계가 끊어지면 나와 하나님의 관계는 더 끊어지는 것입니다. 얼마나 중요한 이야기입니까. 그러므로 형제를 비판하지 말 것입니다.

다음으로 오늘본문에 보면 난센스같은 말씀이 있지 않습니까. 이런 이야기가 있습니다. '먼저 할 일 먼저 하라.' 왜요? 내 눈에는 들보가 있고 저 눈에는 티가 있습니다. 저는 어렸을 때 성경을 읽으며 들보라는 말이 나올 때 아마 들보라는 것은 티보다 조금 큰 것이겠지, 했습니다. 크면서 자세히 참고하다보니 진짜들보입니다. 지붕을 받치고 있는 들보가 이 들보입니다. 성경에 있는 들보입니다. 그러니 얼마나 큰 비교가 됩니까. 티와 들보. 내 눈에 들보가 있는 사람이 남의 눈에 있는 티를 따지는 것입니다. 얼마나 난센스입니까. 이것이 확실한 사실입니다. 심리학적으로는 이렇게 말합니다. 남말 하기 좋아하는 사람은 속에 자기자랑 하고 싶은 마음이 있습니다. 내가 옳다, 하고 싶은 것을 남 비방하는 말로 대신하는 것이고 또한 자기의 불의한 행동을 정당화하기 위해서입니다. 이것을 알아야 합니다. 부부싸움 안하는 사람은 남 부부싸움 하는 것을 이해하지 못합니다. '그럴 리가 없는데…' 그런데 남 부부싸움 했다고 신바람나서 이야기하는 사람은 스스로들 매일 싸우는 사람입니다. 그러니 싸웠다는 것을 알지요. 그러니 방망이, 몽둥이가 무엇인지 알지요. 그뿐입니까. 이래놓고는 그런고로 저 사람들보다는 나는 좀 낫다―이렇게 정당화하고 싶은 것입니다. 자기정당화를 위해서 비방을 하는 것입니다. 여러분, 가만히 보십시오. 남말 많이 하는 사람은 보나마나입니다. 예수님 말씀하십니다. 제 눈에 들보가 있는 것입니다. 이것은 심리학적으로 분명합니다. 그래서 말씀입니다. '나 먼저 나 자신의 눈에 있는 들보를 생각하라.' 케네스 리치라고 하는 영성신학자의 「True Prayer」라고 하는 책이 있습니다. 그 책 속에서 성숙한 그리스도인, 영적으로 성숙한 사람은 어떤 사람인가를 이렇게 정의하고 있습니다. 먼저는 경험의 사람, 실천의 사람이라고 합니다. 말은 없습니다. 우리교회에서도 참으로 잘믿는 사람은 말이 없습니다. 조용하게 실천합니다. 조용하게 봉사합니다. 도대체 말 많이 하는 사람 제대로 봉사하는 법 없습니다. 그것이 문제입니다. 대단한 일같이 말하지만 저는 한 일이 아무것도 없습니다. 이것을 알아야 합니다.

참으로 영적으로 높이 성숙한 사람은 실천하며 깨닫고 실천하면서 배웁니다. 봉사하면서 배우고 있기 때문에 그는 말이 없습니다. 그것이 첫째입니다. 두 번째는 거룩한 생활이 있습니다. 그래서 거룩한 사람이 되는데, 그것은 사랑의 실천을 통해서입니다. 그래서 거룩해집니다. 명상을 통해서도 아니고 말을 통해서도 아니고 설명을 통해서도 아닙니다. 사랑의 실천을 통해서 그 영혼을 거룩하게, 좀 더 거룩하게 끌어올립니다. 세 번째는 분별의식이 있습니다. 분별력이 있어서 어떤 경우에도 내가 누구냐를 잊지 않습니다. 나 자신을 알고 나 자신을 비판하는 일을 절대로 놓치지 않습니다. 나 자신의 pace를 언제나 먼저 지켜갑니다. 오늘본문에 보니 '네 눈에 들보가 있다'하십니다. 이것을 생각해야 합니다. 내 허물은 들보요 남의 허물은 티라고 하는 것을 잊지 마십시오. 그만큼 우리는 확실하게 규정을 하고 출발해야 합니다. 내가 말하는 것은, 내가 비방하는 것은 마치 들보를 가진 사람이 남의 티를 말하는 것과 같다—주님의 말씀입니다. 그러므로 우리는 내 눈의 들보에 먼저 관심을 둘 것입니다.

 오늘본문의 중요한 결론은 무엇입니까. 네 눈의 들보를 빼라, 그것을 먼저 빼라, 먼저 네 눈의 들보를 확 빼어버리라, 그리고 "밝히 보고"—아주 귀한 말씀입니다. 그 다음에야 밝히 보게 됩니다. 그러면 남의 눈의 티가 무엇인지를 알 수 있습니다. 내 눈에 들보가 있으면서 보는 티는 잘못본 것입니다. 내 눈의 들보를 빼고, 그리고 보십시오. 그 때에 밝히 볼 수 있는 것입니다. 먼저 나를 비판하고 다른 사람의 티가 보일 때마다 나를 살피고 내 눈에 들보가 있음을 의식하고 그것을 먼저 뺄 것입니다. 내 눈의 들보를 빼기 위해서 힘쓸 것

입니다. 그리고 밝히 보게되면 밝은 세상, 밝은 관계, 밝은 은혜의 세계를 볼 것입니다. △

그치지 않는 고통

내가 그리스도 안에서 참말을 하고 거짓말을 아니하노라 내게 큰 근심이 있는 것과 마음에 그치지 않는 고통이 있는 것을 내 양심이 성령 안에서 나로 더불어 증거하노니 나의 형제 곧 골육의 친척을 위하여 내 자신이 저주를 받아 그리스도에게서 끊어질지라도 원하는 바로라 저희는 이스라엘 사람이라 저희에게는 양자됨과 영광과 언약들과 율법을 세우신 것과 예배와 약속들이 있고 조상들도 저희 것이요 육신으로 하면 그리스도가 저희에게서 나셨으니 저는 만물 위에 계셔 세세에 찬양을 받으실 하나님이시니라 아멘

(로마서 9 : 1 - 5)

그치지 않는 고통

고대그리스의 철학자 피타고라스는 인생을 종종 올림픽경기에 비유하곤 했습니다. 하루는 어떤 사람이 찾아와서 "도대체 인생이란 무엇입니까?"하고 물었습니다. 그는 빙그레 웃으면서 이렇게 대답하였습니다. "당신이 올림픽경기에 나가본 일이 있습니까? 경기장에 나가보면 거기에 네 가지 유형의 사람이 있는 것을 볼 것입니다." 어쩌면 2000년 전 그때나 지금이나 경기장은 똑같습니다. 그가 말한 네 가지 유형은 이렇습니다. 첫째, 많은 날 동안 훈련을 쌓고 절제하고 수고하고 노력을 해서 경기장에 나아와 최선을 다해 뛰고 면류관을 받는 사람입니다. 둘째, 오로지 관중을 상대로 물건을 팔러 다니는 장사치가 있습니다. 누가 경기를 하는지, 이기는지 지는지는 관심밖입니다. 그저 관중을 상대로 물건을 팝니다. 요즘은 주로 오징어를 많이 팔더군요. 이렇게 물건파는 데에만 마음을 파는 장사치가 있다는 것입니다. 셋째, 선수들에게 갈채를 보내는 사람이 있습니다. 우리편이 이기면 정신없이 미친듯이 살채를 보내고 또 옆엣사람들하고 이야기를 나눕니다. 이긴 사람과 자기의 감정을 동일시하여 기뻐 날뜁니다. 넷째, 그냥 구경만 하는 사람이 있습니다. 누가 이기든 누가 지든, 잘했든 못했든 상관없이 그냥 구경만 하는 사람들이 있습니다. 피타고라스는 되물었습니다. "당신은 어느 쪽입니까?" 인생 네 가지 유형 중에서 당신은 어느 쪽이냐고요.

생각 없는 동물보다 생각 있는 인간이 아름답습니다. 때로는 동물의 세계가 평화로워보이기도 합니다. 그러나 그들은 생각이 없습니다. 고민하는 동물 없습니다. 인간은 고민함으로 인간입니다. 동물의 세계를 가만히 텔레비전에서 보다가 재미있는 장면을 보았습니다. 제 생각에는 사자는 아무 걱정도 없을 것같았는데 들어보니 사자가 더 걱정이 많다고 합니다. 더욱이 숫사자는 팔자가 좋은 녀석인 것같았습니다. 사냥은 모두 암사자가 하고 숫사자 그놈은 남먼저 다가가서 으르렁하고 먹이를 뺏어먹고… 그런데 숫사자는 24시간 중에 20시간을 잔다고 합니다. 잠꾸러기라고 합니다. 먹고자고, 먹고자고… 그래, 그 동물이 행복한 것입니까. 여러분, 고민이 없는 동물이기보다는 많은 고민이 있는 인간, 그 속에 아름다움이 있습니다. 고민이라고 하면, 자기중심적인 고민을 가진 사람이 있습니다. 내가 무엇을 먹고 내가 어떻게 되고, 내 명예가 어떻고 내 체면이 어떻고… 그저 나, egocentric, 자기중심적인 고민에 빠집니다. 그런가 하면 다른 사람을 위해서 고민하는 사람도 있습니다. 저는 그런 장면을 아름답게 봅니다. 어머니가 아기를 앞에 두고 음식을 먹일 때 안먹겠다고 도망다니는 것을 붙들어서 좀더 먹이려고 한 숟갈만 더 먹으라고, 이래저래 더 잘 먹이려고 애쓰는 그 마음—역시 어머니의 마음은 거룩하다고 생각합니다. 이것은 자기가 먹자고 하는 것이 아닙니다. 자기행복이 아닙니다. 아이를 건강하고 행복하게 해주려고 그렇게 애를 쓰고 있습니다. 그 마음으로 항상 세상을 산다면 얼마나 아름답겠습니까. 남 기쁘게 해주려고 정성을 기울이는, 고민하는 그러한 고민, 그것이 아름다운 것이 아니겠습니까. 또한 과거에 속한 고민이 있습니다. 옛날에 뭐가 어떻고, 합니다. 잘못된 일도 있고 잘된 일도 있고, 원한이 있고 억울함이 있고 분하고… 이제쯤은 잊어버려도 되는데 아직도 과거일을 생각하며 그 마음의 번민에서 헤어나오지 못하고 있습니다. 그런가하면 미래지향적 고민을 합니다. 이대로 가면 안되는데, 이대로 가면 파국인데… 불확실한 미래를 바라보며 불안해하는 그런 보다 더 인간적인 고민이 있습니다. 또하나는 오로지 물질적인 고민입니다. 글쎄요, 좋은 예가 될지 모르겠습니다마는 가끔 텔레비전에 증권회사의 보드(board)가 비쳐집니다. 그걸 쳐다보고 있는 사람들, 죽 앉아 있습니다. 의자는 비교적 좋더군요. 그 앉아 있는 사람들 얼굴이 하나같이 썩었습디다. 제대로 된 얼굴이 없더라고요. 그 안됐다 싶었습니다. 주가가 올라가면 조금 웃었다가 내려가면 죽어가는 것입니다. 물질에 목숨을 거는 이런 생, 확실히 잘못사는 것 같습니다.

그런가하면 이제 신령한 세계를 위한 고민이 있습니다. 여러분은 그런 고민 해보았습니까? '내 영혼이 왜 이렇게 어둡지? 내 생각이 왜 이렇게 잘못가고 있지? 내가 왜 이렇게 심령이 점점 나약해지고 허무해질까? 내 영혼이 왜 이 모양이 되어갈까?' 내 영혼을 생각하며 고민하는 그런 실존적인 고민 그것은 아름다운 것이라고 생각합니다. 하나님의 뜻대로 하는 고민, 그것은 귀한 것입니다. 또 있습니다. 고민이란 곧 아픔입니다. 마음의 아픔입니다. 민족을 위하여, 이웃을 위하여 영원한 세계를 바라보며 고민합니다. 여기에 한 차원 높은 것이 있습니다. 여러분 스스로 분석해보십시오. 이것이 선택적이냐 불가피한 것이냐, 하는 것입니다. 내가 잘못한 일, 상황과 형편에 따라서 어찌할수없이 당하는 것이냐, 아니면 내가 스스로 자발적으로 오늘도 선택하며 내가 스스로 취하는 고통이냐입니다. 할수없이 환경에 밀려가는 존재는 홍수에 떠내려가는 물건과도 같습니다. 아무런 생명력이 없습니다. 같은 고민을 해도 사랑에서 진실에서 얼마든지 피할 수 있지마는 아니요, 내 스스로 자발적으로 자원해서 선택하는 고민 그것만이 그리스도인적인 고민입니다. 사도 바울은 오늘본문에서 말씀합니다. 그치지 않는 고통이 있다, 마음에 아픔이 있다고. 지우려 해도 지울 수 없고 잊으려 해도 잊을 수 없는, 계속 내 마음속에 자리잡고 있는 그치지 않는 고통, 그것은 바로 그 민족을 향한 애국심이었습니다. 이스라엘나라는 로마의 속국이었습니다. 당시에 정부는 없었습니다. 헤롯정부라는 것은 허깨비이고 로마정부가 이스라엘을 다스립니다. 그는 생각합니다. '하나님, 이스라엘의 영광은 어디로 간 것입니까? 다윗의 왕국은 어디로 사라진 것입니까? 메시야는 언제 오실 것입니까?' 간절한, 민족을 향한 정열이 있습니다. 사랑이 있습니다. 그는 이 애국심을 선교열로 승화시킨 것을 본문에서 읽을 수 있습니다. 어느 때에나 그러합니다마는 민족이 어려움을 겪게되면 애국심이 몇가지로 나타납니다. 우리나라도 그렇고 어느 약소국이든지 그렇습니다. 첫째는 항거입니다. 나를 지배하는 사람들과 싸워보겠다는 것입니다. 반항을 합니다. 또하나는 타락입니다. 탄식과 절망입니다. 이것은 자칭 소위 애국적 타락입니다. 나라가 망했습니다. 젊은이들은 설 곳이 없습니다. 이 풍진 세상을 만났으니 나의 희망이 무엇이냐, 부어라 마셔라, 합니다. 이것이 바로 망국적인 행태입니다. 그래서 누가 공부를 한다 하면 나라가 망했는데 공부는 무슨 공부냐, 하고 농사를 한다 하면 나라가 없는데 농사는 무슨 농사냐, 하고 먹고마시고, 술집으로 유곽으로 떠돕니다. 이 민족이 한때 그렇게 타락을 하더니 그 망국적인 행태가 지금까지 이어지고 있습니다. 나라가 망했는데, 이 꼴인데 까짓거 뭐… 이 무슨 꼴입니까. 딴에는 애국심이라고 강변합니다, 이걸. 애국적인 타락이라고 둘러댑니다. 또하나는 반항입니다. 반사회적인 행동을 불사합니다. 폭도가 됩니다. 독립을 위해서 하는 일이니 모든것은 정당화될 수 있다, 하고 폭도가 되고 강도가 되고 도적이 되고 하는 일이 우리나라에도 많이 있었습니다. 만주벌판에서 많이 있었습니다. 애국이라는 이름으로 얼마나 잘못된 일들을 많이 했는지 모릅니다. 그거 인정해야 합니다. 여기서 목적만 남고 방법을 잃어버린 것입니다. 또하나, 당시에는 가장 온건파로 인정을 받는 것이 있었습니다. 이제라도 다시 시작하자, 아는 것이 힘이다, 배워야 산다, 가르쳐라 배워라, 성실과 근면이다, 애국하는 마음으로 공부하라, 애국하는 마음으로 농사하라, 애국하는 마음으로 정직하라—안창호 선생을 비롯하여 이런 교육으로 사회운동을 일으킨 분들이 있었습니다. 그것이 애국운동이었습니다. 또하나는 선교열입니다. 애국은 곧 전도다, 이 민족이 하나님께로 돌아와야만 산다, 그러므로 전도하라, 하였습니다. 어떤 목사님은 일생에 교회 백 개를 세웠다고 자랑합니다. 정말입니다. 열심히 전도했습니다. 이것이 애국심이었습니다. 나라를 살리는 길은 이것밖에 없다, 하고 열심히 전도했습니다. 삼일운동이 교회부흥으로 바로 이어지는 것을 볼 수 있습니다.

　사도 바울의 애국심은 신앙적이요 복음적이었습니다. 오늘본문에 보는바 이 말씀의 뜻을 깊이 이해하시기 바랍니다. '그치지 않는 고통이 있다.' 언제나 어떤 때나 어떤 사건에서도 잊으려야 잊을 수 없고 벗어나려야 벗어날 수 없는 고통, 민족을 향한 뜨거운 정열이 있었다는 것입니다. 그는 이방인의 사도입니다. 딴나라에 가서 열심히 전도하고 다니지만 내 민족을 잊을 수가 없습니다. 그는 이방인의 사도로서 이방사람들이 그리스도께로 돌아오는 것을 보면서 이방

사람들도 이렇게 그리스도께로 돌아오는데 어찌하여 우리 유대사람들은 돌아오지 않는가, 했습니다. 그뿐입니까. 율법주의니뭐니 하고, 할례를 받아야 한다느니 어떻다느니 하고 계속 괴롭히는 것입니다. 돌아오는 이방사람들까지도 그렇게 괴롭히는 유대사람들을 보고 그는 통탄해 마지 않습니다. 그는 성경에서 말씀합니다. 원하는 바라고, 내 골육 친척이 그리스도께로 돌아오는 것을 원하는 바라고. 어디까지? 놀라운 일입니다. "내 자신이 그리스도에게서 끊어질지라도…" 엄청난 말씀입니다. 자세히 이해하시기를 바랍니다. 무릇 사랑에는 희생이 따릅니다. 얼마나 희생하면 되겠습니까. 물질을 희생할까요 시간을 희생할까요, 지식을 바칠까요 생명을 바칠까요? 바울은 말씀합니다. 생명보다 더 중요한 것 그것은—오늘 로마서 8장에서 봅시다. 38절로 39절에서 그는 말씀합니다. "내가 확신하노니 사망이나 생명이나 천사들이나 권세자들이나 현재일이나 장래일이나 능력이나 높음이나 깊음이나 다른 아무 피조물이라도 우리를 우리 주 그리스도 예수 안에 있는 하나님의 사랑에서 끊을 수 없으리라." 그리스도와 나와의 사랑의 관계는 그 어느 것으로도 끊을 수 없다, 그러나 내가 저주를 받아 그리스도께로서 끊어질지라도 원하는 바라고, 단적으로 다시 말하면 내가 그리스도로부터 끊어져 내 영혼이 지옥으로 떨어질지라도, 내가 지옥가야 이 백성이 구원받을 수 있다고 한다면 언제라도 지옥가겠다는 것입니다. 이만큼 뜨거운 정열을 고백하고 있습니다. 사도 바울의 애국심입니다. 사도 바울의 그 민족에 대한 사랑입니다. 내가 그리스도께로서 끊어지는 저주를 받을지라도 내 민족이 그리스도께로 돌아와만 준다면—그 엄청난 정열로 이스라엘을 사랑했습니다. 그리고 실제로 그리했습니다. 그는 어느 마을에 가나 유대사람의 회당부터 먼저 들어가서 복음을 전했습니다. 가는 곳마다 유대사람들은 그를 핍박했습니다. 그래도 그렇게 복음을 전했습니다. 사도행전을 읽어보면 그를 핍박한 사람들은 전부가 유대사람들입니다. 때로는 신학적으로, 때로는 성서적으로 핍박했습니다. 심지어는 디모데서에 보는바 '한평생 나를 괴롭힌 자가 있느니라' 할 만큼 그는 핍박을 받았습니다. 그래도 그는 이스라엘을 사랑했습니다. 이것을 잊지 말아야 합니다. 유명한 말이 있습니다. '이스라엘은 바울을 버렸으나 바울은 이스라엘을 버리지 않았다.' 그 많은 핍박을 받으면서도 끝까지 이스라엘을 사랑했습니다. 저는 간혹 북한에 가게되면 똑같은 질문을 받습니다. "동무의 아버지가 공산당원에게 살해될 때 동무가 그 옆에 있었다면서요? 그럼에도 불구하고 조국을 돕기 위해 왔습니까?" "그럼요. 그래도 나는 사랑합니다. 나는 북한을 사랑합니다. 내 민족 내 형제를 사랑합니다. 내 아버지를 죽였지만 나는 공산당을 사랑합니다." 왜요? 몰라서 그러는 것이기 때문입니다. 이것을 잊지 말아야 합니다. '내가 어떤 희생을 치러서라도 저들을 그리스도께로 인도하고 싶습니다.' 이것이 사도 바울의 마음이었습니다. 롤로 메이의 「The Courage to Create」라고 하는 유명한 책에 보면 사람의 용기에 몇가지가 있다고 말합니다. 신체적 용기, 도덕적 용기, 사회적 용기—이것들에 대해서는 말씀하지 않겠고 마지막으로 든 창조적 용기에 대해서만 말씀하겠습니다. 그것은 '무엇 때문에' 오는 것이 아닙니다. 무에서 유로 향하는 것입니다. 용기는 용기일 뿐이요 대가를 요구하는 것도 없고 결과를 기대하지도 않습니다. 창조적 용기—바울은 그렇게 그 민족을 사랑했습니다. 사랑받지 못하고 가장 잔인한 핍박을 받으면서도 그대로 일심으로 사랑했습니다. 특별히 그의 애국심에는 신학적인 면이 있습니다. 오늘본문을 읽으면 자세히 알 수 있습니다. 저는 로마서에 관한 책을 두 번 썼습니다. 로마서를 자세히 읽어나가느라면 전 16장 중 석 장, 곧 9장, 10장, 11장이 이스라엘에 대한 신앙고백입니다. 이스라엘, 하나님께서는 이스라엘을 버리지 않으신다는 것입니다. 하나님께서는 이스라엘을 사랑하신다는 것입니다. 그리고 이스라엘은 반드시 회복될 것이라는 것입니다. 그 신앙간증이 바로 로마서 9, 10, 11장에 있습니다. 그 시작이 오늘본문입니다. "저희는 이스라엘사람이라 저희에게는 양자됨과 영광과 언약들과 율법을 세우신 것과 예배와 약속들이 있고 조상들도 저희 것이요 육신으로 하면 그리스도가 저희에게서 나셨으니…" 하나님께서 이스라엘을 버리시지 않는다는 것입니다, 절대로. 저 앞에 있는 종말론적 이스라엘의 영광을 바라보고 있습니다. 그것이 사도 바울입니다. 가끔 저는 섭섭한 말을 듣습니다. 경제가 어떻고 정치가 어떻고 두루 어렵다고 하니 "에잇, 이민이나 갔으면…" 하는데 말조심하십시오. 꿈에도 그런 생각 하지 마십시오. 이 땅을 버리고 어디를 간다는 것입니까. 그런 생각을 하면 안됩니다. 어려울수록 내가 필요합니다. 막막할수록 우리가 여기 있어야 합니다. 사도 바울은 절대로 소망을 잃지 않았습니다. 선민의 자부심과 하나님의 이스라엘을 향한 영광을 항상 가슴에 새기고 성경을 써내려가고 있습니다. 그의 간증이 여기 있는 것입니다.

 1919년 4월 30일자 미국기독교연합회 동양문제연구위원회의 보고서에는 '예수교인만이 참혹한 식민정책에서 소망을 포기하지 않았던 유일한 부류의 한국민족이다' 라고 기록되어 있습니다. 식민지치하에서 절대로 소망을 잃지 않았습니다. 그것은 신앙이었습니다. 1905년에 편찬된 우리 옛날찬송가에 보면 1장이 '황제폐하 송'이고 14장이 애국가요 10장이 '애국송'입니다. 유럽에 가보면 많은 교회들의 찬송가에 국가(國歌)가 들어 있습니다. 당연합니다. 나라 사랑하는 노래가 많이 들어 있습니다. 지금 우리 찬송가에 애국가를 넣으라고 그렇게 이야기를 하는데도 아직도 그게 안되고 있습니다. 그래서 우리교회에서 오늘도 이 애국가를 찬송가로 부를 것입니다. 본래는 찬송가 14장이었습니다. 우리, 생각을 합시다. 우리의 조상들은 애국과 신앙을 하나로 생각했습니다. 순국이 곧 순교다, 라고 생각했습니다. 나라를 위하여 죽는 것이 곧 하나님의 영광을 위하여 죽는 것이라고 알았습니다. 이 민족의 살 길은 신앙밖에 없기 때문에 하나님 앞에 나아가기 위해 기도하며 죽었습니다. 삼일운동을 신앙운동으로 승화시켰던 것입니다. 젊은 이상재(李商在) 선생이 투옥되어 모진 고통을 치를 때 누가 이 일을 시켰느냐고, 누가 만세운동을 시켰느냐고 신문하며 매질을 할 때 그는 시종여일하게 대답했습니다. "하나님이 시켰소." "하나님이 시켰소…" 이 신앙고백이 한국교회 부흥의 뿌리가 된 것입니다. 이것을 잊지 맙시다. 어느 역사가는 이렇게 말합니다. 삼일운동이 없었다면 2차대전이 끝났다 하더라도 우리는 일본에 편입되고 말았을 것이라고. 아시겠습니까? 삼일운동이 있었기에 온세계가 우리를 가리켜 살아 있는 민족이다, 이는 독립된 국가다, 하고 인정하게 된 것입니다. 나라도 교회도 삼일운동에 뿌리를 두고 있습니다. 그것을 알아야 합니다. 이 거룩한, 귀하고 자랑스러운 백성, 자랑스러운 조상의 후예입니다, 우리는. 이제 우리가 어떻게 하여야 하겠습니까. 그치지 않는 고통을 말씀하는 사

도 바울의 신앙으로 오늘도 이 나라를 사랑하여야 할 것입니다. 그것이 신앙으로 승화되어야 합니다. △

하나님의 하시는 일

　예수께서 길 가실 때에 날 때부터 소경된 사람을 보신지라 제자들이 물어 가로되 랍비여 이 사람이 소경으로 난 것이 뉘 죄로 인함이오니이까 자기오니이까 그 부모오니이까 예수께서 대답하시되 이 사람이나 그 부모가 죄를 범한 것이 아니라 그에게서 하나님의 하시는 일을 나타내고자 하심이니라 때가 아직 낮이매 나를 보내신 이의 일을 우리가 하여야 하리라 밤이 오리니 그 때는 아무도 일할 수 없느니라 내가 세상에 있는 동안에는 세상의 빛이로라 이 말씀을 하시고 땅에 침을 뱉아 진흙을 이겨 그의 눈에 바르시고 이르시되 실로암 못에 가서 씻으라 하시니 (실로암은 번역하면 보냄을 받았다는 뜻이라) 이에 가서 씻고 밝은 눈으로 왔더라
　　　　　　　(요한복음 9 : 1 - 7)

하나님의 하시는 일

　스코틀랜드의 어느 한가한 농촌에 아버지 어머니가 갑자기 다 세상을 떠나 천애고아가 된 두 형제가 살았습니다. 이모저모로 살아보려고 했지만 역시 여의치 않아서 수일을 굶고나니 어느날은 배가 고파서 정신이 없었습니다. 그래서 형제는 궁리끝에 옆집할아버지는 양 수백 마리나 가진 부자다, 그러니 그 중 한 마리쯤 없어진들 어떠하겠는가, 하고 몰래 담을 넘어가 새끼양 한 마리를 훔쳐다가 잡아서 오랜만에 주린 배를 채웠습니다. 포식을 했습니다. 그 서투른 도둑질이 발각되어 형제는 꼼짝못하고 붙들려서 매를 맞게 되었는데 이 할아버지가 아주 고약한 사람이라 이 어린것들 이마에다 '양도둑'이라는 화인을 찍어버렸습니다. 'ST' — sheep-thief, 양도둑이라고. 동네사람들도 다 그것은 너무했다고들 했지만 그러구러 넘어가게 되었는데 아이들은 점점 자랐습니다. 형은 생각했습니다. 그 할아버지가 미웠습니다. '이럴 수 있는가?' 어쨌든 그는 동네를 떠나서 다른 마을로 다른 마을로 전전하고 살았지만 늘 불만과 원망이 많았습니다. 그리고 사람들은 자꾸 물어봅니다, 이마의 ST가 뭐냐고. 그 뜻을 알만하면 사람들이 또 그를 외면했습니다. 분을 품은 채 이 마을 저 마을 다니다가 그는 끝내 화병으로 죽어버렸습니다. 한편 동생은 생각했습니다. '양 도둑질한 것도 사실이요 도둑놈된 것도 사실이다, 도둑놈 보고 도둑놈이라 하는데 뭐가 잘못인가.' 그리고 착하게 진실하게 부지런하게 한평생을 살았습니다. 나이가 들고 그는 부자가 되었습니다. 아이들을 사랑해서 온동네 아이들이 이 할아버지집에 모여서 할아버지의 사랑을 받고 할아버지와 함께 장난을 치고 놀았습니다. 아이들은 할아버지가 그지없이 고마웠습니다. 한 아이가 어느날 저희 할아버지에게 물었습니다. "할아버지, 옆집할아버지는 참 착한 분인데 자세히 보니 이마에 ST라는 글자가 새겨져 있데요. 그것이 무슨 뜻이에요?" 할아버지는 그 할아버지의 과거를 다 압니다. 그는 아이에게 대답을 이렇게 했습니다. "너희들도 보는 바와 같이 그 할아버지는 참 좋은 분이 아니더냐. 그렇다. ST는 Saint(성자)라는 뜻이다. 성자의 첫자와 끝자가 S, T가 아니냐." 아이는 고개를 끄덕입니다. "아하, 그렇구나." 여러분, 도둑놈이라고 못박은 그 화인이 성자의 표지로 바뀔 줄 누가 알았겠습니까.

신학자이자 작가인 도로시 세이어는 「Creed or Chaos」라고 하는 유명한 저서에서 현실을 보는 시각에 대해서 자세히 말씀하고 있습니다. 요컨대 율법적 차원에서 보느냐 은혜적 차원에서 보느냐에 따라서 운명이 결정된다, 하는 것입니다. 일단 가장 중요한 것은 죄의 실제를 인정하는 것이라고 그는 말합니다. 죄는 죄대로 사실입니다. 그것을 인정해야 합니다. 그런데 사람마다 그것을 변명합니다. 이것 때문이다 저것 때문이다, 변명하기도 하고 합리화하기도 합니다. The end justifies the means(결과가 방법을 정당화한다)—이것은 유명한 철학적 이론입니다. 아무리 잘못되었어도 결과만 좋으면 그동안의 잘못은 다 정당화될 수 있다, 하는 이야기입니다. 또는 무엇 때문이고 무엇 때문이다, 그러므로 이것은 합리화될 수 있다, 라고 정당화하고 변명하고 합리화하는 그런 일들이 있습니다. 그것은 옳지 않다는 것입니다. 어떻게 되었든지 죄는 죄입니다. 도둑질은 도둑질입니다. 죄는 죄다, 확실한 죄다, 하나님 앞에 죄다—그것을 인정해야 한다는 것입니다. 두 번째는 도덕법의 한계를 인정하라는 것입니다. 우리가 바르게 살려고 아무리 애써보아도 정말로 바르게 살아보려고 한 사람은 그렇게 살기가 불가능하다는 것을 압니다. 또 죄인을 벌한다고해서 바로 됩니까. 매질을 하고 감옥에 보낸다고 사람됩디까. 율법적 도덕적 법이 한계가 있습니다, 한계가. 그것을 인정할 것입니다. 세 번째는 오직 은혜의 잠재적 능력을 인정하라는 것입니다. 오직 사랑만이, 오직 은혜만이 사람을 사람되게 하고 사람을 바꾸고 사회를 바꾸고 세상을 바꾸는 것이다, 오직 사랑만이, 오직 은혜만이 변화를 일으킬 수 있다, 그것을 인정해야 한다, 라고 말합니다.

오늘본문에 나타나는 말씀은 많은 문제 중에 문제요 문제의 대표적 문제요 깊은 해답을 주는 대단히 중요한 복음적 메시지가 이속에 있습니다. 여기 대표적으로 불행한 한 사람이 있습니다. 아마도 불행한 사람 중에 가장 불행한 사람입니다. 그는 나면서부터 시각장애자입니다. 그리고 나이 마흔이 넘었습니다. 그는 길거리에서 얻어먹는 사람입니다. 이제 이 불행한 한 사람을 놓고 생각해봅시다. 본인에게 잘못이 없습니다. 누구에게 책임을 물어야 합니까. 나면서부터 시각장애자입니다. 누구 때문입니까? 무엇 때문입니까? 책임이 누구에게 있는 것입니까? 특별히 분명한 것은 자기잘못은 없다는 것입니다. 그리고, 이유를 모릅니다. 아버지가 잘못한 것인지 어머니가 잘못한 것인지, 아버지가 바람을 피운 것인지 세상이 잘못된 것인지 모릅니다. 어쨌든 그는 내가 고난당하는 이유를 모르고 있습니다. 또 한 가지, 미래에 대한 보장도 없습니다. 이렇게 불행하게 출발해서 한평생을 불행하게 살아갈 뿐입니다. 유명한 철학자의 말에 이런 말이 있습니다. '살아갈 이유를 가지고 있는 사람은 어떻게 해서든지 살아갈 수 있다.' 어쩌면 이 사람의 불행은 살아야 할 이유를 모르고 있다는 것입니다. 아무리 생각해도 살아야 할 이유가 없습니다. 그래도 살고 있습니다. 가장 불행한 사람입니다. 고통이라는 현실이 있습니다. 그리고 과거를 모릅니다. 미래의 보장도 없습니다. 여기에 플러스 알파가 하나 더 있습니다. 그것은 사람들의 평가입니다. 사람들이 수근거립니다. 이것이 괴로운 것입니다. 동정의 대상이 아닌 신학적 토론의 주제로 삼았습니다, 오늘성경에 보는 대로. '뉘 죄 때문입니까? 본인입니까? 부모입니까? 왜 이 사람은 불행해졌습니까?' 까닭을 묻는 것입니다. 자, 이 불행한 사람을 앞에 놓고 이것이 할말입니까. 얼마나 역겹고 고통스러운 비난입니까. 사람들은 그렇습니다. 유명한 종교개혁자 칼뱅은 말합니다. '우리는 종종 남의 고통에 대해서 세 가지 오류를 범하고 있다. 첫째, 남의 고통은 꼭 죄 때문이라고 말하기를 좋아한다. 자기고통은 죄 때문이 아니고 남의 고통은 제 죄 때문에 제가 당한다고 말하는 게 사람들의 보통심사다. 또하나, 이해에 대해서 아주 엄격하다. 자기의 잘못에는 관대하고 남의 잘못에 대해서는 엄격하다. 꼭 그러한 것이 인간의 오류다. 세 번째, 자신은 예외라고 생각한다. 저 사람은 이런 죄를 지었지만 나는 아니다, 저 사람은 이런 불행이 있지만 나는 아니다, 저 사람은 저런 일을 하지만 나는 아니다, 나는 예외다, 라고 생각하는 데 문제가 있다.' 이렇게 종교개혁자는 말하고 있습니다. 특별히 오늘본문을 잘 보면 저들은 구체적인 대책은 없고 추상적인 토론뿐입니다. 무익한 논쟁을 벌입니다. 부모의 죄인가 본인의 죄인가, 본인의 죄라면 나기 전에 무슨 죄가 있었겠는가, 부모의 죄라면 그는 억울하지 않느냐… 이런 추상적 토론을 밑도끝도없이 벌입니다. 특별히 유대사람들은 모든 고난은 죄 때문이라고 생각했습니다. 그러므로 누구의 죄냐고 묻게 되는 것입니다. 나는 여기에 섭섭함이 있습니다. 예수님께서 병고치는 분이신 것을 알지 않습니까. 예수님께서 능력있으신 분이 아닙니까. 그러니 제자들이란 이 시각장애자를 보자마자 '주여, 이 사람을 고쳐주시옵소서. 이 사람의 눈을 뜨게 해주셔야 하겠습니다'하고 말해야 되겠는데 그런 말은 한마디도 없습니다. 나는 그게 맘에 안듭니다. 도대체 열두 제자가 맘에 들지 않습니다. 왜 그런 말은 없고 시비를 벌이고 있는 것입니까. 이것이 예나 오늘이나 이 사회의 문제입니다. 그러나 이에 대한 예수님의 접근방법, 예수님의 해답을 들어봅시다. 철학적 이론이 아니라, 신학적 토론이 아니라 하나님의 하시고자 하는 일을 나타내고자 하심이라—높은 차원에서, 하나님의 사역 차원에서 사건을 보신 것입니다. 놀라운 말씀입니다.

여러분은 영화를 즐겨 보십니까? 어떤 분은 전쟁영화나 서부영화를 볼 때 조마조마해서 손에 땀을 쥐고 봅니다. 왜? 주인공이 죽을까봐, 주연배우가 죽을까봐 걱정이 돼서 그럽니다. 제가 지금 이 시간에 말씀드립니다. 영화감상법은 이렇습니다. 주연배우는 절대 안죽습니다. 안심하고 보십시오. 안죽게 되어 있는 것입니다, 시나리오가. 왜요? 그것이 작가의 생각이기 때문입니다. 작가가 지금 무엇을 말하려 하는 것입니다. 절대 안죽습니다. 아무리 총을 쏘아도 주인공은 안죽습니다. 아시겠습니까? 역사의 흐름을 이해합시다. 우리 교인이면서 오늘아침 1부예배도 나오셨습니다마는, 제가 본인의 이름을 대기가 좀 미안하지만 그래도 좋은 이야기니까 대겠습니다. 장춘식 박사님입니다. 며칠전에 제게 책을 보내주셨습니다. 본인이 쓴 책을. 그 제목이 썩 마음에 듭니다.「그래도 강물은 흐른다」—그래도 강물은 흐른다… 몇번이고 외워보면서 저는 마음에 큰 은혜를 받았습니다. 격랑도 있고 바람도 있고 풍랑도 있고 뭐도 있지만 그래도 강물은 흐른다—얼마나 귀한 말입니까. 이 책제목이 너무나 마음에 듭니다. 여러분, 하나님의 경륜을 생각합시다. 골로새서 1장 25절에 보면 '내게 주신 경륜을 따라 내가 사도가 되었노라' 하였습니다. 사회적이고 국가적이고 우주적인 것만이 아니라 개인 하나하나를 통해서도 내게 향한 하나님의 경륜, 큰 시나리오 속에 내가 있다는 말씀입니다. 예수님께서는 그것을 보십니다. 이 사람을 통해서 이루고자 하시는 큰 경륜이 있다, 하나님의 하시고자 하시는 일이 있다, 하십니다. 특별히 오늘본문에 중요한 것은 이 사람의 불행의 원인을 과거에서 묻지 않고 미래에서 해답을 얻었다는 것입니다. 누구 때문입니까, 누구 때문입니까, 사회 때문입니까, 정치 때문입니까, 경제 때문입니까, 부모 탓입니까, 본인 탓입니까… 이것은 전부 과거입니다. 그러나 예수님께서는 '하나님의 하시고자 하시는 앞의 일을 위하여'라고 말씀하십니다. 중요한 말씀입니다. 풀턴 신이라고 하는 주교가 쓴 책에 나오는 중요한 말을 제가 가끔 생각합니다. '이 세상의 가장 큰 신비는 인간이 무엇 때문에 괴로워하는가 하는 것이 아니라 인간이 괴로워할 때 무엇을 놓쳤느냐, 무엇을 잡았느냐이다.' 여러분, 우리는 과거에 매입니다. 무엇 때문에, 무엇 때문에, 누구 때문에…라고요. 그만하십시오. 지혜로운 사람은 이 현실을 통해서 앞으로 무엇을 얻을 것이냐, 무엇을 잃을 것이냐, 거기서 해답을 찾습니다. 깊이 생각하여야 합니다. 그리고 오늘본문에 보는 바와 같이 높은 경륜을 생각합니다. 며칠전에 텔레비전 드라마를 보니,

서로 헤어졌던 애인이 또 만나고, 다시 헤어졌다가 아주 헤어진 줄 알았는데 또 만나고, 하더니 마지막에 썩 좋은 말을 합디다. '우리의 사랑은 선택이 아니라 운명이다.' 선택으로 사는 것이 아닙니다. 운명으로 사는 것입니다. 하나님의 내게 지우신 운명, 이것을 깨닫는 순간 새로운 세계가 열리는 것입니다. 고난이란 새로운 기회가 되는 것입니다. 높은 차원에서 하나님의 영광을 드러내게 되는 것입니다. 보십시오. 사도 바울이 빌립보감옥에 갇힙니다. 참으로 억울했습니다. 아무리 보아도 갇힐 이유가 없습니다. 감옥에 갇혀서 매를 맞았습니다. 죽도록 맞았습니다. 그러나 그가 감옥에서 나올 때 '주 예수를 믿으라. 그리하면 너와 네 집이 구원을 얻으리라' 합니다. 얼마나 멋지고 통쾌한 happy end가 왔습니까. 보십시오. 요셉이라는 사람은 17세에 형들에게 팔리어 노예로 갑니다. 노예생활, 감옥생활, 말할 수 없는 13년의 고생을 치렀지만 그가 총리대신이 되면서 가정을 구원하고 민족을 구원하고 영광을 얻게 됩니다. 그가 왜 그 고생을 해야 했습니까. 다니엘이 사자굴에 들어갑니다. 왜 들어가는지는 아무도 모릅니다. 그러나 그는 감옥에서 나올 때 얼마나 영광스럽게 되었습니까. 깊이 생각하여야 합니다.

그런데 문제는 여기에 있습니다. 그리스도와의 만남입니다. 이 사람과 예수님께서 만날 때 역사가 이루어지는 것입니다. 하나님의 하시고자 하는 일이 이루어지는 것입니다. 저는 이 시각장애자의 믿음을 높이 평가하고 싶습니다. 아시는대로 시각장애자는 귀가 밝습니다. 청각이 아주 예민합니다. 보통사람보다 몇배 더 예민합니다. 보지 못하는 대신에 잘 듣습니다. 옆에서들 시비하고 있는 이야기를 다 듣고 있었을 것입니다. 누구의 죄 때문입니까, 부모 때문입니까,

본인 탓입니까… 이러는 소리를 다 들었을 것입니다. 이 시각장애자가 저였다면 가만히 안있었을 것입니다. '너희들은 죄인이 아니더냐, 어째서 시비를 벌이는 거냐.' 한바탕 화를 내고 싶습니다. 그러나 이 사람은 말이 없었습니다. 사실은 예수님 앞에 나아가 '내 눈을 뜨게 해주세요'라고 말하지도 못했습니다. 예수님께서 그를 붙잡고 오늘따라 참 이상한 일을 하십니다. 보통은 눈을 만지시며 눈을 뜨라고 하시는데 오늘은 그게 아닙니다. 침을 뱉어서 흙을 이겨서 눈에다 척 바르십니다. 아니, 시각장애자의 눈은 눈도 아닙니까. 먼지만 들어가도 아픈데, 여기에 진흙을 바르면 어떻게 되는 것입니까. 그것을 참는 마음이 대단합니다. 어떻게 그것을 참았을까요? 나는 못 참습니다. 이렇게 해놓고 당장 눈을 뜨라 하지도 않으시고, 실로암에 가서 씻으라, 하십니다. 씻으면 어떻게 되리라 하시는 말씀도 없습니다. '실로암에 가서 씻으라.' 이 사람, 지팡이를 들고 실로암까지 더듬더듬 갑니다. 아무말 없이 갑니다. 이 사람 가면서 무슨 생각을 했을까, 참 궁금합니다. 이랬을 것같습니다. '나 참, 오늘 일진이 사납구나. 한푼 번 것도 없이 이게 무슨 꼴이람.' 그리고 '어쨌든 가보자'했을 것만 같습니다. 의심도 하고, 많은 생각을 했을 것입니다. 그리고 실로암까지 가서 자기손으로 눈을 씻고 눈을 떴습니다. 그 믿음은 위대한 믿음입니다. 모든 불합리한 것을 참았습니다. 모든 비난도 참았습니다. 모든 의심도 극복했습니다. 오직 조용하게 위대한 믿음으로 위대한 순종을 했습니다. 그리고 눈을 뜨게 됩니다.

여러분, 요새와서 우리가 많은 어려운 일들을 당합니다. 흔히 인재(人災)라고 합니다. 천재냐? 인재냐? 이유 있습니다. 우리가 고난을 당하는 데는 확실한 이유가 있습니다. 뭔가 잘못했습니다. 그러나 우리는 원인을 모를 때가 많습니다. 왜 이런 일이 있어야 하는지 알 수가 없습니다. 도대체 알 수가 없습니다. 그래도 고난이라고 하는 현실은 있습니다. 한 가지 잊지 맙시다. 나는 그 이유를 모르고 있으나 하나님께는 이유가 있습니다. 나는 무가치한 고난을 당하고 있는 것같으나 하나님께는 가치가 있습니다. 나는 목적 없는 고난을 당하는 것같으나 하나님께는 목적이 있습니다. 내게는 대책이 없으나 하나님께는 대책이 있습니다. 하나님께서 하시는 일, 그 지혜와 능력 그 속에서 하나님의 하시고자 하시는 일을 나타내고자 하십니다. 여러분, 오늘이 있으면 깊이 생각하여야 합니다. 오늘이 있기 위하여 어제가 있었습니다. 아니, 내일을 위하여 오늘이 있습니다. 이것을 알고 그리고 조용히 순종하는 것이 믿음입니다. 귀하고 위대한 역사는 앞에 있습니다. 이제 우리가 언젠가는 다 감사하게 될 것입니다. 여러분, 오늘 이 시간은 역사적이고 대단히 귀중한 때입니다. 제가 북녘땅에 무려 12번을 다녀왔습니다마는 그 교회에 갈 때마다 우리 성도님들을 만나고 늘 종종 이야기했습니다. 한번 서울에 오십시오, 오십시오, 했는데 못오셨습니다. 오늘 오셨습니다. 이 얼마나 놀라운 일입니까. 이제 우리는 과거는 묻지 맙시다. 왜 이런 일 저런 일이 있었는지 묻지 맙시다. 우리 앞에는 밝은 미래가 있을 뿐입니다. 저 미래를 위해서 오늘이 있었다고, 오늘을 위해서 지난날이 있었다고, 하나님의 큰 경륜 속에서 다 소화해버리고 오로지 믿고 순종하면서 위대한 역사를 창조해나갈 수 있기를 바랍니다. △

하나님이 찾으시는 사람

　그 사람들이 거기서 떠나 소돔으로 향하여 가고 아브라함은 여호와 앞에 그대로 섰더니 가까이 나아가 가로되 주께서 의인을 악인과 함께 멸하시려나이까 그 성중에 의인 오십이 있을지라도 주께서 그 곳을 멸하시고 그 오십 의인을 위하여 용서치 아니하시리이까 주께서 이같이 하사 의인을 악인과 함께 죽이심은 불가하오며 의인과 악인을 균등히 하심도 불가하니이다 세상을 심판하시는 이가 공의를 행하실 것이 아니니이까 여호와께서 가라사대 내가 만일 소돔 성중에서 의인 오십을 찾으면 그들을 위하여 온 지경을 용서하리라 아브라함이 말씀하여 가로되 티끌과 같은 나라도 감히 주께 고하나이다 오십 의인 중에 오 인이 부족할 것이면 그 오 인 부족함을 인하여 온 성을 멸하시리이까 가라사대 내가 거기서 사십 오 인을 찾으면 멸하지 아니하리라 아브라함이 또 고하여 가로되 거기서 사십인을 찾으시면 어찌 하시려나이까 가라사대 사십 인을 인하여 멸하지 아니하리라 아브라함이 가로되 내 주여 노하지 마옵시고 말씀하게 하옵소서 거기서 삼십 인을 찾으시면 어찌 하시려나이까 가라사대 내가 거기서 삼십 인을 찾으면 멸하지 아니하리라 아브라함이 또 가로되 내가 감히 내 주께 고하나이다 거기서 이십 인을 찾으시면 어찌 하시려나이까 가라사대 내가 이십 인을 인하여 멸하지 아니하리라 아브라함이 또 가로되 주는 노하지 마옵소서 내가 이번만 더 말씀하리이다 거기서 십 인을 찾으시면 어찌 하시려나이까 가라사대 내가 십 인을 인하여도 멸하지 아니하리라 여호와께서 아브라함과 말씀을 마치시고 즉시 가시니 아브라함도 자기 곳으로 돌아갔더라
　　　　　　　(창세기 18 : 22 - 33)

하나님이 찾으시는 사람

　영국소설가 H. G. 웰즈가 「대주교의 죽음」이라고 하는 단편소설이 있습니다. 그 내용은 간단히 말하여 이런 것입니다. 한 대주교가 시간을 정하고 하루에 세 번씩 대성전에 들어가 두손을 높이 들고 "오, 거룩하신 하나님이시여, 우리 기도를 들어주시옵소서" 하고 교회를 위하여, 나라를 위하여 하나님 앞에 기도했습니다. 그러던 어느날도 기도를 하고 있는데 뜻밖에도 하나님께서 큰소리로 응답해주십니다. "오냐. 내가 예 있느니라. 무엇을 원하느냐?" 대주교는 화들짝 놀랐습니다. '하나님께서 정말로 내 기도를 듣고 계셨구나!' 그는 신음하듯이 중얼거리다말고 벌렁 나자빠져 죽었습니다. 심장마비가 온 것입니다. 하나님, 내 기도를 들어주십시오, 들어주십시오, 하고 평생토록 기도했는데 정작 하나님께서 들으신다 하니 그만 죽고 만 것입니다. 이 작품은 많은 것을 생각하게 하는 단편소설로 유명합니다. 오늘본문에 보면 아브라함이 하나님을 만나는 생생한 기록이 있습니다. 이것을 자세히 읽어내려가면서 보십시오. 아브라함이 지금 얼마나 하나님 앞에 두려워하고 있습니까. 여섯 번을 번복하면서 하나님 앞에 기도할 때 그저 "티끌과 같은 나라도 감히 주께 고하나이다"합니다. 이번 한 번만 구하나이다—계속, 두렵고 떨리는 중에 하나님 앞에 간구하는 그 경건한 기도의 모습을 생생하게 볼 수 있습니다. 하나님께서 소돔과 고모라를 멸하시기로 이미 작정하셨습니다. 작정하신 것을 놓고 그 뜻을 돌이키려 할 때 이렇게, 이렇게 그는 두려워하는 가운데 구할 수밖에 없었습니다. 그리고 하나님께서 마지막 기회를 주신 것입니다. 마지막 기회입니다.

하나님께서는 의인을 찾고 계십니다. 의인 열 명만 있으면 이미 심판하리라고 결정한 소돔과 고모라이지마는 그 열 명을 인하여 이 성을 사하리라, 하십니다. 소돔과 고모라는 아름다운 곳이었습니다. 창세기 13장을 보면 아브라함과 조카 롯이 헤어질 때 높은 데 올라가 롯을 보고 그 삼촌 되는 아브라함이 말합니다. "네가 좌하면 나는 우하고 네가 우하면 나는 좌하리라." 롯에게 선택권을 줍니다. 롯은 사방을 휘둘러보고 아름다운 땅 '요단 온 들'을 택했습니다. 그 땅에 대하여 성경은 이렇게 기록하고 있습니다. "온 땅에 물이 넉넉하니… 여호와의 동산 같고 애굽 땅과 같았더라." 그렇게 아름다운 땅, 풍요의 땅, 넉넉한 땅, 평화의 땅, 번영의 땅을 롯은 찾았습니다. 선택했습니다. 물질은 풍부했습니다. 전쟁도 없었습니다. 모두가 자유로웠습니다. 넉넉함을 즐겼습니다. 문제는 사람입니다. 사람에게 죄가 있었습니다. 독일작가 헤르만 헤세는 인간에게 세 가지 강한 유혹이 있어서 인간은 이것을 물리치지 못하고 죄를 짓고 산다고 개탄하고 있습니다. 먼저는 거친 육체의 욕망입니다. 불같은 육체의 욕망이 사람의 양심을 흐리게 합니다. 끝없는 욕심, 끝없는 욕망, 이것을 물리치지 못해서 사람들은 훤히 망하는 줄 알면서도 죄를 짓고 있다는 것입니다. 또하나는 저 잘났다고 하는 교만입니다. 사람의 마음속에는 이 정신적인 악이 있습니다. 이 악의 뿌리는 교만입니다. 참 우스운 얘기입니다마는 제가 인천에서 목회할 때 하루는 교회를 향하여 걸어가고 있는데 술이 거나하게 취한 지게꾼 하나가 행길에서 갈짓자걸음을 하고 있었습니다. 하루종일 지게를 져서 돈 몇푼 벌고 그걸로 막걸리 몇잔 걸친 모양, 취해서 비틀거리며 소리를 지르는데 가까이 가서 뭐라고 소리를 지르나 들어본즉 간단했습니다. "이놈들아, 내가 누군지 아느냐." 교만한 것입니다. '내가 비록 지게를 지고 산다마는…' 마음속에 모든 사람을 다 우습게 보는 교만이 있었습니다. "이놈들, 내가 누군 줄 알고!" 소리소리 지르는 것을 보고 뒤따라가면서 한마디 했습니다. "지게꾼이지요, 뭐." 여러분, 사람들이 말 안하고 참고 지내는 것같아도 모두의 마음속에 엄청난 교만이 있습니다. 여러분의 마음속에 번민이 있습니까? 미안하지마는 교만을 빼버리면 아무런 번민도 없습니다. 아무 고민도 없습니다. 아직도 교만합니다. 나 잘났다는, 변변찮은 교만이 있어서입니다. 이것이 문제입니다. 이것 때문에 원치 않으면서도 계속 죄를 짓고 살아가야 합니다. 회개할 수가 없는 것입니다. 겸손이라는 것이 얼마나 어렵습니까. 교만한 사람은 겸손할 수가 없습니다. 겸손해야겠다고 결심하면서도 겸손할 수 없습니다. 결국은 교만의 노예가 되어서 그렇게 비참하게 그렇게 그 많은 세월을 살아가야 하는 것입니다. 또하나는 졸렬하고 불손한 이기심입니다. 이기적인 마음입니다. 닥터 브라운이라고 하는 시카고대학교수가 한번 한국에 와 20세기에 21세기를 향한 가정문제에 대한 특별강연을 할 때 제가 마침 참석해서 들어보았습니다. 그분의 책도 읽어보았습니다. 가정문제, 제일 큰 문제라는 것입니다. 모든 문제의 근본은 가정문제다, 그런데 가정이 왜 어려워졌느냐? 한마디로 이기주의 때문이라는 것입니다. 이기주의를 버리지 못합니다. 남을 위해서 희생할 마음이 없습니다. 조금도 없습니다. 그러니 남편도 없습니다. 아내도 없습니다. 요새는 자식도 없습니다. 나밖에 모릅니다. 오로지 나입니다. 이것을 깨뜨리고 봉사하는 마음으로 돌아가야 하는데 이것이 안되는 것입니다. 가정에서부터 안되는 것입니다. 멀쩡히 함께는 삽니다. 그것밖에 안됩니다. 가족이 동숙자일 뿐입니다. 헌신이 없는 것입니다. 이 기심입니다. 끝없는 이기심의 노예가 되어서 가정이 파탄나고 세계가 이렇게 어려워진다고 역설하는 것을 들어보았습니다. 그것을 어떻게 해결할 수 있겠는가 그런 강연을 들어보았습니다.

여러분, 오늘본문을 보면 소돔과 고모라는 죄로 인해서 망했습니다. 죄 중에서도 특별히 성적인 죄입니다. 이것은 도둑질이냐, 살인이냐, 하는 유가 아닙니다. 더러운 성행위로 인한 죄, 그런 것입니다. 제가 말씀을 미리 다 못드립니다. 집에 가셔서 영어사전을 한번 찾아보십시오. Sodomite라는 단어가 나옵니다. Sodomite — 소돔사람이라는 뜻입니다. 거기에 설명이 붙습니다. 남색(男色), homo sex, 비정상적인 더러운 행위, 동물만도 못한 그 행위입니다. 한때 에이즈문제가 복잡해지고 지금도 그렇습니다마는 좀 알아두어야 할 것같아서 큰 글자로「AIDS」라고 써 있는 책을 사서 대충 읽어보았습니다. 후천성면역결핍증이라고 하는 이 AIDS병에 대해서는 그 설명의 서두가 이렇습니다. '가장 예방하기 쉬운 병이다. 그러나 결정적인 병이다.' 참 맹랑한 소리입니다. 세상에, 예방하기 쉽다는 것입니다. 정상적으로 살면 그런 문제는 없는 것입니다. 그 더러운 행위들이 결국은 세상을 썩게 만듭니다. 지금 우리나라에도 에이즈환자가 수천 명에 이릅니다. 기하급수적으로 늘어납니다. 그래 어떤 분은 이렇게 말합니다. '전쟁, 문제가 아니다, 가만 내버려두어도 썩어서 망한다.' 세상은 그리로 가고 있습니다. 썩어문드러져가고 있는 것입니다. 이것을 알아야 합니다. Sodomite — 하나님께서 그들을 심판하고 계십니다. 폴 틸리히라고 하는 신학자는 인간에게 불안이 문제인데 불안에 삼대 요소가 있다, 하였습니다. 죽음과 생명에 대한 불안, 공허와 허무에 대한 불안, 죄책감에 대한 불안이 그것들입니다. 결론은 이렇습니다. 이 불안이 더 큰 죄를 범하게 만든다는 것입니다. 더 포악하게 만들고, 더 더럽게 만들고, 그렇습니다. 에이즈에 걸린 사람, 그 사람, 이제는 그저 "복수하는 마음으로" 이렇게 말한다고 합니다. 인류에 복수하는 마음으로, 라고요. 거침없습니다. 여기에 걸려들어서 수많은 사람들이 다시 에이즈에 걸려나가고 있습니다. 아프리카의 어떤 마을은 분명히 있던 마을인데 몇달 후에 가보니 없어졌습니다. 다 죽어버렸습니다. 온동네가 다 에이즈에 걸렸다가 말라리아나 감기같은 작은 병 하나라도 걸렸다하면 이것을 이겨내지 못하고 일시에 온마을이 다 죽어버리는 것입니다. 그런 현상을 봅니다. 얼마나 무서운 이야기입니까. 그런데 우리는 이것을 알아야 합니다. 어느 나라나 어느 사회나 어느 개인이나 망할 때는 반드시 죄로 인해서 망합니다. 경제 때문에 망하는 것도, 정치 때문에 망하는 것도, 아니, 전쟁으로 망하는 것도 아닙니다. 전쟁으로 망하는 바로 그 뒤에는 죄로 인해서 망한다 이것을 우리는 알아야 합니다. 잠언 14장 34절에 "의는 나라로 영화롭게 하고 죄는 백성을 욕되게 하느니라" 하였습니다. 죄로 인해서 망합니다.

오늘본문의 메시지는 거기에 머무르지 않습니다. 좀더 깊이 들어가서 죄로 인해서 망하는 것이지마는 실제적으로는 하나님께서 찾으시는 의인이 없어서 망하는 것입니다. 기왕에 소돔과 고모라는 죄악이 관영하여 망할 수밖에 없습니다. 그러나 하나님께서 지금 의인을 찾고 계십니다. 단 10명, 의인 10명만 있었더라면 하나님의 말씀대로 그로 인하여 이 성은 사하심받을 수 있었다는 것입니다. 그렇다면 의인이 없어서 망하는 것입니다. 죄 때문에 망하는 것이 아닙니다. 의인이 없어서 망하는 것입니다. 이것을 깊이 생각하여야 합니다. 영국의 경제사가 아놀드 토인비는 「A Study of History」라고 하는 12권이나 되는 방대한 저서에서 이렇게 역사연구의 결론을 내립니다. '역사는 도전과 응전의 관계다. 새로운 도전을 받을 때 어떻게 응전하느냐에 따라서 성패가 좌우된다.' 더욱 중요한 것은 역사란 minority(소수)에 의해서 지배되고 있다, 한 것입니다. 역사의 운명은 minority에 달려 있다, 했습니다. dominant minority, 지배적 소수 말입니다. 우리가 잘 알지 않습니까. 정치인 몇사람 잘못만나면 온 민족이 고생합니다. 그릇된 정치인 몇몇 때문에 온민족에 망조가 듭니다. 정치인 몇사람, 참 중요한 존재입니다. 그런가하면 creative minority, 창조적 소수, 이것은 정신문화적이고 영적인 것입니다. creative minority에 의해서 나라와 개개인, 사회의 운명이 좌우되는 것이다, 이렇게 말합니다. 오늘성경은 의인을 묻습니다. 보십시오. 우리는 좋은 환경에서 좋은 사람이 나오는 것으로 알기 쉽습니다. 그러나 성경의 가르침은 그렇지 않습니다. 좋은 사람이 있고야 좋은 환경이 있는 것입니다. 환경이 문제가 아닙니나. 정지, 경제, 문회 이거 중요하지 않습니다. 문제는 도덕성이고, 그 속에는 깊은 죄악이 있습니다. 하나님께서 찾으시는 사람—사람의 문제라는 것입니다. 하나님께서는 의로운 사람을 찾으십니다. 하나님의 말씀을 듣고 하나님의 말씀을 믿고 하나님께 순종하는, 의롭다 하심을 얻은 인간을 찾으십니다. 아시는대로 아브라함은 그리 도덕적으로 완전한 사람은 아닙니다마는 성경은 분명히 말씀합니다. 아브라함이 하나님을 믿으매 이것을 의로 여기시고(롬 4 : 3) 의롭다 하셨습니다. 기독교 교리의 핵심입니다. 의롭다 하셔서 의인입니다. 그래서 하나님과 대화할 만큼 하나님께서 그를 사랑하시고 그를 인정하셨습니다. 의롭다 하심을 얻은 이 아브라함을 생각합니다. 하나님께서는 아브라함을 지극히 사랑하셨고 아브라함은 믿음의 조상입니다. 최소한의 의인이 소돔에 있어야 했습니다. 저는 이런 짓궂은 생각을 해봅니다. 만일 아브라함이 소돔 한가운데에 살았다면 어떻게 되었을까? 저는 이렇게 말하고 싶습니다. 롯이 아닌 아브라함이 소돔에 살았다면 하나님께서는 아브라함을 보시고 소돔을 용서하셨을 것입니다. 분명 용서하셨을 것입니다. 예레미야 5장 1절을 보십시오. 예루살렘의 멸망을 앞두고 하나님께서는 말씀하십니다. "너희는 예루살렘 거리로 왕래하며… 공의를 행하며 진리를 구하는 자를 한 사람이라도 찾으면 내가 이 성을 사하리라." 이렇게 안타까운, 하나님의 가슴아픈 절규가 여기 있습니다. 아브라함이 소돔에 있었더라면 하나님께서는 아브라함을 보시고 소돔의 죄를 사했을 것이라고 생각합니다. 거기에는 시원치않은 롯 한 사람이 있었습니다. 그에게는 의가 없었습니다. 믿음도 없었습니다. 창세기 19장을 보면 아브라함이 롯을 위하여 기도함으로 아브라함을 인하여 롯을 구원하셨다고 말씀하고 있습니다. 죄인 일만 명보다 의인 하나가 귀한 것입니다. 하나님께서는 의인을 보십니다. 오늘본문에 보면 죄인과 의인을 함께 멸하심이 합당치 않나이다, 합니다. 그렇습니다. 하나님께서는 아무리 죄가 많아도 그 속에 있는 의인을 함께 멸하시지 않습니다. 창세기 6장을 보면 노아홍수 이야기가 나옵니다. 그런데 그 앞의 5장에 보면 에녹이 하나님의 부르심을 받아 승천하는 것을 볼 수 있습니다. 하나님께서 에녹을 옮겨놓으셨습니다. 에녹 없는 세상을 홍수로 심판하신 것입니다. 에녹이 있었다면 어떻게 되었을까? 그런 생각도 합니다. 하나님과 동행하는 에녹 말입니다. 출애굽기 32장에 보면 이스라엘백성이 하나님 앞에 크게 범죄합니다. 하나님을 원망하고 큰 죄를 지었을 때 하나님께서 진노하십니다. 백성이 황금우상을 섬길 때 하나님께서 진노하시고 말씀하십니다. '내가 이 백성을 보니 목이 곧은 백성이로다. 내가 진멸하리라. 그리고 너와 네 후손을 번창케 해서 큰 나라가 되게 하리라(출 32 : 9, 10).' 모세는 하나님께 "감사합니다" 해야 할까요? 아닙니다. 그는 이렇게 아룁니다. '정히 이 백성을 진멸하시려거든 당신의 기록하신 생명책에서 내 이름을 지워버려주옵소서(출 32 : 32)' 제가 조금 해석을 하겠습니다. '정말 이 백성을 멸하실 것이면 나도 이 백성과 함께 죽으렵니다.' 목숨을 걸고 중보적인 기도를 드리는 것입니다. 그럴 때 하나님께서 말씀하십니다. 진노를 거두겠다고요. 여러분, 소돔과 고모라에는 이런 사람이 없었습니다. 이런 의인이 없었습니다. 하나님께서 찾으시는 그 사람이 없었습니다. 그래서 그 성은 망한 것입니다. 여러분, 더러 세상을 탓하십니까? 그것은 그리 중요하지 않습니다. 전쟁위협에 시달립니까? 죄 없이 망하지 않습니다. 선생은 하나님의 손에 있습니다. 그렇다면 우리의 마지막 관심은 무엇이어야 하겠습니까. 내가 하나님 앞에 하나님께서 찾으시는 그 사람이 되어야 하는 것입니다. 내가 하나님 앞의 그 사람이 되어야 합니다. 저는 새벽기도에 나올 때마다 우리 교인이 많이 나온 것을 보고 감사하면서 늘 이런 기도를 하곤 합니다. '하나님, 이 강남은 죄악의 도성입니다. 그러나 여기에 기도하러 나오신 이 분들을 보시고 하나님이여, 이 성을 사하시옵소서.' 남편이 마음에 안듭니까? 좋은 아내만 되십시오. 아내가 마음에 안듭니까? 남편된 구실만 제대로 하십시오. 자녀가 문제입니까? 잊어버립시다. 나만 하나님 앞에 똑바로 서면 자녀교육은 저절로 됩니다. 문제가 없습니다. 가장 절실한 말씀입니다. 세상변화는 걱정하지 마십시오. 정치가 어떻고 전쟁이 어떻고—잠깐 잊어버립시다. 우리가 하나님 앞에 서서 아브라함처럼 기도할 것입니다. 내가 먼저 그 열 중의 하나가 되어야 할 것입니다. 하나님께서 찾으시는 의인처럼 바로 서게 될 때 하나님께서는 이 백성을 사하실 것입니다. 잘 아시는 대로 애굽의 보디발이라고 하는 사람은 우상을 섬기는 사람입니다. 요셉이 그 집에 있음으로해서 요셉으로 말미암아 그 집에 은혜를 내리시는 하나님이십니다. 라반도 우상을 섬기는 사람입니다. 그러나 그 집에 야곱이라는 사람이 있기 때문에 하나님께서 야곱으로 인하여 그 집에 복을 내리셨다고 성경은 말씀하고 있습니다. 나 하나가 여기에 있음으로해서 하나님께서 이곳에 복을 내리실 수 있도록 그러한 사람, 그런, 하나님께서 찾으시는 그 사람이 되기 위해서 우리는 조용히 옷깃을 여며야 하겠습니다. 하나님 앞에 무릎을 꿇어야 하겠습니다. 세상을 비관하지 마십시오. 문제는 나 자신에게 있습니다. 나 하나가 아브라함같은, 모세같은 하나님의 사람으로 하나님 앞에 설 때 그 중보적인 기도를 들으시고 이땅에 평화를 더하실 것입니다. △

누가 내 이웃입니까

이 사람이 자기를 옳게 보이려고 예수께 여짜오되 그러면 내 이웃이 누구오니이까 예수께서 대답하여 가라사대 어떤 사람이 예루살렘에서 여리고로 내려가다가 강도를 만나매 강도들이 그 옷을 벗기고 때려 거반 죽은 것을 버리고 갔더라 마침 한 제사장이 그 길로 내려가다가 그를 보고 피하여 지나가고 또 이와 같이 한 레위인도 그 곳에 이르러 그를 보고 피하여 지나가되 어떤 사마리아인은 여행하는 중 거기 이르러 그를 보고 불쌍히 여겨 가까이 가서 기름과 포도주를 그 상처에 붓고 싸매고 자기 짐승에 태워 주막으로 데리고 가서 돌보아 주고 이튿날에 데나리온 둘을 내어 주막 주인에게 주며 가로되 이 사람을 돌보아 주라 부비가 더 들면 내가 돌아올 때에 갚으리라 하였으니 네 의견에는 이 세 사람 중에 누가 강도 만난 자의 이웃이 되겠느냐 가로되 자비를 베푼 자니이다 예수께서 이르시되 가서 너도 이와 같이 하라 하시니라

(누가복음 10 : 29 - 37)

누가 내 이웃입니까

가슴찡한 이야기들을 담고 있는 책에 「연탄길」이라고 하는, 많이 읽히는 책이 있습니다. 그 책에 나오는 실화입니다. 서울근교의 유원지를 다녀오는 한 가족이 있었습니다. 그 가장은 가족을 태운 차를 몰고 동네에 들어오면서 어두운 골목길을 이리저리 돌다가 차도 한쪽 길가에 사람같아보이는 검은 물체가 누워 있는 것을 보았습니다. 육감이 심상치 않아서 차를 멈추고 내려서 보니 한 청년남자가 피투성이가 되어 쓰러진 채 신음하고 있었습니다. 뺑소니사고였습니다. 경찰에 신고하고 우리는 관여하지 말고 가버리자고 하는 아내를 설득해서 그럴 수 없으니 이 골목에 아이들 데리고 잠시 좀 서 있으라고 말한 후 이 신음하는 사람을 차에 태우고 인근병원에 갔는데 그 병원에서는 그 사람이 너무 중상이라서 이런 작은 병원에서는 볼 수 없다, 하였습니다. 할수없이 다시 그를 차에 태우고 큰 병원으로 가 입원을 시키고 수속을 하는 바람에 시간이 많이 흘렀습니다. 이제 일을 끝내고 돌아와서 그 골목에 이르러 보니 아내와 아이들이 서 있어야 할 그곳에 없었습니다. 기다리다 지쳐서 다른 차편으로 집에 갔나보다, 생각하고 차를 몰고 집으로 가는데 자기집 쪽으로 소방차가 사이렌소리를 내며 갑니다. 왜 그런가 하고 갔더니 자기네가 사는 집, 조그마한 빌라가 지금 불이 붙어 있는 것입니다. 큰일났다, 걱정을 하고 차에서 내려보니 아내와 아이들이 집밖에서 서성거리고 있습니다. 뿐만아니라 윗집에 살고 있던 처제네 식구들도 나와 있었습니다. 어떻게 된 일이냐고 확인해보니 아내는 기다리다 지쳐서 처제한테 전화를 걸었다는 것입니다. 차를 가지고 와서 우리 좀 데려가라 했더니 처제가 그의 식구들과 함께 차를 몰고와서 언니네 집 식구들을 태워서 가는데 그 사이에 가스폭발로 빌라에 불이 났던 것입니다. 그래서 두 집 식구들은 다 무사했습니다. 뒤에 알고보니 그 빌라 102호에 살던 내외만 불 속에 죽었습니다. 그리고 뒤에 경찰조사가 있었는데 알고보니 바로 그 102호의 남자가 뺑소니한 그 범인이었다는 것입니다. 이것이 밝혀짐으로 모두들 깜짝놀랐습니다. 한 남자는 이웃이 어려움당하는 것을 보고 구하려고 나섰다가 자기네 식구를 다 건질 수 있었고, 한 남자는 어려움당한 사람을 팽개치고 나만 살겠다고 뺑소니쳤다가 죽었더라고요. 이것은 실화입니다. 어쩌면 이렇게 똑부러지게 이러한 일이 있을 수 있다는 말입니까.

오늘성경에 율법사가 예수님께 여쭤봅니다. "내 이웃이 누구오니이까?" 심각한 질문입니다. 제가 미국에서 공부할 때, 여러 가지 공부를 하는 중에 'Jewish Theology'라고해서 유대사람들의 신학을 궁금히 여겨서 그 한 과목 수강신청 했더니 유대랍비가 와서 가르칩디다. 퍽 재미있고 흥미있는, 제게는 아주 유익한 공부였다고 생각됩니다. 이 랍비의 도움으로 저는 여러 유대사람들이 모이는 회당(Synagogue)에 견학을 할 수 있었습니다. 이런 회당 저런 회당을 다녀보던 중 어느 회당에 갔을 때 그날 설교하는 랍비의 설교가 이웃을 내 몸과 같이 사랑하라는 것이었습니다. 이웃을 내 몸과 같이 사랑하라? '아, 우리하고 같군. 유대회당에서도 우리와 같은 설교를 하는구만.' 저는 그리 생각했습니다. 10여 분 동안 이웃을 내 몸과 같이 사랑해야 한다는 이야기를 합니다. 그래서 감동을 받았습니다. 그 다음에 말을 바꾸는데 이웃이 누구냐, 합니다. 도대체 이웃이 누구냐? 원수는 누구이고 이웃은 누구냐? 딱 이분법론으로 원수와 이웃을 구분해서 설명을 하는데 그 당장은 좀 듣기가 어려웠습니다. 이웃은 이런 사람이라는 것입니다. 이스라엘백성이 출애굽을 앞두고 있을 때 바로왕이 이스라엘사람이 아들을 낳거든 다 죽이라고 산파에게 명령을 했는데 그 애굽산파가 가서 아기들 태어나는 것을 보고 차마 죽일 수가 없어서 긍휼을 베풀어 숨겼습니다. 바로 그런 사람, 그것이 이웃이라는 것입니다. 우리편에 섰으니까, 우리를 도와주었으니까 이웃이라는 것입니다. 그래서 읽은 이야기입니다마는 아시는 대로 지금 이스라엘이 어떻습니까. 주변 아랍국가들이 있지 않습니까. 그래서 그들은 늘 말합니다. 온세상이 다 원수라는 것입니다. 이웃은 없다, 다 우리를 괴롭힌다, 그렇게 부르짖는 것도 볼 수가 있습니다. 여러분, 내가 원수라고 하면 저도 날 향해서 원수라고 할 것입니다. 내가 원수지면 저도 원수가 될 것입니다. 다시 이제 성경으로 돌아가봅시다. 내 이웃이 누구입니까? 원수가 아닌 내 이웃은 누구입니까? 예수님께서 비유로 오늘본문에 말씀하십니다. 우리가 잘 아는 '선한 사마리아사람' 비유입니다. 우리는 이 선한 사마리아사람이 참 불쌍한 사람에게 좋은 일 했다, 라고만 생각합니다. 인도주의적으로 생각합니다. 그러나 그렇게 간단한 이야기가 아니라고 합니다. 왜냐하면 여기에 지금 불한당맞은 사람은 유대사람이고 그를 도운 사람은 사마리아사람이기 때문입니다. 유대사람들은 사마리아사람들을 상종하지 않습니다. 사람으로 취급하지도 않습니다. 만나지도 않고, 같은 자리에서 식사하지도 않고 물론 혼인을 맺지도 않습니다. 뿐만아니라 사마리아사람들 사는 곳을 지나가지도 않습니다. 더러운 땅이라고, 멀리 돌아가더라도 사마리아사람의 마을을 지나가지 않는 것입니다. 그만큼 유대사람들은 도도하고 고고하고 교만합니다. 사마리아사람들을 멸시합니다. 그런데 오늘본문에 보면 그 멸시받는 사마리아사람이 그 교만하고 도도한 유대사람을 불쌍히 여겨서 구제했다는 것입니다. 바로 여기에 문제가 있습니다. 멸시받는 것을 생각해서는 그냥 지나가지요. 그러나 저들은 우리를 멸시하지만 지금 이 사람은 이 처지에 있는 것입니다. 그러므로 단순한 마음으로 사마리아사람이 유대사람을 도와준 것입니다. 깊이 생각하여야 합니다.

모름지기 우리는 이웃되기를 힘써야 합니다. 또 나 자신이 좋은 이웃이 되어야 하겠습니다. 모든 사람을 대하여 착하고 좋은 이웃이 되어야 하겠습니다. 그리고 이웃을 만들어야 하겠습니다. 이웃이 거저 되는 게 아닙니다. making neigh-borhood, 이웃을 만들어야 합니다. 원수를 이웃만들어야 합니다. 날 미워하는 사람을 기어이 날 사랑하는 사람으로 만들어야 합니다. 그리고 그 아름다운 관계를 지켜가야 하는 것입니다. 특별히 오늘본문을 깊이 상고하면 더 귀중한 말씀이 여기에 있습니다. 자, 상상을 해보십시오. 만일에 이 도도한 유대사람이 큰 부상이 아니라 조그마한 상처를 입었다고 힙시다. 가령 발에 상처를 입어서 피를 좀 흘리고 있다 합시다. 이 정도일 때 사마리아사람이 발길을 멈추고 "제가 좀 도와드릴까요?"했다면 이 유대사람이 뭐라고 했을 것같습니까. 그 더러운 손 내 몸에 대지 말라, 했을 것입니다. 사마리아놈, 더러운 손을 내게 대지 말라고 했을 것입니다, 틀림없이. 그러나 지금은 원체 죽을 지경입니다. 그래서 사마리아사람의 이 사랑을, 도움을 이 사람이 받아들였단말입니다. 이 고난이, 이 역경이 이웃되게, 이웃으로 만들어주었다는 것입니다. 여기에 신학적인 중요한 의미가 있습니다. 그것을 알아야 합니다. 고난이 오만한 사람을 겸손하게 만들고 참사랑의 이웃을 만들어 주는 것입니다. 고난이 말입니다. 이것을 생각하여야 합니다. 제가 신학대학교 1학년 때이니 아주 옛날이야기입니다. 6·25전쟁 끝나기 전입니다. 그때 군대를 나와 신학 1학년을 공부할 때 대구의 27육군병원이라는 데를 가게 되었습니다. 너무도 부상자들이 많아서 이들을 돌아보는데 사람이 너무 모자라서 우리 신학교 1학년 학생들이 보조군목으로 임명받아 군복을 입고 십자가 배지(badge) 달고 거기 가서 봉사를 했습니다. 낮에는 공부하고 밤에는 부상자들을 돌보았습니다. 거기서 제가 중요한 것을 배웠습니다. 비교적 가볍게 부상당한 사람들이 있는 병동에 가보니 담배에 술에 도박에 쌈박질에… 난장판이었습니다. 거기에 우리가 들어가면 얼마나 또 핍박을 하는데요. 못들어갑니다. 쫓겨나야 합니다. 그런데 중환자실은 다릅니다. 중상을 당한 사람들, 견디기 어려운 분들이 있는 그 방에 들어가면 제가 아주 새파랗게 젊은 나이에다 목사도 아닌데 "목사님!" 하고 반깁니다. 붙들고 놓지를 않습니다. 성경 읽어주세요, 기도해주세요… 그래 밤늦도록 마주잡고 전도하고 기도했습니다. 여기서 깨달았습니다. '그저 부상을 당하려면 많이 당해야 된다.' 그래야 사람이 되지 이것이 어설프게 당해놓으니 점점 더 못돼지더라고요. 여러분, 잘 들어두십시오. 고난이 사람을 만듭니다. 고난이 이웃을 만듭니다. 고난이 이웃의 사랑을 고맙게 여기는 사람을 만듭니다. 여러분의 마음에 아직도 오만함이 있다면 하나님께서 손을 보실 것입니다. 그것을 잊지 마십시오. 온유 겸손하게 만드십니다. 감사하는 마음으로 받아들이도록 하십시오. 이 자리에 연세많은 분들은 제 말을 잘 알아들으실 것입니다. 잘 모르는 사람이 있을까봐 좀은 걱정됩니다.

오래전에 「흑과 백」이라는 미국영화가 있었습니다. 영화는 감옥에서 두 사람, 흑인과 백인이 탈옥을 하는 것으로 시작합니다. 두 사람은 하나의 쇠고랑을 같이 차고 있습니다. 따로 움직일 수가 없습니다. 이런 꼴로 도망을 치고, 성공했습니다. 그러자니 얼마나 어려움이 많겠습니까. 처음에는 서로가 아옹다옹 "검둥이놈!" "양키놈!" 하며 싸우기 일쑤였습니다. 한 수갑에 함께 묶여 있으니 싫어도 같이 움직여야 하는 운명이지 않습니까. 그래서 같이 가는데, 가면서 여러 번 죽을 뻔도 하고 갖은 곡절 다 겪습니다. 그러는 사이에 둘은 조금씩조금씩 친해집니다. 마침내 헤어질 때는 서로가 얼마나 섭섭해하는지 모릅니다. 고난이 흑과 백을 친구로 만든 것입니다. 아시겠습니까? 오늘 이 사마리아사람이 겪는 이 일을 보십시오. 이 사람이 이 귀한 사랑을 베풂으로 오만한 그 유대사람이 그대로 이웃이 되는 것입니다. 그것을 알아야 합니다. 이런 해석도 있답니다. 만일 이 사건이 여리고길에서가 아니라 예루살렘 한가운데서 있었다면, 불한당맞은 사람이 거기 누워 있다고 하면 제사장이 그냥 지나갔을 리가 없다, 바리새인이 "다들 저리 비켜. 이건 내가 할 거다" 하고 얼마나 근사하게 봉사했겠습니까마는 여리고가는 저 골짜기, 인적없는 그곳에 쓰러져 있으니 제사장, 바리새인이 그냥 지나친 것입니다. 특별히 중요한 해석이 있습니다. 이것은 예수님께서 지어낸 이야기가 아니고 사실이었다는 것입니다. 만일 이것이 꾸며내어 만든 이야기였다고 하면 예수님께서 이 말씀만 하시고 어느 뒷골목에서 무슨 해를 입어도 할말이 없을 것이다—안그렇습니까? 제사장이 그냥 지나가고 레위사람이 그냥 지나가고 너희들이 천히 여기는 사마리아사람이 도와줬다—이거 탈없이 넘어갈 말씀이 아닌 것입니다. 이것은 사실이었다고 합니다. 바로 며칠전에 있었던 사실이고 다들 알고 있는 이야기였던 것입니다. 그래서 이 말씀에 아무도 시비를 걸 수 없었습니다. 제사장, 레위사람은 제사드리러 가는 길이니까, 거룩한 일에 봉사해야 하니까 험한 걸 만지고 있을 수 없지 않습니까. 그래 가버렸지요.

그런데 오늘 이 착한 사마리아사람의 경우 특징이 몇가지 있습니다. 무엇보다 중요한 것은 그의 이름이 없다는 것입니다. 중국선교사에 나오는 이야기입니다. 중국에 가서 선교하는 어느 미국사람이 있었습니다. 홍수가 나는 바람에 집이 떠내려갔습니다. 꼼짝못하고 홍수에 빠져 죽게 되었는데 어느 젊은사람이 둑에서 밧줄을 던져주어서 살아났습니다. 얼마나 고마웠겠습니까. 꼭 죽을 것인데 살았거든요. 그래서 그 청년에게 "선생님 이름을 가르쳐주십시오. 제가 일생토록 은혜를 갚겠습니다"했는데 그 청년이 빙그레 웃고 말합니다. "성경에 선한 사마리아인의 이름이 있소?" 그러고 가버리더랍니다. 선한 일에는 이름이 없어야 합니다. 거기에 이름이 붙어서는 안되는 것입니다. 선한 사마리아사람—그것뿐입니다. 이름이 없습니다. 오직 긍휼, 오직 불쌍히 여기는 마음으로, 단순한 마음으로 이렇게 선을 행동으로 옮겼습니다. 뿐만아니라 오늘성경을 잘 보면 이 사람 여간 좋은 사람이 아닙니다. 죽어가는 그 사람을 자기나귀에 태워 갔으며 그 주막집에서도 돈을 주고 내가 다시 올 때 보고 부비가 더 들었으면 내가 갚겠습니다, 합니다. 책임을 지는 것입니다. 끝까지 책임을 지는 것입니다. 이 아름다운 마음을 보십시오. 우리는 왜 이웃을 잃어버렸습니까? 칼 라너라고 하는 신학자는 「Encounter with Silence」라고 하는 유명한 책에서 현대인은 하나님도 잊어버리고 이웃도 잊어버리고 산다, 그 이유가 몇가지 있다, 하고 다음과 같이 말합니다. 첫째, 공허한 소리 때문이다, 하였습니다. 정보홍수시대에 너무 많은 이야기를 듣고 있습니다. 너무 시끄러운 소리, 많은 정보를 듣고 있어서 꼭 들어야 하는 이웃의 소리를 못듣는다는 것입니다. 또한 의미없는 분노 때문이다, 했습니다. 피해망상증에 걸려서 전부가 분노하고 있습니다. 누구를 향한 분노인지도 모르게 속에서 부글부글 끓고 있습니다. 이 분노 때문에 조용하게 이웃의 소리를 듣지 못한다는 것입니다. 그래서 이웃을 잃어버리고 산다는 것입니다. 또한 안이한 호기심 때문이다, 했습니다. 왜 그렇게 남의 일에 관심이 많습니까. 이런 일 저런 일에 쓸데없는 관심이 많습니다. 그러는 동안에 관심을 두어야 할 것에 관심을 두지 못합니다. 그것이 현대인이라고 말합니다. 사실이 그런 것같습니다. 오늘 이 선한 사마리아사람은 아무런 대가도 요구하지 않습니다. 아무런 기대도 없고 조건도 없습니다. 그저 불쌍히 여겼을 뿐입니다. 그리고 행동에 옮겼습니다. 이것은 아버지 하나님의 마음입니다. 마태복음 5장에 보면, 하늘아버지께서는 악한 자의 밭에도 비를 내리시고 선한 자의 밭에도 비를 내리신다, 하늘아버지의 온전하심같이 너희도 온전하라, 하고 예수님 말씀하십니다. 바로 그런 마음입니다. 긍휼을 베푸는 데 뭘 따질 것입니까. 선한 일 하는 데 뭘 더 가릴 것입니까. 바로 이것이 이웃만드는 마음인 것입니다. 이웃을 찾을 것이 아니라 내가 좋은 이웃이 되어야 한다는 것을 잊지 마십시오. 누가 나에게 친절하기를 기다리지 말고 내가 남에게 친절해야 합니다. 교회생활도 그렇습니다. '친절한 교회'를 찾아서 방랑의 길을 떠도는 사람들이 있습니다. 여기 가서 기웃 저기 가서 기웃, 어디 좀 친절한 교회 없나,

살핍니다. 여러분, 내가 베풀지 않는 친절을 어디서 받겠습니까. 내 먼저 친절하지 않은데 누가 나한테 친절하겠습니까. 내가 먼저 좋은 이웃이 되어야 합니다. 예수님말씀대로 이웃을 내 몸과 같이 사랑할 것입니다. 에리히 프롬이라고 하는 심리학자의 「건강한 사회」라는 책이 있습니다. 여기서 말합니다. '건강한 사회란 생산적 사랑을 하는 곳이다.' 책임을 지고 존경을 하고 이해하고 기다려주고 생산적 사랑이 있을 때 건강한 사회입니다. 생산적 생각이 있어야, 부분에 매이지 않고 전체를 생각할 줄 알고, 나를 생각하지 않고 이웃을 생각할 줄 알고, 과거에 매이지 않고 미래를 생각할 줄 아는 그것이 건강한 사회입니다. 그 사회가 행복을 아는 사람들의 모임입니다. 결과에 의한 행복이 아니라 과정에 의한 행복, 봉사자체를 행복으로 알아야 합니다. 선한 일 자체를 즐기는 것입니다. 자원봉사를 즐기는 것입니다. 그런 사회가 복된 사회입니다. 그리고 양심이 살아 있어서 항상 마음 깊은 곳에서 자기소리를 들을 줄 알아야 합니다, 남의 소리가 아닌 내 소리를. 그런 자성이 있어야 합니다. 그런 인격이 있는 사회가 건강한 사회라고 말합니다. 여러분, 현대인에게 있는 큰 죄가 고독입니다. 고독은 죄입니다. 이기심과 자기중심적인 성향 때문에 이웃을 다 잃어버렸습니다. 심지어는 자식까지 잃어버렸습니다. 남편도 없고 아내도 없습니다. 이웃이 없습니다. 왜? 내가 버렸기 때문입니다. 그러므로 이제 나는 어떻게 살아야 하겠습니까. 예수님께서 말씀하십니다. "가서 너도 이와 같이 하라." △